现代领导与人才发展战略

主　编：顾　杰　朱正亮

副主编：姜家林　张明学　周　勇

世界图书出版公司

广州·上海·西安·北京

图书在版编目(CIP)数据

现代领导与人才发展战略 / 顾杰，朱正亮主编. —广州：世界图书出版广东有限公司, 2011.7

ISBN 978-7-5100-3795-5

Ⅰ.①现… Ⅱ.①顾…②朱… Ⅲ.①领导学-文集 ②人才培养-文集 Ⅳ.①C933.2-53 ②C961-53

中国版本图书馆 CIP 数据核字(2011)第 150277 号

书	名	现代领导与人才发展战略

主 编	顾 杰 朱正亮
副 主 编	姜家林 张明学 周 勇
策划编辑	邹景宏
责任编辑	孔令钢 杨力军
出版发行	世界图书出版广东有限公司
地 址	广州市新港西路大江冲 25 号
邮 箱	sjxscb@163.com
印 刷	虎彩印艺股份有限公司
规 格	787mm×1092mm 1/16
印 张	14.75
字 数	252 千字
版 次	2013 年 5 月第 2 版 2013 年 12 月第 3 次印刷
ISBN	978-7-5100-3795-5／D.0026
定 价	50.00 元

目　录

论现代领导在人才发展战略中的地位和作用

顾　杰

摘　要：现代领导在人才发展战略中具有十分重要的地位。发挥领导在人才发展战略中的作用，必须在新的历史起点上认识人才资源是"第一资源"，必须把实施人才发展战略当作现代领导的"第一责任"，必须把实施好人才战略当作现代领导的"第一能力"。

关键词：领导；人才；发展战略

现代领导与人才发展战略两者之间有着内在的、本质的、必然的联系，现代领导是人才发展战略的谋划者、决策者、组织者，只有明确各级领导在实施人才发展战略中所应扮演的角色、所应担当的责任、所应提升的能力、所应发挥的作用，做到科学识才、育才、用才，才能从领导决策、领导组织的层面保证国家人才战略规划落到实处。

一、必须在新的历史起点上认识人才资源是"第一资源"

从"科学技术是第一生产力"到"人才资源是第一资源"，标志着我们党和国家人才观的认识深化，是人才发展战略思想的重要飞跃。但伴随着两大转折——世界大转折、中国大转折，现代领导必须站在新的历史起点上来认识人才资源是"第一资源"。

第一，经济转型实质上是人才转型。党的十七届五中全会审议和通过的《中共中央关于制定国民经济和社会发展第十二个五年规划的建议》，强调以科学发展为主题，以加快经济发展方式转变为主线，并且指出这是一场深刻的变革，要贯彻到经济和社会的"全过程"和"各领域"，为什么提得如此之高，讲得如此尖锐？因为现状已经到了刻不容缓的程度，概括地说，我国当前经济发展方式存在着"六个过"：即过剩——产能严重过剩；过低——行业集中度过低；过高——对外依存度过高；过弱——自主创新能力过弱；过重——发展的成本、代价过重;过大——收入差距过大。而这一切要转变,必须要有强有力的人才发展战略,要有领导人才和政府官员的转型,尤其是要有能够领导科学发展的人才和创新型的人才,使中国从"制造大国"转变为"创造大国",从"产品大国"转变为"产权大国"。

第二,知识经济实质是人才经济。知识经济时代的竞争,实际上是人们对知识的占有、对知识的储存、对知识的生产、对知识的消费、对知识的分配的能力之间的竞争。例如,一公斤原油,仅值一元多钱,用它提炼制造成塑料,就值几元钱,如果把它做成几个空的光盘,就值十几元钱,如果再把它做成专用软件的光盘,就会升值为几千元甚至上万元。但知识要靠人去创造、积累、传播、转化。归根到底,人才资源是第一资源。闻名于世的惠普公司,当初就是靠几名大学生在一个小车库里发展起来的,为何发展如此之快? 就因为它拥有最先进的知识技术武装起来的人才。从一定意义上可以说,没有张瑞敏就没有今天的海尔;没有任正非,就没有今天的华为;没有李书福,就没有今天的吉利。在"人多地少,人多水少,人多油少"的"三多三少"的国情下,人才资源更显得稀缺。

第三,创新战略实质上是人才战略。要强国,必须强经济;要强经济,必须强科技;要强科技,必须强人才;要强人才,必须强教育。印度的经验是"未来之根在教室",它的四种革命:即农业的绿色革命、畜牧业的白色革命、海洋水产业的蓝色革命、信息产业的软件革命,其成功的关键在于人才。谁拥有一流人才,谁就能有一流创新能力,就拥有核心竞争力。"千军易得,一将难求"。当钱学森 1950 年争取回国时,时任美国海军次长金布尔曾说:"钱学森无论走到哪里,都抵得上 5 个师的兵力……"这位"中国航天之父"为我国导弹和航天事业的发展建立了卓著的功勋。而钱老留下最大的遗憾,就是我国现有的教育体制难以培养创新型人才。"一流企业卖标准,二流企业卖技术,三流企业卖产品",背后就是创新型人才的匮乏。

第四,全球化竞争实质上是人才竞争。当今世界各国充满着经济力、科技力、军事力、凝聚力的竞争,但归根到底的竞争、最核心的竞争、最激烈的竞争,乃各国人才的竞争,是领导集团综合素质的竞争。人才是核心的竞争力、核心的生产力,世界大国、世界强国无一不是人才大国、人才强国。中国有 13 亿人口,是名副其实的"人口大国",但还不是"人才大国"。而美国虽然只有 3 亿人口,但全世界自然科学领域诺贝尔奖得主 40% 是来自美国,超过 70% 的诺贝尔奖获得者被美国聘用,全世界 62% 顶尖科学家都在美国工作,美国是全球人才竞争中最大的"进口国"，全世界所有受过高等教育的移民 50% 流向了美国，四分之一的留学生是去美国深造。美国是全球第一人才大国，所以才能成为世界第一科技强国，仅"三片"：即电脑芯片、电影大片、肯德基麦当劳薯片，就赚了我们不少钱。美国只培养了全世界 40% 的诺贝尔奖得主，却雇用了 70% 的诺贝尔奖得主为美国效劳。从 1990 年到 2000 年，10 年间，美国就接受了 415 万人才移民，排名世界前 40 名大学中美国占了 50% 以上。美国在科技领域能够居高临下，保持"一览众山小"的绝对优势，并不是因为美国人的天赋有多么高，而是在于它能成功地吸纳全世界最多的顶尖人才。而中国是最大的"人才出口国"。截至 2009 年，中国送出留学人员约 160 万，为世界之最，但归国的只有 50 万。"培养阶段"在中国，"产出阶段"却在外国，"为他人做嫁衣裳"。印度人形象地把这种现象比喻为"奶牛现象"：牛的嘴巴在印度，吃的是印度的草，挤奶的人却是外国人。如果人才竞争已是一场激烈的人才战争的话，中国无疑是输家。目前所有国家常留在美国的博士留学生中，中国的比例为之最，达到 92%，印度是 82%、日本 33%、韩国 41%。即使是小国，也是靠人才竞争力取胜。从人口、面积看，日本、新加坡、以色列都是小国，如以色列只有 500 万人口，弹丸之地，但目前世界上能把卫星送上天的 8 个国家中就有小小的以色列。我们吃的"圣果"即小西红柿就是从以色列进口的，但它不卖亲本，只卖种籽，核心技术不会给你。科技先进的背后是人才先进。中国经济发展非常之快，但我们的核心竞争力主要不是人才创新带来的高新产业与知识经济，而是廉价的劳动力与土地，是低端的制造业，这种现状与我们的领导者、决策者尚未真正地树立人才资源是"第一资源"战略思想有着密切的关系。

二、必须把实施人才发展战略当作现代领导的"第一责任"

　　虽然现在我国进入了"问责制"时代，各级领导面临许多的责任状，但所有的责任最终都会集中到领导者如何选人、管人、用人的问题上来。有人说，中国最大的腐败是用人腐败，中国最大的浪费是决策浪费，其实这两者都关系到用人的问题。为什么是"第一责任"？

　　第一，是由党管人才的原则决定的。党管干部、党管人才，是中国特色的体制和人才原则。权力与责任是对等的，有用人的权力，当然有用人的责任，我国的人才工作历来都是由党委部门和政府部门共同管理的，组织部、人事部门是重要的管理部门，是政府行为、组织行为，有责任做好人才工作。

第二，是由现代领导的职能决定的。选人与用人是领导的基本职能。毛泽东有一句名言：领导的重要职责就是出主意、用干部。"政治路线确定之后，干部就是决定的因素"。能否科学合理地开发人才、用好人才，是衡量领导水平高低的尺度。无论党政机关，还是企业界、教育界和其他组织单位，最好的领导、最高明的领导、最聪明的领导、最成功的领导，无一不是善于识才、辨才、用才、管才的领导，也是最勇于担当用人责任的领导。人才只有"用好"才能"有用"。钱学森不仅仅是科技领军人才，更难得的是他以高度的责任感为国家培养出许多"拔尖"的科技人才，并且是"严师出高徒"。他在担任中国科技大学力学系主任时，给科大首届力学系的学生开卷考试中，只出了两道题，第一道题是概念题，占 30 分，第二道题是考能力的，题目是："从地球上发射一枚火箭，绕过太阳再返回到地球上来，请列出方程式求解。"考试从上午 8 点半开始，直到中午还没有一个人交卷，中间还有两个学生晕倒被抬了出去。钱老宣布说："吃午饭吧，吃完接着考。"直到傍晚也做不出来，大家只好交卷，成绩出来竟有 95％ 的人不及格。这次考试，让钱老作出了一个决定：力学系的毕业生延迟半年毕业，专门补习数学。在半年时间里，每个学生光数学题就做了3000 多道。由于打下了坚实的数学基础，学生们受益匪浅，后来都成为同龄人中的拔尖人才，有的在"两弹一星"工作中担当重任，出了好几位中国科学院和中国工程院院士。

第三，是改变令人担忧的人才现状使命所决定的。中国是人口大国却不是人才大国。存在着"五个不"：一是不牢——"人才资源是第一资源"的理念不够牢固，"见物不见人"的倾向严重存在，尤其是企业缺乏主动开发人才、培养人才的动力，缺乏更多的海尔、华为，缺乏更多的张瑞敏、任正非。二是不高——整体素质不高，同时又缺乏高层次的拔尖人才、创新创业人才，现在千军万马考公务员，4900 人报考一个职位，值得深思，表明我们的教育出了问题，机制导向有问题，公务员是铁饭碗，有身份，有升迁希望，又有稳定的收入，说明教育缺乏对学生创新、奋斗精神的培养。所以才有"钱学森之问"——钱老晚年最关心的一个问题："为什么我们的学校总是培养不出杰出的人才？"2005 年 7 月 29 日，钱老对来看望他的温家宝总理说："现在中国没有完全发展起来，一个重要原因是没有一所大学能够按照培养科学技术发明创造人才的模式去办学，没有自己独特的创新的东西，总是'冒'不出人才，这是很大的问题。"三是不优——人才的结构不优，布局不合理。人才集中在教育、卫生、科研机构,缺乏基层和一线人才。现在解决看病难的问题,农村、社区最缺的是全科医生,现在医学博士做不了阑尾手术,钢铁专业的博士不知钢铁是怎么炼成的,法学博士不知怎样打官司。四是不大——人才发展体制机制创新力度不大,环境不优,进不来,留不住,用不好。五是不强——人才优势没有充分转化为经济社会发展的强势,人才对经济社会的贡献率不高。而解决这些问题靠谁?解铃还需系铃人,依靠领导者、决策者的重视、关注,在解决这些问题上,各级领导无疑是责无旁贷。

三、必须把实施好人才战略当作现代领导的"第一能力"

事在人为,执政在人,为政在人,邓小平曾谆谆告诫全党:"中国的事情能不能办好,社会主义和改革开放能不能坚持,经济能不能快一点发展起来,国家能不能长治久安,从一定意义上说,关键在人。""治国之道,务在举贤","致安之本,惟在得人"。刘邦当初与项羽相比,无论实力名声都不及项羽,但刘邦很谦逊,自谓"三不如":"论理财安民,我不如萧何;论率军作战,我不如韩信;论出谋划策,我不如张良。"但刘邦有一个大本事:会用人。他把合适的人才放到合适的位置,从而实现了帅才与将才,政治人才、经济人才、军事人才最合理的结构,所以刘邦能够统帅群贤、成其帝业,历史上著名的"楚汉之争",是以刘邦的胜利,项羽的失败而告终的。我们现在十分强调领导能力建设,但其中首要的、根本的能力应该是制定和实施人才战略的能力。在当前,最亟需提升的能力可以概括为"一二三四五":

第一,把握一个规律,即把握人才开发选拔任用及成长的内在规律。按规律办事,也要按规律用人才。尊重人才与尊重规律是一致的。尽管人才成长要受到多种因素影响,有许多个性化和不确定的因素,但总体上是有规律可循的。如中青年领导人才、企业人才、拔尖创新人才等,各类人才都有他内在的规律。此外,人才的结构、人才的流动、团队的建设也都是有规律可循的。比如,对拔尖创新人才而言,他们最需要的是创新环境,最重要的激励是同伴、同行公平而激烈的竞争,最重要的氛围是学术氛围,拥有宽松的环境。而中青年领导干部,他们的特点是年龄轻、学历高、知识新、思想活,最希望的是上级领导对他们的信任,对他们能放权、放心、放手,但由于从政经验、实践阅历、基层锻炼的短板,处理复杂事物的能力显得不够,因而,尤其需要放到基层或一线岗位磨炼。

　　第二，坚持"两善"，即坚持善待人才，善用人才。善待，是指领导者能以诚相待人才，宽容、包容人才。"金无赤足，人无完人"，能人并非完人，要善待有缺点的人才。"人才有用不好用，奴才好用没有用"。善用，是要善于用好人才，做到扬其长，避其短。同样是科技人才，陈景润可谓科学大师，但不一定具备科研组织能力；而钱学森、钱三强、邓稼先，他们既是科学家，又是科技领军人，具有科研战略谋划能力和高超的科研组织能力，是科研团队领军人物；而华为总裁任正非，吉利公司董事长李书福，则是复合型、创新型的企业家。任正非原本是一名普通的转业军人，但他却创办了高新技术企业，聚集了几万名研究开发人才，研究机构遍及世界，成为通讯行业世界领先的跨国公司。

　　第三，坚持"三个解放"，即解放思想，解放人才，解放生产力。这三者是有内在联系的。必须解放思想，更新观念，打破"唯上用人，关系用人，资历用人"，也就是破除唯上、唯亲、唯资历的思维方式，打破求全责备，做到三"宽"：以宽松的环境，宽厚的胸怀，宽容的境界对待人才。钱学森曾对温总理语重心长地说："今天我们办学，一定要有加州理工学院的那种科技创新精神，培养会动脑筋，具有非凡创造能力的人才。我回国这么多年，感到中国还没有一所这样的学校，都是些一般的，别人说过的才说，没说过的就不敢说，这样是培养不出顶尖帅才的。我们国家应该解决这个问题。"只有解放思想，才能解放人才；只有解放人才，才能解放生产力。

　　第四，坚持营造"四个环境"，即为人才成长、人才发挥作用营造社会环境、制度环境、政策环境、生活环境。有水才有鱼，从一定意义上说，环境出人才。我们常说要事业留人，感情留人，待遇留人，其中待遇留人具有硬性约束。投入不够，待遇不优，我们往往输在制度、政策缺乏吸引力上。

　　第五，坚持实现"五个更加"。"五个更加"，即"人才资源是第一资源"的理念更加牢固；人才总量增加更加快速；领军、顶尖人才引进选拔更加增多；人才结构调整更加优化，各类人才，各层次人才，各年龄的人才都该有，包括大学生创业人才的培养；人才机制要更加灵活，要有开明开放的人才眼光，不求所有，但求所用，要有柔性的用人机制，实现资源共享。

（作者单位：武汉科技大学）

试析领导干部竞争上岗机制的特质

朱正亮

摘　要:培养造就高素质的领导干部队伍,需要形成充满活力的选人用人机制。领导干部竞争上岗机制克服了传统干部选拔任用机制的弊端,具有民主性、竞争性与和谐性三大特质。

关键词:领导干部;竞争上岗;特质

党的十七届四中全会指出:"坚持民主、公开、竞争、择优,提高选人用人公信度,形成充满活力的选人用人机制,促进优秀人才脱颖而出,是培养造就高素质干部队伍的关键。"领导干部竞争上岗机制,已以摸着石头过河的方式探索十多年了。实践证明,这种机制能够有效克服传统的干部选拔任用机制的弊端,是一种集民主性、竞争性与和谐性于一体的较科学的干部选拔任用机制。正确认识和把握领导干部竞争上岗机制的特质,对深入贯彻党的十七届四中全会精神,扩大干部工作民主,创新和完善竞争性选拔干部方式具有重要的理论和实践意义。

一、领导干部竞争上岗机制的民主性

党的十七大报告指出:"人民当家作主是社会主义民主政治的本质和核心。要健全民主制度,丰富民主形式,拓宽民主渠道,依法实行民主选举、民主决策、民主管理、民主监督,保障人民的知情权、参与权、表达权、监督权。""扩大干部工作民主,增强民主推荐、民主测评的科学性和真实性。"领导干部竞争上岗机制蕴含着民主政治的本质和核心,其民主性主要表现在:

（一）拓宽了民意基础

传统的内部酝酿办法,参与人员仅几个人甚至是一个人。近些年社会上采用较广泛的伯乐"相马"办法,参与评议的专家也较少。这些方法容易忽视民意,既可能造成任用的干部缺乏群众基础,工作难以得到广泛支持;又可能使干部形成唯上心理,脱离甚至欺压群众。竞争上岗机制中的推荐者一般为某个单位或系统的管理骨干和学术骨干及各方面的代表,具有较深厚的群众基础,人数比内部酝酿办法或伯乐"相马"办法的参与人数多数十倍,在最大程度上代表了广大群众的意愿。推荐一般采取无记名投票方式现场进行,考核一般采取个别谈话方式进行,推荐者的推荐权不受干扰,其意愿能得到真实的反映。

(二)保障了群众的知情权、参与权、表达权和监督权

由于缺乏必要的群众监督机制和程序保证,传统的组织直接任命容易暗箱操作,可能发生用人不当、用人失察的现象,甚至给以权谋私者以可乘之机。在竞争上岗机制中,方案、过程和结果都全部公开,摒弃封闭式、神秘化的做法,保障了群众的知情权;组织和动员群众参与所能参与的全部环节,增加群众的主人翁意识和责任感,保障了群众的参与权;在选什么人、用什么人上,不搞"内定",由群众去挑选他们信得过的人,保障了群众的选择权;能够公开的都向群众公开,任职人选党委讨论决定后还要实行任前公示,保障了群众的监督权。

(三)实现了自主选择

传统的组织直接任命,较少顾及干部的意愿和个人选择,使干部的主观能动性受到压抑,缺乏竞争意识,内在动力不足。在竞争上岗机制中,竞聘者根据自身条件、岗位职责和任期目标任务,自主地选择岗位,自主地宣讲自己的优势,自主地阐述自己的工作理念和工作思路,自主地承诺要实现的任期目标。竞争上岗建立了有效的激励机制,让广大干部看到了自我发展的广阔空间,改变了过去等待组织安排、希望组织照顾的消极思想观念,变被动等待为主动争取。在竞争中,主动地选择岗位,勇敢地推荐自己;竞争的结果,大多数干部走上了自己最想去的岗位,极大地激发了事业心和工作热情;走上工作岗位以后,认真履行岗位职责,努力实现任期目标,使自己在下一次的竞争中具备更强的优势。

领导干部竞争上岗机制的民主性不能简单的等同于推荐的票数,更不能"一票定乾坤"。这些误区,一是会助长不良风气,因为投票难免会夹杂感情因素,有些干部为了得到更多的选票,不专心工作和学习,把大量的时间和精力花在搞好人际关系上,把心思用在请吃请喝、做"好事"等感情投资上,甚至不惜拉帮结派,串联拉票,自觉或不自觉地形成一些小圈子。二是会埋没特殊人

才,参加民主推荐的人员对竞聘者的业绩和素质的了解在深广度上具有差异,有一部分参加民主推荐的人员对推荐范围内干部的业绩、相关干部政策等不十分了解,有的只凭着印象或他人议论投票。有些具有特殊才干但不为大多数推荐者了解且又不太擅长演讲的竞聘者,可能被推荐者所忽视和低估。三是会误导干部当老好人,不敢坚持原则,怕得罪人,甚至为了搞好人际关系,不惜牺牲原则。

完善的方法:一是按照科学发展观和正确政绩观的要求,完善考核指标体系,使之更能全面准确地反映干部的德、能、勤、绩、廉;完善考核方法,使之更加科学、更加具有操作性;完善评价结果的表述,在用优良中差等级别表述的基础上,客观地对干部的主要特长和不足做些补充表述。二是调整推荐权重,增强民主推荐的真实性和科学性。各级主要领导对竞聘者的素质和业绩要更加熟悉一些,对干部政策的把握也要准确一些,可适当地提高他们的推荐权重,以克服推荐票简单相加的弊端,最大限度地解决"一票定乾坤"问题。

二、领导干部竞争上岗机制的和谐性

党的十七大报告指出:"深入贯彻落实科学发展观,要求我们积极构建社会主义和谐社会。社会和谐是中国特色社会主义的本质属性。"领导干部竞争上岗机制践行着构建和谐社会的要求,其和谐性主要表现在:

(一)实现了党管干部原则与民主选举制度的有机统一

党的十七大报告指出:"坚持党管干部原则,坚持民主、公开、竞争、择优,形成干部选拔任用科学机制。"民主选举是现代政治文明的显著特征,也是扩大干部工作民主的客观要求。我们党是执政党,必须坚持党管干部的基本原则。领导干部竞争上岗机制既体现了自主选择、反映民意和程序化等民主选举的基本特征,又遵循了凡是竞争上岗中的政策、方案和重大问题都由党委统一决策、竞争上岗的实施由党委统一领导、干部任用由党委做出最终决定等党管干部的基本原则。

(二)密切了干群关系

由于竞争上岗需获得群众的认可即必须以一定的同意票为基数,且同意票越多越具有竞争力,促使竞聘者平时注重处理群众关系,为群众办实事、谋利益。同时,领导干部竞争上岗机制以民意为基础,选拔任用的领导干部更能够代表群众的利益,得到群众的信任和支持。

（三）增进了干部队伍的团结

通过竞争，使干部加深了对各自的业绩、优势和思路的了解；竞争上岗机制坚持和推进了轮岗制度，使干部对不同岗位的情况特别是困难有了更深更广的了解，为工作的相互理解、相互支持奠定了基础；完成任期目标需要领导成员密切配合，增进了领导班子的团结。

（四）提高了对竞聘结果的认同度

领导干部竞争上岗机制以民意为基础，且严格按程序操作，绝大多数落聘干部能较诚心地接受竞聘结果，进而反思自身的不足，努力提高自身素质，争创优良业绩。

竞争是领导干部竞争上岗机制的主要特征，但如果竞争过度，不利于和谐。过度强调竞争，一是会引发不正当竞争行为。有的干部为了在竞争中处于有利地位，不惜采用非正常手段，甚至对他人进行人身攻击，一定范围内会造成竞争者之间关系紧张甚至恶化。二是会在一定程度上诱发甚至催化急功近利的思想，乐于到条件好的机关岗位工作，不愿到基层和条件艰苦的岗位工作；乐于做见效快易出政绩的工作，不愿做基础性长远性工作。

完善的方法：一是培育种子选手，夯实择优基础。处理好"赛马"与"育马"的关系，加强后备干部队伍建设。有计划地对有较大发展潜能的干部加强培训、锻炼、考核和宣传，帮助他们快速提高综合素质和得到广大群众充分了解和认同。二是对落榜之"马"要关心爱护，及时做好过细的思想工作，引导他们正确对待竞争，鼓励其继续创造条件，为下次竞争打好基础。

三、领导干部竞争上岗机制的竞争性

竞争有利于形成正确的用人导向，有利于激发广大干部的不懈奋斗精神和创新精神，有利于实现干部能上能下，促进干部奋发工作和提高干部整体素质，有利于拓宽识人、选人、用人的视野。竞争上岗机制的竞争性主要表现在：

（一）比拼核心竞争力

本单位或系统的推荐人员对竞聘者的能力、品德和业绩比较熟悉，投票的结果能够比较客观地反映竞聘者的"德能勤绩廉"。竞聘者认识到，单凭竞聘演说或感情投资是很难获得广泛认可的，更不可能编造假业绩获得信任。从而，促使竞聘者自觉发展自身素质，创新工作思路，树立并认真践行科学业绩观，努力提高自己的核心竞争力。

（二）公平公正

竞争上岗机制有严格的操作程序，每一个环节都要求严格按事先确定的方法和步骤进行；每一个决策都要有方案做依据，即使遇到特殊问题方案没有规定，也以公平的原则、公开的方式解决，避免一切"没有理由"或"理由不充分"的事件发生；必须公开进行的一律公开进行；任何人都不能特殊和例外，消除了暗箱操作的可能，免除了人为因素的干扰。竞争过程和结果的公平公正保证了竞争的真实性。

（三）群雄逐鹿

传统的组织直接任命过多考虑班子结构的需要把年龄、性别、学历、党派等作为前提条件，选人视野较窄，不可避免地造成一些优秀人才难以脱颖而出。竞争上岗机制变传统的"伯乐相马"为"赛场赛马"，鼓励干部显一显身手，露一露才华，争一争高下。岗位面前，人人平等，凡符合竞聘条件者都有竞聘的权利，都可以通过公开公平的竞争获得提拔晋升的机会，谁上谁下，机会均等，优胜劣汰。岗位的竞争人数增多至最大值，再加上公开演讲和严格按程序操作，使竞争的激烈程度得到较大的提高，利于优秀人才胜出。竞争上岗改变了干部传统的上岗观念。在没有竞争的条件下，上岗没有什么压力，缺乏危机感，缺少拼搏向上的动力，限制了个人才智的发挥，难以造就出竞争舞台上一展身手的人物。在竞争上岗的条件下，由于有压力，使人奋发向上，勇往直前，在竞争舞台上充分施展自己的才华，练就出敢于竞争的全套本领。按照这种群雄逐鹿机制赛出来的冠军，在实际比赛中，十有八九也能夺冠。

竞争的公平公正依靠严格的既定程序保证，需要花费较长的时间。如果程序过于繁琐，竞聘时间过长，不利于工作。换届时的集中竞聘，特别是采用全体"卧倒"方式时，接近全员参与。如果不能科学计划，周密安排，就可能随着时间的延长而严重影响工作。

完善的方法是创设简易程序，提高竞聘效率。对于近几年年度考核都为优秀的干部，或公认度很高的后备干部等干部的选拔任用，在遵循领导干部竞聘上岗机制的基本原则的基础上，可适当地减少一些次要程序。这样，不仅可以减少竞聘上岗的时间，避免干扰正常工作；也是对优秀干部的一种认同和激励，对其他干部可产生正确的引导作用。

（作者单位：湖北工业大学）

营造科技创新环境 培养一流领军人才

王祚桥

摘 要：文章在分析科技领军人才的特殊素质要求和成长规律的基础上，从领军人才的选拔机制、转化机制、自主管理机制、资源集聚机制、激励机制等方面对科技领军人才的培养模式进行了探索。

关键词：科技领军人才；成长规律；培养模式

"国势之强弱，系乎人才"。人才资源是第一资源，决定着国家综合国力的提升和国际竞争力的强弱。胡锦涛总书记在党的十七大报告中指出，要"进一步营造鼓励创新的环境，努力造就世界一流科学家和科技领军人才，注重培养一线的创新人才，使全社会创新智慧竞相迸发，各方面创新人才大量涌现"。培养科技领军人才可以使国家在关键领域实现核心技术突破，不断提高自主创新能力，实现建设创新型国家的战略目标。

一、科技领军人才的特殊素质要求

何谓科技领军人才？目前大多数人认为在某一个科研领域里具有较高成就的人就是领军人才，其实不然，对科技领军人才而言，成绩卓著的学术水平只是其最基本条件，更重要的是还应具备与一般高级科研人才不同的特别素质。通常具有深厚的专业造诣、崇高的价值追求、出类拔萃的科学素养、卓越的领导才能、独特的人格魅力、坚韧的拼搏毅力、强大的团队凝聚力和广泛的社会影响力等优良素质的人才才能被称为科技领军人才。

（一）优良的政治素质和高尚的人格魅力

"科学没有国界，但科学家有自己的国籍"。对国家、对民族有着强烈的责任心是科技领军人才最基本的素质。只有对国家、对民族有着强烈责任心的人，才能把个人命运与国家和人民的命运紧紧地连在一起，才会渴望国家富强、民族振兴，并以此作为自己从事科学研究的不竭动力；科技领军人才必须树立正确的理想信念，树立科学的世界观、正确的人生观和价值观，从而确保在面临大是大非的问题时能够正确处理，在大方向上不会发生偏差；科技领军人才必须具有高尚的道德情操，应该率风气之先，垂道德之范，志存高远、淡泊名利、心胸宽广、任人唯贤、包容个性、兼收并蓄、力排浮躁、杜绝虚假，以坚持真理的勇气、海纳百川的胸怀，积极营造民主讨论、平等待人的学术氛围。这些体现个人魅力的思想和精神会形成团队的价值理念、行为规范，成为一种团队文化和支撑团队发展的不竭动力。

（二）深厚的专业造诣和精准的战略眼光

深厚的专业造诣和精准的战略眼光是科技领军人才内在的基本要求。科技领军人才首先要具备其研究学科领域系统的、高水平的专业知识，在解决有关科研技术的疑难问题时，总能有新思路、新创意，这样不但能够有效地推动科研工作的开展，也可以在团队中树立起威信，提高自身在团队中的影响力。其次，科技领军人才必须具备战略眼光，能够时刻关注并准确把握学科的发展方向，及时洞察变化中隐含的信息，力求掌握变化中的规律。只有那些站在本学科前沿，具有宽广知识面、超强创新意识和敏锐眼光的人才能居高望远，认准方向，并以此形成所在团队共同奋斗的目标，凝聚和带领团队创新进取，始终走在同一科研领域的前沿。再次，科技领军人才还要善于发掘后备人才，为自己的科研团队源源不断地补充新鲜血液，建立起结构合理的人才梯队。

（三）卓越的组织协调和领导能力

当今时代，科技竞争空前加剧。随着社会分工水平和专业化程度的不断提高，科学技术创新作为团队协作的产物往往要求集思广益，需要集成大量不同方面的信息和专业技术知识，以至科技创新的组织边界越来越具有多样化发展的趋势，这种趋势不仅表现为研发过程中的多学科团队互补与协作，还表现为创新产业化过程中的团队协作以及研发过程与产业化过程衔接的团队互动、协作，这种在创新过程中建立的战略联盟与伙伴关系往往跨越正式组织的边界，通常以技术联盟、跨组织项目合作等形式出现，因而对团队负责人的领导能力要求较高，尤其对科技创新过程中各个不同衔接阶段的领导能力要求更高。所以，科技领军人才必须是一个大团队强有力的领导，具有卓越的组织、协调和沟通能力，不仅能凝聚科研团队内部力量，还能利用其学术影响力和人格魅力凝聚科研团队外部力量，促进多学科交叉融合，发挥团队整体合力，不断把科技创新推向更高的水平。

二、科技领军人才成长规律分析

（一）最佳年龄规律

外国学者对从 1500 年至 1960 年近 500 年间世界上约 1300 多名自然科学家和近 1300 多项重大科学成果进行统计分析后发现，自然科学发明者的最佳年龄段是 25－45 岁，峰值是 37 岁。实践证明，历史上的许多中外名人年轻时都成果丰硕，由此可知人才成长通常都要经过继承期、创造期、成熟期和衰老期四个阶段，其中创造期是人才开始独立创造，并逐步形成自己的风格，经过一段时间的研究和探索，终于获得成功，贡献于社会的最为重要的时期。这一阶段被看作是人才得出成果的最佳年龄段。因此人才使用应实施"最佳年龄用人方略"，这是发展人才和发展事业的双重最佳用人策略的选择。实施"最佳年龄用人方略"应营造"重用最佳年龄人才"的社会氛围，建立选拔最佳年龄人才的科学模式，制定并实施资源向最佳年龄人才倾斜的政策。

（二）扬长避短规律

金无足赤，人无完人。再出色的专家也不可能样样精通。成才者大多善于扬长避短。对于使用人才的领导者而言，一定要在工作实践中遵循规律使人才扬长避短，尤其对于那些有特殊专长的高级专家，要让他们做其最擅长最喜欢的工作，尽量减少对他们工作的行政干预，以便为他们创造一个良好的工作环境，充分发挥他们的专长，这样才有利于调动其积极性，发挥其优势，有利于提高其工作效率，才能够在相同的阶段、相同条件下取得最大的成效。

（三）期望效应规律

现代激励理论认为，人们从事某项工作、采取某种行动的动力（内在动因）来自个人对行为结果和工作成效的预期判断。这种动力归纳为三个要素：一是吸引力（被同事认同和上级承认）；二是个人努力与成效成正比（有成就感）；三是工作绩效和个人获得报酬的关系（物质奖励）。在人才使用管理政策上正确认识和运用期望效应规律，一方面要在全社会加强成就意识的教育，使人才正确对待个人、集体与社会的关系，增强他们为国家富强、振兴中华而奋斗的使命感和责任感，同时，国家也应在整体上提高人才、特别是高级领军人才的社会地位和经济待遇，为他们提供良好的物质条件和社会保障。在全球经济一体化的今天，人才竞争日益加剧，人才在世界范围内流动亦是大势所趋。不论是国家，还是部门或单位要吸引、集聚人才，就必须给人才提供较优厚的物质待遇。因此,在我们提出要用事业留人,用感情留人的同时,还要再加上用待遇留人。

(四)过程转化规律

领军人才的诞生不是一蹴而就,也不是独立成才,总是在团队中经历着"准人才"→"潜人才"→"显人才"→"领军人才"的成长过程。"人才过程转化规律"告诉我们,在一定条件下,当人才提升创造实践的层次,完成一个具体过程后,其创造才能水准就随之提高,就会向与它有必然联系的人才过程进行过渡或飞跃。因此造就高层次人才和转换人才类型,均要强化"过程意识"。高层次人才成长过程的多次性、曲折性转化的规律性特点,从根本上规定着高层次人才成长有个较长的递进过程,在此过程中存在着多种的变数,因而在工作把握上切忌急功近利。另外,领军人才的成长与转化离不开团队建设,高层次人才产生的数量取决于整个人才队伍的基数人才队伍。因此培养领军人才要放眼于人才队伍整体建设,注意人才队伍层次结构的协调,以领军人才队伍建设为战略要点,推动整个人才队伍的健康发展,从而也使整个人才队伍获得取之不竭的丰富源泉。

三、科技领军人才培养模式探索

科技领军人才的成长,一方面需要发挥其自身优势,凭着不畏艰险的开拓创新精神,在长期、艰苦的科研和社会生产实践中锻炼;另一方面,则需要政府和各级相关部门顺应科技领军人才成长规律,大力支持和有计划的培养,为其创造良好的科研环境,使其长期保持卓越的创新能力、突出的引领作用、显著的团队效应和国内外领先地位。

(一)探索科技领军人才选拔机制

根据人才成长最佳年龄规律,人才科技创新的黄金年龄段为 25 岁至 45 岁,科技创新的群体主要是中青年。对于青年人才这一最具创造力的群体,应给予高度重视。要充分调动青年人才的积极性、主动性和创造性,本着宽容、信任的心态,为青年人提供施展才华的舞台。要打破论资排辈、以文凭、职称作为评价标准的惯例,建立体现德才兼备的人才选用标准,把品德、知识、能力和业绩作为选人的主要指标,不唯学历,不唯身份,不唯资历,不拘一格选人用人。注重实际能力和科学研究所取得的社会效果,推行民主、公开、竞争、择优的用人机制,使人才脱颖而出。深入推进人才评价机制的创新,建立符合重真才实学、重业绩创造、重社会效益的多元化考核评价体系。

(二)探索科技领军人才转化机制

科技领军人才的成长和转化离不开优秀而高效的科研团队,因此科研团队的组建模式要体现培养领军人物的意图。科研团队成员之间应有较长期合作的基础,具有相对集中、稳定的研究方向和共同研究的学术问题,有合理的专业年龄结构。可以通过科研项目协作研究的经历、已合作发表论文论著的情况,来审定团队成员的合作基础。同时要注重成员知识的互补性、构成的异质性,形成适度差异,优化组合,集成优势,以营造最佳的能力结构或能力场。成员可以通过签署合作声明、集体参加答辩、做出共同承诺来强化团队精神,烘托领军人物的核心地位,使之能逐渐的从一般人才转化为顶尖领军人才。

(三)探索科技创新领军型人才自主管理机制

支持科技创新领军型人才打破所有制和地域限制,不受编制、资历等条件局限,自由组建专、兼职创新团队,享有在研发立项、设备购置、经费使用等方面的支配权和主导权,便利地使用科技文献资料、数据信息库、大型科学实验仪器设备等基础设施平台,并从制度上切实保护科技创新领军型人才自主管理机制的顺利运行。

减少对科技领军人才学术活动的行政干预。领军人才从事创造活动需要充足的思想和精神自由,特别是支配时间和精力的自由。但目前各种名目的行政干预,繁琐的课题竞争,反复的检查评估,复杂的社会关系,没完没了的会议等,大量挤占了科研人员的时间,多数人失去了支配时间、精力的自由;还有现在的评价体系催逼人才急于求成,今年拨付经费,明年就要出重大成果,检查、评估之外,还把成果与待遇绑在一起,这就严重干扰了人才的创新活动,无形之中给研究者以巨大压力,使他们时时处于紧张和焦虑之中,甚至变得急躁和浮躁起来。因此,必须尊重科技领军人才成长规律,克服急功近利的短视行为,要改革学术管理,保障学术自由,根据不同情况,采取差别性、多元化的学术管理办法,实行弹性工作制,延长评估周期等,为领军人才提供自由宽松的时空环境。

(四)探索科技领军人才科研资源集聚机制

科技领军人才往往是在大量的科研实践和交流碰撞中产生的。因此要进一步发挥政府的引导作用,完善各类项目招标制和评审制度,加快构建和完善科技创新公共服务平台,为更多创新人才提供公平的事业发展机会,使领军人才在竞争中脱颖而出。同时,要防止有限的资源分散投入,坚持人才、项目、基地一体化培养模式,以领军人才为核心,聚集创新资源,给予优秀领军人才更多承担重大项目的机会,力求产生最大的创新效益。第一,加大投入,建立技术研发平台。以科研机构、高等院校和重点企业等为依托,建立一批重点实验室、行业工程研究中心,形成面向社会开放、市场化运作、服务企业的公共平台,为自主创新提供硬件支撑。第二,创造开放的科研环境,建立资源共享平台。通过建立科研设备网站,公布各科研单位试验设备性能及利用率,形成大型科学仪器设备共用、科技信息和数据资源共享,提高科技资源的利用效率。第三,建立专家合作平台,创造集成创新的科研环境。建立行业高层次人才信息库,组织专家开展交流活动,促进不同学科和技术领域专业知识的相互渗透和融合。

(五)探索科技领军人才激励机制

在提倡科技领军人才追求科技创新的本来价值,探索未知,造福社会的同时,还应尊重领军人才及其团队的创新成果,并给予必要的激励,以充分保护其创新的积极性。如果高科技创新人才内部报酬缺乏公平合理性,将造成优秀科技人才的流失及其他人才的不满,将对提高自主创新能力产生负激励作用。因此,应打破分配上的平均主义,鼓励科技领军人才以知识、技术、产权等参与分配,大胆探索和实践科技成果转化的分配形式,将年薪制、承包制、利润分享、技术入股、红利扩股、股份期权等多种形式结合起来。充分激发高层次人才的积极性和创造性;把物质激励与成就激励、精神激励相结合,使人才充分享有实现自身价值的自豪感、贡献社会的成就感及得到社会承认和尊重的荣誉感。同时,把知识产权的保护、管理工作纳入到科学技术的研发、生产与经营的全部过程,形成鼓励探索、宽容失败的创新文化氛围。

(作者单位:武汉工业学院)

论领导理念、环境、人才与发展

姜家林

摘　要：国以才立，政以才治，业以才兴。人才是推动经济社会发展的第一资源，是促进科学发展、富民强国的第一推动力。人才的培育受一系列相关要素的影响，形成一种人才发展的相互关联的逻辑链条：理念决定环境、环境决定人才、人才决定发展。

关键词：领导理念；环境；人才；发展

一、理念决定环境

理念是系统而确切的思想或观念，什么样的发展理念营造什么样的发展环境，科学发展理念营造科学发展环境，非科学发展理念营造非科学发展环境。

在理念与环境的关系中，理念起着先导性的作用，环境处于被改造的地位。有什么样的理念，就创造什么样的环境。毛泽东思想创造了"农村包围城市"的革命环境，邓小平理念创造了"改革开放"的发展环境，科学发展观创造了"科学发展"的经济社会发展环境。正是有了这种正确的理念，才有了"只有社会主义才能救中国、只有改革开放才能发展中国、只有科学发展才能幸福中国"的人民安居乐业的生活发展环境。

理念决定环境是历史的、现实的实践经验总结。改革开放 30 年的经验教训，让我们清楚地了解到，没有"发展是硬道理"就谈不上"发展是第一要务"，没有"发展是第一要务"就谈不上"全面、协调、可持续"的科学发展。这是在实践中升华了的对发展的科学认识，没有这个理念支撑，就无法创造出良好的发展环境。当前的发展环境不好，正是因为没有把科学发展内化为领导干部工作的理念支撑，没有一种强烈的自觉意识，未从根本上树立起这种先进的理念。

因此，必须要深切改造领导干部的执政理念，这是关键点。其一，领导干部必须吸收消化科学发展的实质，并作为自身崇高的人生价值、最高奋斗和追求目标,要入耳入脑入心。环境的好坏,关键在领导干部。领导头脑清醒,胸有全局,重视建设,善于建设,软环境就会由乱到治,由差到好。各级领导班子、各级领导干部,从某种意义上说,是环境最重要的组成部分,领导干部表现如何,环境也就如何。其二,将科学发展理念转化为科学发展环境。党的十七届五中全会指出,我国正处在大有可为的重要战略机遇期。在这样一个时期,各级领导干部要努力营造科学发展的环境,以良好的投资环境,吸引四海朋友,感召八方投资,以促进经济社会科学发展。其三,要坚持解放思想、敢于碰硬。营造科学发展环境,就要解决各类与科学发展不相适应的旧的体制机制、旧的工作方式方法等矛盾问题。环境特别是软环境的每一步发展和完善,都意味着对传统和习惯的突破和超越,需要克服传统和习惯的巨大阻力,而传统和习惯往往很顽固而难以克服。不仅如此,人文因素的复杂性决定了环境的发展常常具有反复性,前进会伴随着倒退,解决了的问题还会在新形势下重新出现。正因如此,领导干部是否坚持解放思想、是否敢于碰硬,将直接决定是否能创造优良的发展环境。

二、环境决定人才

马克思曾经指出,"人创造环境,环境也创造人"。环境与人才是一种辩证统一关系。环境与人才,犹如鱼与水、鸟与木的关系,相互促进、彼此推动、协调发展。因此,要拥有一流的人才,就必须积极营造并不断优化人才环境。

环境创造人才。对一个时代的人才来说,这个时代的社会风尚和社会环境是具有决定意义的因素。因为人才都是在一定的历史条件下成长起来的,他的成长不仅取决于人才的主观努力和素质条件,还取决于影响其成长的社会环境。综观中国历史和世界现状,有的时代人才辈出、群星灿烂;有的时代则万马齐喑,人才凋零。从根本上说,都决定于那个时代的人才观念、人才成长机制、人才所处环境。从认识论的角度看,我们不仅要研究既成的事实,而且要研究可能实现的事实。在人类的物质手段越来越强大,人对自然界的改造越来越深入的情况下,必然要求人们更多地将自然的和社会的条件综合起来加以考察。由此,我们可以得出这样一个结论:时代和环境,包括社会意识形态和社会心理对人才的意义,在于它以社会的需要和社会的现实环境,为人才提供生长的土壤和活动的舞台,提供破土而出的机会和条件,提供发展的自然前提和物质基础,从而产生人才的成长和发展的多因素的综合效应。

　　创造一个能够保证人才脱颖而出的社会环境,要解放思想、实事求是、与时俱进,树立适应新形势新任务要求的科学人才观。坚持改革创新,完善人才工作的体制和机制。以培养造就高层次人才,带动整个人才队伍建设。其一,创造良好的政务环境。环境建设要靠政府及其全体公务员去努力。比如,办事效率要靠大家的工作去提高,社会治安要靠大家的工作去维护,社会服务要靠大家的工作去完善,社会公平要靠大家的工作去保障,社会风气要靠大家的工作去改善。环境的优化程度与大家工作的努力程度是成正比的:工作努力到什么程度,环境就优化到什么程度;大家工作不努力,环境就不可能优化。其二,创造良好的法治环境。法治是规范经济运行、推动科学发展的基本方式,是维护社会稳定、保障社会和谐的重要基石,也是实现人民当家作主、促进人民幸福安康的根本保障。当前和今后一个时期,湖北处于全面建设小康社会的关键时期,处于深化改革开放和加快转变经济发展方式的攻坚时期,既要解决长期积累的深层次矛盾,又要面对不断出现的新课题;同时,湖北省在实现"两圈一带"战略、推进经济社会文化等各领域改革发展过程中,也必然会遇到这样那样的问题和矛盾。妥善解决这些问题,有赖于法治建设的加强和法治环境的优化。其三,创造良好的社会环境。人才对于任何社会来说,都是非常关键的要素。社会要繁荣、要进步,必须依靠大量杰出的人才,而人才能否得到成长,又取决于是否有适宜的社会环境。要创新人才管理体制和人才培育开发机制、评价发现、选拔任用、流动配置和激励保障机制,营造尊重人才、有利于优秀人才脱颖而出和充分发挥作用的社会环境。其四,创造良好的教育环境。教育是人才之基,人才不是天生的,不是孤立于社会独立成才的,必需教育这一基石。人才的成长既无捷径可走,又有捷径可走。人才的成长不是个人在白纸上孤立地作画,而是站在前人肩膀上成长起来的,这就是教育的巨大作用。就湖北省而言,湖北省教育优势突出,如全省共有普通高校89所(其中部委属高校8所,省属本科高校27所,高等专科学校3所,高等职业学院51所),独立学院31所,普通高校总数居全国第2位。这要求我们充分发挥优势,围绕"十二五"规划纲要,突出重点,培养创新型科技人才;协调发展,重点开发紧缺专门人才;强化教育,让优秀人才脱颖而出。

三、人才决定发展

　　人才是第一资源,发展是第一要务,两者统一于中国特色社会主义伟大事业。全面建设小康社会、加快推进社会主义现代化,必须围绕发展抓人才、抓好人才促发展,形成人才支撑发展、发展造就人才的生动局面。

　　人才是最具活力的发展要素,发展是造就人才的最大舞台,两者有机统一、相辅相成。一方面,事业发展离不开人才的支撑。相对于资金、科技等要素,人才在经济社会发展中具有基础性、战略性、先导性作用。发展所需的一切资源如果没有人才去掌握、去应用、去创造,就不能充分发挥作用。在当今知识经济时代,人才更是创新之源,是推动产业结构调整、加快转变经济发展方式的核心力量。另一方面,人才需要在发展中锻炼和造就。人才成长离不开个人的天赋和努力,更离不开发展提供的机遇和舞台。一旦离开发展,人才便失去了成长的沃土。改革开放 30 多年的实践证明,没有中国特色社会主义伟大事业的不断发展,就没有今天规模宏大、素质较高、门类齐全的人才队伍。总之,只有人才与发展形成良性互动、良性循环,我们的民族才能兴旺发达,国家才能真正强大。

　　就湖北而言,当前要重点培育四个方面的人才:一是领导干部人才。领导干部负有人才的管理职能,是管人才的人才。领导干部自身素质如何,决定了一个国家一个省人才成长的走向,决定了一个国家一个省是否能培养优秀人才队伍、在未来的竞争中能否始终处理领先地位。因此,胡锦涛总书记在全国组织工作会议上强调指出:"各级党委要把提高领导班子和领导干部的开拓创新能力作为一项紧迫的重要任务来抓,加强学习和实践锻炼,加强领导班子制度建设,完善选人用人机制,营造创新氛围。要坚持正确的用人导向,真正把那些政治上靠得住、工作上有本事、作风上过得硬、人民群众信得过的干部选拔到各级领导岗位上来。"

　　二是企业家人才。企事业家人才是经济社会发展的支柱,没有充足优秀的企事业家人才资源,我们就难以成就中国经济社会的可持续发展,就难以实现中华民族的伟大复兴,就难以实现民富国强,就难以实现湖北"中部崛起"的战略部署。在党中央确立的"三支人才队伍"建设中,企业经营管理人才是一支重要的人才队伍。前湖北省委书记俞正声在一次讲话中说,培育市场主体的关键,是培育一大批优秀的、职业化的企业家。没有一批好的企业家,湖北的经济发展就没有希望。

　　三是科研技能人才。人事部中国人事科学研究院主编的《2005 年中国人才报告——构建和谐社会历史进程中的人才开发》(黄皮书)指出,到 2010

年,我国专业技术人才供需缺口为 1746 万—2665 万人,其中第一产业缺口为211.5 万—224.3 万人,第二产业为 1172.8 万—1266.6 万人,第三产业为3170.7 万—3421.7 万人,新兴产业为 414.6 万—440.8 万人。从学历人才占就业人员的比例看,与发达国家 20 世纪 90 年代中期最低水平(11%左右)相比,差距在 2%—3%之间。这极大影响我国经济社会各项事业的综合平衡发展,制约我国经济社会发展质量的提升,必须下大力气培养一大批懂技术,能研发,会管理的优秀科研技能人才。

　　四是教育型人才。教育型人才是培养人才的人才,是人才成长的基础与保障,没有教育型人才,就无法不间断的为社会提供一批又一批各行各业所需要的人才,实现人才自身的可持续发展。在人才的教育上要实现三个对接:其一,高校培育与企业需求对接。当前高校培养的学生与企业对人才的需求差距较大,严重脱节,致使企业存在着大量的人才缺口。而造成学生就业难和企业招人难的根本原因是各高校的现行教育体制不灵活,机制不合理,人才培养目标不清晰。因此,要深化教育体制改革,大力推行"企业群人才订单培养模式":清晰的企业群及订单人数;清晰的岗位及职责;清晰的实习津贴及上岗薪酬;清晰可信的三级就业保障体系;清晰的上岗标准;清晰的培养及上岗流程;清晰的专业、行业、岗位、创价技能课程;清晰的职业成长路径及护航服务体系。其二,人才培育与省委省政府中心工作需求对接。省委省政府的中心工作是一个地方经济社会发展的方向,其中心工作效能的高低,直接影响当地经济社会发展水平与发展走势。政务人才培养是政府自身建设极其重要的问题。毋庸置疑,政府硬件系统建设得再好,没有合格的管理人员、运行人员和使用人员,也是无法达到政府行政目标的。目前,我国政务人才缺乏,已经在很大程度上影响了政府对经济社会事业的发展。因此,必须尽快建立和完善政务人才体系,加强教育系统对政府需求人才的培养,提高广大公务员的综合素质。其三,人才培育与未来需求对接。人才的培育发展没有尽头,人才是一个不断发展的过程,是一个国家社会持续发展不竭动力。教育必须要面向未来,研究未来人才需求。做到在不同历史发展阶段,都能为社会培育提供急需人才。

(作者单位:中共襄阳市委党校)

加强人才队伍建设 促进党校科学发展

张明学　李海泉

摘　要：党校的性质、职能和担负的任务，决定了人才在党校工作和党校事业发展中的关键作用。人才支撑发展，发展孕育人才。加快党校事业的发展，在大规模培训轮训干部中发挥主渠道、主阵地作用，完成新世纪新阶段党校承担的历史重任，队伍是基础，人才是关键。

关键词：人才队伍；建设；党校发展

2003 年 3 月，曾庆红同志在全国党校校长会议上提出了人才强校战略。提出了党校教育要适应"干部培训和轮训从满足学员获得岗位培训学历需求为主向满足学员能力提高需求为主，从单纯教育培训在校学员为主向面向全党、为开发人才资源作贡献转变的变化"的新要求。2003 年底中央召开了全国人才工作会议，通过了《中共中央、国务院关于进一步加强人才工作的决定》。党校的性质、职能和担负的任务，决定了人才在党校工作和党校事业发展中的关键作用。人才支撑发展，发展孕育人才。加快党校事业的发展，在大规模培训轮训干部中发挥主渠道、主阵地作用，完成新世纪新阶段党校承担的历史重任，队伍是基础，人才是关键。

一、加强党校人才培养的重要性和紧迫性

新世纪新阶段，在加强党的执政能力建设方面，各级党校面临着培训轮训党的领导干部的更加繁重的任务；在繁荣哲学社会科学和实施马克思主义理论研究和建设工程方面，党校肩负着推动马克思主义的理论创新和理论繁荣的光荣使命；在加强干部学员的党性修养和党性锻炼方面，党校承担着通过理论学习，帮助学员牢固树立科学的世界观、人生观、价值观，自觉树立正确的权力观、地位观、利益观的重要职责。党校作为担负人才强国战略任务的重要组成部分，在建设一支能够担当重任、经得起风浪考验的高素质的领导干部队

伍,特别是培养造就大批善于治党治国治军的优秀领导人才方面,在把我们党建设成为优秀人才高度密集的执政党方面,担负着特殊重大的历史责任,具有不可替代的重要作用。

在全面建设小康社会的伟大实践中,各级党校要完成好用马克思列宁主义、毛泽东思想、邓小平理论和"三个代表"重要思想武装全党的任务,要完成好党的十七大提出的有组织、有计划、有步骤地大规模培训轮训领导干部这个重要任务,要更好地发挥党校"三个阵地、一个熔炉"的作用,都必须进一步加强人才工作和队伍建设。面对不断变化的新形势,面临日益繁重的轮训培训任务,面向中国特色社会主义实践在21世纪的新发展,建设一支数量适当、专业优化、结构合理、素质优良、创新能力强,能够适应大规模培训轮训干部和理论创新要求,满足党校事业发展需要的人才队伍和教职工队伍,显得尤为重要和紧迫。

二、目前党校人才队伍建设存在问题

(一)党校人才的高层次、专业化水平较低

一是专业对口人才少。根据有关数据显示,目前,各级党校特别是基层党校具有中高级职称的教学人员虽占教职工队伍总量的三分之二左右,但大多数都是半路出家的"万金油",尤其缺乏党建前沿问题研究、经济问题研究、社会发展问题研究等领域的行业人才和硕士、博士等高学历人员;二是知名教师知名学者少,而且这一状况很难在短时间内有较大改变。

(二)人才的专业结构布局不够合理

在党校文史类、经管类人才比较密集,占总数三分之二以上,而社会发展类问题研究人才较为匮乏。

(三)创新型人才数量少,智力资源利用效能低

现在的高层次人才大多专业知识比较单一,创新能力较差,科研开发转化能力低,不能及时把科研成果转化为生产力。

(四)基础条件制约人才进步

由于受资金匮乏的影响,现代化教学手段落后,使教师业务理论水平和自身素质的提高受到了很大的限制,知识老化的问题得不到解决,相当一部分教师只是靠老本吃饭,知识更新主要靠书本和网络信息,感性认识赶不上理性思维的需求,教学水平赶不上形势和任务的需要。

三、采取有力措施,加强党校人才队伍建设

(一)强化党对党校工作的领导,加强党校领导班子建设

各级党委要从党的事业发展全局出发,按照"忠诚、敏感、敬业"的要求,选配好党校领导班子特别是常务副校长。要坚持党校工作特殊需要的德才标准,把政治立场坚定、理论功底扎实、实践经验丰富、年富力强、有开拓创新精神、忠诚于党的干部教育事业的优秀干部选拔充实到党校领导班子中。在党校班子建设中,要坚持以创建"团结、务实、开拓、创新、勤政、廉洁"的班子为目标,切实加强了班子的思想、作风和能力建设。党校实行校务委员会领导体制,校务委员由同级党委任命。党校校长一般由同级党委书记或副书记兼任;主持日常工作的副校长按同级党委部门正职领导干部选配并作为同级党委委员提名人选,有条件的地方可兼任党委组织部副部长;副校长(含专职校务委员)按同级党委部门副职领导干部选配。对于优秀的中层干部和骨干教师根据其工作表现和能力,要突破限制予以培养使用。同时要根据党校工作性质的特殊性和对人才需求的高层次性,党校教研人员参评职称或晋升非领导职务,不受人员职数的限制。

(二)必须对传统的人才观进行重新审视和定位,树立大人才观

传统的人才观把人才定位在具有中等教育以上学历和初级以上技术职称这个层面。随着社会的发展和进步,人才形成的途径日趋多元化,内涵日趋丰富,这就要求必须对传统的人才理念重新进行审视和定位,树立包括具有相当学历和专业技术职称人员、乡土人才、在某个领域有突出贡献者、具有一技之长的人员在内的大人才观念。

(三)实施人才强校战略

一流的专职教师队伍的建设,是提高教学科研水平、形成党校学科优势和办学特色的关键。各级党校要按照用好现有人才、造就拔尖人才、培养后备人才、稳定关键人才、引进急需人才原则,加大对党校人才的培养、吸引和使用力度,努力造就一支政治强、业务精、作风正、结构优化的高素质教学科研和服务管理人才队伍。

一要继续加大人才引进力度,不断完善专职教师师资结构和学科结构,解决目前师资不足、学科不全、骨干教师工作负担过重无暇从事调查研究的问题。各级组织人事部门要为党校引进优秀人才和急需人才开设绿色通道,积

极引进有志于党校教育事业的专家学者、优秀党政领导干部、企业经营管理人才和知名高校毕业生充实党校人才队伍;人才引进要把重点放在创造条件引进若干名博士、硕士和学科带头人等复合型高层次人才上;引进的教师必须是学科需要且是优秀的人才;要加强对拟引进人才的考察,确保引进人员的质量;要继续严格控制行政后勤人员的数量,使教研人员与行政后勤人员的比例趋向合理。

二要切实加强教师培训力度,通过多种有效途径,全面提高在职教师的政治素质和业务能力,特别是理论联系实际和创新培训方式的能力。一是组织人事部门要将党校教师进修培训学习纳入干部教育培训整体规划,由财政提供专项经费保证;二是基层党校每年要选送一定数量的党校教学科研骨干到中央党校或高校进修培训,做访问学者;三是积极鼓励教师参加国内外学术交流活动并给予经费保障;四是要为教师出国(境)培训考察或参加学术交流创造条件;五是重点抓好青年教师的培养工作,同时注意发挥中老年教师的经验优势和传帮带作用,实现老、中、青三结合。

三要强化名师培育力度,要积极引导教师走"科研型"和"学者型"道路,实施创建学习型研究型教师活动计划。开展研究式教学,并把研究成果及时转化为专题课教学内容,以指导学员工作实践;将党校名师评选纳入各级组织人事部门关于专家学者评选工作,享受同级名师待遇。特别是要抓紧培养有潜力的优秀年轻人才,不断充实壮大后备梯队,增强队伍的可持续发展能力。

四要加强党校教师挂职锻炼和交流力度,探索党校教师干部与党政机关干部"双向流动"的机制。组织部门每年要安排党校中青年教研人员和管理干部到党委、政府综合部门及基层挂职锻炼,丰富实践经验;各级党委要把党校干部流动纳入整个干部队伍建设统筹安排,加大党校与其他党政机关和企事业单位的干部交流力度,注重从党政部门选拔优秀干部到党校任职,注重把党校的优秀中青年干部选派到党政部门、改革发展一线任职,增强党校干部队伍的活力。

五要充实兼职教师队伍,建立党校教育培训师资库,实现资源共享。按照专兼结合原则,选聘实践经验丰富、理论水平较高、善于课堂讲授的党政领导干部、企业经营管理人员和国内外知名专家学者担任党校兼职教师。兼职教师在提高党校办学层次和教研水平中发挥着重要的作用。要确立"不求所有,但求所用"的用人观念,加大投入,充分利用社会丰富的人才资源,弥补党校师资力量的不足。一是建立一支以中央省市委党校、高校、科研院所专家学者为主的紧密型的兼职教授队伍,实行动态管理,充分发挥兼职教授的作用;二是让一些既有丰富实践经验又有较深理论功底而又善于课堂讲授的党政领导干部、企业经营管理人员不断进入到党校兼职教授的行列中来,进一步完善党政领导干部定期到党校讲课制度。

六要进一步健全竞争激励机制,充分调动教研人员的积极性。一是要建立学科带头人选拔和管理办法;二是建立和完善科研成果考核奖励办法,加大科研成果奖励的力度;三是要进一步推出吸引高层次人才、培养拔尖人才和留住优秀人才的举措,培养和造就有影响的专家学者;五是给新引进教师在教学安排、学习培训、课题调研上,多提供锻炼机会,用"压担子"的培养方法,快速提升教师的综合素质能力。

七要坚持以人为本,加强和改进对教师的管理。对教师的管理要充分考虑其职业的特殊性。既要对教师严格要求、严格管理,又要尊重、关心和爱护教师,做到科学、民主管理;教师课堂讲课,既要严守政治纪律,坚持原则的严肃性,又要解放思想,保持理论的鲜活性;既要通过制定科学合理的制度对教师进行激励和约束,坚持和完善对教师工作业绩的考核,并与奖励、晋级晋职等挂钩,使之既有压力又有动力,又要尊重教学科研工作本身的规律,尊重教研人员精神劳动的特点和学术个性,充分发挥教研人员的积极性和创造性,充分保证教研人员有足够的时间和精力从事正常的教学科研工作,同时要为教研人员创造宽松的搞学术的环境,营造创新求索、宽容大气的学术氛围。要努力改善党校工作者的学习、工作和生活条件,不断提高其待遇,增强党校的吸引力、凝聚力,真正做到"事业留人、感情留人、待遇留人"。

（作者单位:中共武汉市青山区委党校）

试析当前领导干部选人用人公信度存在的问题

李又才

摘　要：提高领导干部选人用人的公信度有利于形成充满活力的选人用人机制，促进优秀人才脱颖而出。本文从民主选人用人方面、公开选拔、竞争上岗方面和选人用人的不正之风方面对领导干部选人用人公信度存在的问题进行深入分析。

关键词：领导干部；选人用人；公信度

近年来我国在提高领导干部选人用人公信度方面，作出了一些有益的探索，也取得了显著成效。但包括湖北在内一些地方还存在诸多不足之处，需要努力改革创新，探索解决办法，进一步提高领导干部选人用人的公信度。

一、民主选人用人方面的问题

（一）"由少数人选人，在少数人中选人"的现象依然不同程度存在

在一些地方把党管干部与群众民主选拔干部对立起来，不敢放手让人民群众提名、推荐选拔干部，使得被提名、推荐对象，多数还是局限于政党系统、干部序列，"干部推荐干部"、"官选官"的现象仍然客观存在。

在提名、推荐中，还存在着"一把手"权力过大的问题。这个问题不仅表现在提名权往往控制在主要领导手里，而且对主要领导的提名权的监督又存在着"缺位"和"虚位"现象，致使提名权"一把手"说了算；另一方面，更严重的是，表现为围绕着"一把手"思路运行的潜规则。在目前体制下，一个干部一旦被主要领导提名，基本意味着被任用。之后的考察、考核等环节很多时候只是走过场。这是一种带有"领导意图"的"虚民主"，是"民主"异化现象，导致民意失真。

（二）"泛民主"与民主不彻底并存

目前一些地方不管什么类型的干部，也不管是什么性质、什么职业的干

部,都进行投票民主测评,这是一种"泛民主"现象,对选人用人科学性是不利的,最终也不利于选人用人公信度。如业务技术很强的领导干部,通过民主投票选拔,就不一定很合适。又如一些执行性很强包括执法的领导干部,他们必须严格依法、高效快捷地执行上级领导的决定,这类干部由下级或被执行对象进行民主投票,会影响执行效率。再如一个单位和部门负责纪检监察的领导干部,如进行民主投票测评,必然会使这些干部不敢对部门内部的干部进行监督检查,不敢履行应当的责任。出现这些问题,是因为目前我国还没有建立严格科学的干部分类制度。

在选人用人的民主过程中存在民主不彻底的问题。一方面,一个地方和部门、单位的主要负责人(正职)的选用,所在地方或地域、部门和单位的干部群众参与民主选用的程度不够。现在的主要做法是上级直接委派,而下级或所在地方、部门的干部群众民主参与、表达权力很小。这是当前我国领导干部选人用人民主不够彻底、深入的重要表现。另一方面,在一些选人用人的民主过程中,如在参与民主推荐、民主测评、民意调查的过程中,受时间、场所以及推荐干部结构等条件的限制,普通干部群众往往只是参与填写表格,简单地进行打勾画叉,选择余地不够大。同时,干部群众参与的结果也缺乏及时反馈。民主测评、民主推荐时,投票的结果并不向投票人直接反馈。群众大多是"被动知情"、"就事知事",往往是组织上公布什么、提供什么,才知道什么,这种民主是一种不完整、不彻底的民主。长期下去,群众参与民主的积极性受到挫伤,投票的随意性会加大,民主选择的质量就难以得到保证。

(三)"形式上民主,程序上空转"现象仍然存在

一些单位和地方在选人用人上,嘴里喊"公开透明",实际搞"暗箱操作",表面看"民主程序"样样不缺,严重存在着"轰轰烈烈走程序,名正言顺行私权"的现象,结果还是领导想用谁就是谁,个别领导甚至把走程序作为实现个人意图的"烟雾弹",利用合法程序,在干部选拔任用中掺杂个人意志,通过走程序的形式达到个人目的。这种做法久而久之,选人用人的公信度就会降低,就会出现一些人溜须拍马、买官卖官等不正常现象,使选人用人的制度规定变成一纸空文。

同时,一些干部群众选人用人的民主参与意识不强。有的干部群众受传统的思想观念和思维方式的束缚,认为选任干部与己无关,是领导的事,是组织部门的事,认为推荐、考察只是走过场,不会有实际效果。在干部考察考核

时,一些干部群众民主意识不强,有的对考察工作不够信任,不愿意反映干部的真实情况,对考察组成员的提问随便应付,有的存在"无所谓"思想,缺乏民主参与的积极性和责任感。

(四)民主选人用人程序不规范

一是民主的范围够不够广泛。目前通常的做法是下一级民主选评上一级,如只有科级干部才能选评处级干部,只有处级干部才能选评厅级干部,其他级别、类型的干部群众没有权利参与。这样总是由少数人选少数人,够"级别"的人选上一级别干部,广大群众的知情权、监督权、选择权都体现不出来,党内民主和人民民主一到具体选任干部不是被架空,就是当"花瓶",公信度就自然受质疑。

二是民主的代表性够不够。比如具体考察考核时,只找赞成的,反对的人不找,不熟的人不找,关系不好的人不找,不认识的人不找,那就没有什么代表性。

三是民主的程序透明不透明。从提名到考察等各环节老百姓都不清楚,必然给干部选拔任用带来许多暗箱操作的机会,影响干部选用的公信度。

(五)民主测评内容和量化指标不够具体

一是民主测评内容过于抽象,评价要点不清晰,标准不统一,特别是将可以量化的指标与无法量化的指标相互混淆,难以全面准确反映领导干部履行职责情况和德才表现等。

二是缺少一套能较好区分不同层次、不同类别干部的考察指标体系和能体现差额考察与公开选拔特点的考察方式方法。有时考察对象往往在不同地区、不同行业、不同单位,相互之间缺乏比较,或比较难度较大。现行的干部考察方法和程序仍然沿用传统的干部考察方法和程序,很难全面、准确、客观地了解和掌握被考察干部的实际情况。

二、公开选拔、竞争上岗方面的问题

(一)岗职位确定的任意性

公开选拔、竞争上岗职位的确定存在任意性,副职多,一般职务多,职位数量少。

根据《公开选拔党政领导干部工作暂行规定》第五条规定:公开选拔党政领导干部应当根据领导班子和干部队伍建设的需要有计划地进行,逐步做到经常化、制度化。有下列情形之一的,一般应当进行公开选拔:(1)为了改善领导班子结构,需要集中选拔领导干部;(2)领导职位空缺较多,需要集中选拔领导干部;(3)领导职位出现空缺,本单位无合适人选;(4)选拔专业性较强职位和紧缺专业职位的领导干部;(5)其他需要进行公开选拔的情形。《党政机关竞争上岗工作暂行规定》第三条规定:通过竞争上岗选拔党政机关内设机构领导成员,一般在本机关内部实施,也可根据需要允许所属机关、事业单位符合条件的人员参加。

这些规定实际上表明,在公开选拔中,对于符合上述情况的领导职位到底是以公开选拔的方式进行还是采取一般委任制的方式进行,选拔任用主体拥有相当大的自由裁决权。其结果必然造成掌握选拔任用权的党委(党组)在到底拿出哪些职位、拿出多少职位参加公开选拔上带有较大的随意性。在竞争上岗中,究竟是否让所属机关、事业单位符合条件的人员参加,参加的范围有多大,单位党组党委(党组)或本系统领导班子也具有随意的裁量权。

即便如此,还存在范围有限、身份限制、副职居多、局限于非重要的干部岗位等问题,而且公开选拔、竞争上岗干部占同期任用干部的比例偏小。

2010年9月8日湖北省委公开选拔领导干部工作办公室有关负责同志答记者问时指出,湖北省以往的干部公选主要由省、市、县各级党委分头进行,各自为政,存在着公选考核测试过于单一化、平面化,以及分散公选、零星公选导致的效率较低、成本过高、质量参差不齐等问题。同时,通过竞争性选拔方式产生的领导干部比例,距离中央要求达到的三分之一水平还有一定距离。

(二)岗职位任职资格确定的任意性

公开选拔、竞争上岗职位任职资格的确定存在任意性。一般而言,报名者所从事的工作任务和经历的工作岗位越多,所积累的经验就越丰富,所担负的领导责任越重大,其组织管理能力也越强。为防止唯资格论者把一些优秀人才排除在选拔范围之外,同时也为了防止功利主义者利用公开选拔途径走升官的“捷径”,《党政机关竞争上岗工作暂行规定》第8条规定:竞争上岗应当制定实施方案。实施方案内容包括指导原则、竞争职位、任职条件、选拔范围、方法程序(含遴选方式)、时间安排、组织领导和纪律要求等。实施方案应当征求干部群众的意见,由党委(党组)讨论决定。第10条规定参加竞争上岗人员的基本条件和资格应当符合《党政领导干部选拔任用工作条例》的有关规定以及竞争职位的要求。《党政领导干部选拔任用工作条例》第7条第1、2、3款专门对任职资格作了详细规定。但遗憾的是在具体实施中,各地各系统各单位擅自抬高或降低任职资格条件,有的甚至给人以"量体裁衣"之感。如规定报考某级职位的党政领导干部需担任下一级别领导干部多少年以上、有某专业文凭、在某年龄段以下等。

(三)岗职位人选入围比率确定的非规范性

公开选拔、竞争上岗职位人选入围比率的确定存在非规范性。在公开选拔和竞争上岗过程中,人选的确定包括面试人选的确定、考察人选以及最终人选的确定。根据《公开选拔党政领导干部工作暂行规定》第18条、第22条、第25条的规定,根据笔试成绩,从高分到低分确定面试人选。面试人选与选拔职位的比例一般为5:1。根据笔试、面试成绩确定应试者的考试综合成绩。从高分到低分确定考察人选。考察人选与选拔职位的比例一般为3:1。在各地公开选拔实践中,有的在公开选拔公告中对面试人选、考察人选确定的依据、比例等只字不提,有的虽作了明确规定,但这些规定也与中央颁布的文件不相一致。在最终人员的确定方面,公开选拔干部最终人员的确定,绝大多数情况是由组织考察部门提出拟任人选的意见,但依据什么来确定,并无明确规定,完全掌握在任免机关的组织部门甚至个别干部手中。而《党政机关竞争上岗工作暂行规定》第20条规定"考察对象一般通过综合遴选的方式择优确即竞争者参加笔试、面试、民主测评各个环节的竞争,依据总分高低,按照一定比例择优确定考察对象并公布名单以及最低入围分数。笔试、面试成绩和民主测评结果应当按照一定比例计入总分","确定考察对象时,可适当考虑竞争者的资历、学历(学位)及近年来年度考核情况等因素"。这其中的"一定比例"和"适当考虑"似乎使"自选动作"变得合情合理。这些单位和部门领导"自主"的权力,有可能"被工具化"。

(四)考试的不规范

公开选拔、竞争上岗考试不规范。主要表现在以下几个方面:

第一,考试时间的非确定性。

由于中央所颁布的相关文件只规定当单位出现哪些情况时,一般应当以公开选拔的方式补缺,而各地或同一地方不同单位出现职位空缺的时间必然存在差异,其结果是全国各地几乎每隔一段时间都在举行公开选拔。各地公开选拔时间的非确定性所造成的后果:一是使那些热衷于公开选拔的人长期疲命于各地的公开选拔应试中而无暇顾及工作。二是增加了各地公开选拔的成本,扰乱日常工作的正常开展。三是使得渴望通过参加公开选拔来改变自己命运的人可能因一时的疏忽而错过了报名时间。《党政机关竞争上岗工作暂行规定》中,只规定了竞争上岗必须在核定的编制和领导职数限额内进行,并没有强调只要有职数空缺就必须进行竞争上岗,有些单位有些职数可能会长期空置,什么时候拿出来竞争上岗,在时间上无从限定。

第二,笔试的内容设置不合理,难以公正评价考生的综合素质。

现行的公开选拔和竞争上岗方案,一定程度上存在"重知识、轻能力"的现象,对拟选职位的综合要求和岗位特点缺乏科学的分析和研究。就笔试题型设计而言,一是试题不能与岗位要求有效衔接,死记硬背的偏多,灵活运用的偏少;文科知识多、理科知识少;政治理论知识多,经济法律管理知识少。二是过分强调命题形式的多样化和知识面的拓宽,试题零星知识多,系统问题少。三是偏重对应试者的静态测试,把重点放在知识积累和记忆上,而忽略了对应试者的动态测试,书本知识题多,应用能力题少,不能对应试者知识与能力,理论与实践,基础与专业,智力因素与非智力因素进行一次全面的检验。

第三,面试的手段过于单一,难以全面考核考生的领导能力。

目前,现行公开选拔和竞争上岗模式中的面试主要是运用一问一答的结构化面试方式来考核应试者的素质,虽然这种方式具有简便易操作且评判标准化的优势,但由于过于程序化,反而导致一些考试专业户容易获得较好的成绩。事实上,对于一个领导干部,必须在实践中才能检验出他是否具备决策能力、领导能力、协调能力,绝非一纸试卷、几个问题所能决定的。

第四,考官的随意性与非专业化,难以提高选用的准确性。

考官评分是公开选拔和竞争上岗工作中最关键的一环,考官要做到准确、公正的评判,除了应具有较好的政治思想素质和职业道德外,关键是会"评",即善于从考生的言谈举止中发现其是否具备认识问题的敏锐性,解决问题的独创性,从考生短时间答辩中评出能力,给出正确的评判。在实际工作中,考官大部分是临时抽调的,尽管多数同志具有丰富的领导经验和文化知识,但在未经专门业务培训的情况下,难以掌握评判尺度与技巧,容易出现"印象分"和"平均分"。

第五,公开选拔和竞争上岗成本较高。

从各地的实践看,开展一次公开选拔工作,从筹备、宣传、专家命题、培训考官,到异地体检、面试、考察,公开选拔一名干部至少要花费1万元左右。就公开选拔的时间成本而言,少则二三个月,多则需要更长的时间,牵扯了组织部门大量的精力。一位市委组织部长说,如果一年搞两次领导干部"公开选拔",那么组织部就没有精力再做别的工作了。而竞争上岗的成本虽然略低于公开选拔,但具体程序一个也不能少,包括出考题、请考官、组织考察等,这其中的时间成本也不是所有单位和系统能够承受得起的。公开选拔和竞争上岗工作投入成本过高,致使不少地方对党政领导干部选拔工作望而却步,这已成为推广和推进公开选拔和竞争上岗工作的一个难点。

三、选人用人不正之风方面的问题

（一）少数领导干部凭个人好恶用人,玩弄制度,搞选人用人上的"潜规则",严重背离民意

在个别地方,"一把手"搞个人说了算,组织部门设法将领导的个人意图合法化,或以个人意见代替单位党组织的意见,表面上看用正式文件上报了,但实际上没有召开会议集体讨论,只是主要领导进行暗箱操作而已,搞选人用人上的"潜规则"。

少数领导干部任人唯上、唯钱、唯亲,讲关系、讲圈子、讲利益,对"上级领导"打过招呼、说过话的人,对"志同道合"的圈内人、互相帮衬的哥们,对能给自己带来钱财的人,对会捧会拍的人,对会把政绩吹高的人、对自己的亲朋好友等,不论人品如何、工作能力高低、群众是否认可,都采取各种手段提拔使用。正如群众批评的那样"提拔了溜须拍马的,重用了指鹿为马的,苦了当牛做马的",从而使选人用人失去公平、公正,素质高、能力强、肯吃苦的干部得不到提拔重用,挫伤了干部的工作积极性、主动性,也在人民群众中造成恶劣影响。

（二）少数地方存在跑官要官、买官卖官、许官送官等不正之风

一是来自外在的方方面面的说情风、不按程序进行的"举荐"风;干部本人在干部调整前找关系、送情风。二是极个别选人用人者背离党的任人唯贤的干部路线和干部"四化"方针,降低、曲解党的德才兼备的干部标准,在干部选用中存在任人唯亲、唯情、唯顺、唯上、唯钱等不正之风。三是买官卖官,"带病提拔"、"带病上岗"、边腐边升,甚至"干部不坏,领导不爱"等怪事,群众对此意见很大,深恶痛绝。

（三）少数地方简单地"以票取人",缺乏选人用人的责任心

由于目前干部的考评工作中存在"外在表现易于评价、内在素质难以评

价"，"现实能力易于评价、发展潜力难以评价"，"工作显绩易于评价、工作潜绩难以评价"，"总体状况易于评价、具体特点难以评价"等"四易四难"等问题，因此，在调研中发现，有少部分人在干部民主测评中存在投"三种票"的现象：一是感情票，从个人感情、亲疏关系出发，把票投给平时与自己关系较好或较为熟悉的人员；二是印象票，仅凭主观印象进行推荐；三是随意票，觉得与己无关，随意投票。而有些单位和部门也同时存在简单的"以票取人"的现象，影响了选人用人的公信度。

（作者单位：中共湖北省委党校）

论现代领导的科学人才观

严 红 范玺文

摘 要：思想是行动的指南，观念是行动的先导。树立科学人才观是现代领导有效领导的关键。发挥人才的创造性才能，推动社会发展，现代领导必须解放思想、转变观念，树立科学的人才观。

关键词：现代社会；领导；人才观

一、树立科学人才观是现代领导有效领导的关键

现代社会，知识和人才成为社会发展的决定性因素。现代领导树立新的人才观是是时代发展的客观要求，是由现代社会人才的特点和我国人才工作的形势决定的，树立科学的人才观更是是现代领导的内在素质要求。

（一）人才是高品质的人力资源

对于什么是人才，每个时代都有不同的认识与标准。从知识经济时代人才观的角度看，人才是指具有一定的专业知识或专门技能，能够进行创造性劳动并对社会作出贡献的人，是高品质的人力资源。从这个定义我们可以看出，现代社会的人才有以下的特点：

1. 现代社会的人才具有较高的素质

这种高素质是指，现代人才不但要有精深的知识结构，也要有合理的能力结构，不但要有很高的思想政治素质，而且要有健康的身体、心理素质。精深的知识结构，就是既具有深厚的专业知识，又要具有广博的人文知识；合理完善的能力结构，主要包括专业能力、沟通能力、自我控制能力等；思想政治素质，主要指崇高的思想品德和良好的职业道德；健康的身心素质，主要有生理健康、心理健康、人格健康等。

2. 现代社会的人才是具有时代精神和开放意识的人才

人才具有时代性，就是指人才始终能够紧扣时代的脉搏，具有超前的眼光

和战略性的思维,能够运用所学的知识和能力解决本领域和社会的矛盾和问题。人才的开放意识,是指人才自身的知识体系应该是一个具有强大生命力的动态的开放的体系,这种体系始终能够适应时代的要求和本学科本领域的变化和发展,始终不会固步自封。人才的时代精神和开放意识是人才始终具有创新性的保证。

3.现代社会的人才是具有创新能力的人才

所谓创新能力,是指人才能够适应本学科本领域与时代和社会的要求,在继承前人优秀成果的基础上,具有把本学科本领域的理论和技术向前推进一步,有所发现和创新的能力。创新性是人才的本质特征。

(二)人才是取得竞争优势的关键

人类进入21世纪后,知识经济呈现异军突起之势。知识经济是以知识为基础的经济,这种经济直接依赖于知识和信息的生产、扩散和应用。知识和信息的生产、扩散和应用都离不开于人才,可以说知识经济就是人才经济。知识经济时代,决定一个国家发展快慢的将是知识和信息的拥有量,以及是否具有符合知识经济时代标准的人才,因此现代社会人才资源是第一资源。迎接知识经济时代,发展我国社会经济,人才的作用更加重要,就像邓小平说过的:"中国的事情能不能办好,社会主义和改革开放能不能坚持,经济能不能快一点发展起来,国家能不能长治久安,从一定意义上说,关键在人。"

(三)树立新的人才观是现代领导的内在素质要求

"为政之要,首在用人"。用人是领导干部的主要职能之一。作为领导干部,一定要树立科学的人才观,在实践工作中提高知人善任的能力。在实际工作中提拔选用什么样的人和如何用好人才,对于确保党的路线方正政策的贯彻和执行以及干部人才队伍建设都有非常重要的意义。人才选得好用的好,领导者的效率就可以事半功倍,事业就会兴旺发达。人才选不好,用不好,就会极大地影响领导者的工作效率。选不好人才,用不好人才,不但对于人才资源本身是一种浪费,而且有时还会给本部门本单位带来不稳定的因素,给党的威信和党的事业带来严重的后果。

(四)树立科学的人才观是我国人才工作的现实需要

改革开放以来,为了做好人才工作,党和政府相继实施了一系列人才战略,促进了我国人才队伍的发展,我国人才总量有了很大增长。但我国人才的总体水平、结构和素质还不能适应经济社会发展的需要,特别是现代化建设急

需的创新型人才缺乏。总结起来,我国人才工作主要存在三方面问题:

1. 现有人才利用不充分

表现为:一部分党政领导办事效率低,服务意识不强,甚至出现了以权谋私的现象;一部分企业领导不能识人用人,人才吸纳能力不足。专业技术人员参与科研项目的比率低,高水平的学术交流活动偏少,高校和科研机构的高层次人才缺乏与企业的沟通,缺乏良好的人才创业发展环境。

2. 人才结构不合理

人才结构是否与该地区经济发展战略、产业结构调整相适应,对宏观人才资源能力的影响很大。我国人才结构不合理主要表现在:高层次、高技能、复合型人才短缺;人才的专业、年龄结构和产业、区域分布不够合理;技能型人才不足;农村农业实用型人才较少。

3. 创新型人才缺乏

创新型人才缺乏的原因有:第一,人力资源开发投资不足,人力资源能力建设所需的教育培训经费投入力度远远不够;第二,人才培养机制不够健全,措施不够有力,普遍缺乏创新教育、创业教育,高校教师对教学的投入不足;第三,人才流失严重。截至 2008 年,各类留学生累计总数达到了 150 万人左右,归国留学人数却只有 39 万,滞留在海外的留学生已经超过百万,无论数量还是比例都世所罕见。

当然,这些问题的出现是由多方面的原因造成的,但是一部分领导干部思想落后、观念不新也是主要原因。

二、树立科学的人才观要准确把握其基本内涵

思想是行动的指南,观念是行动的先导。要更好地发现人才,使用好人才,推动经济社会发展,现代领导就应该树立人才是最宝贵的资源;事业成败的关键在人才;德才兼备,以德为先是人才的完整标准;为人才服务、助人才成功是现代领导的基本职能的以人为本的新的人才观。

(一)科学人才观的基本内涵

人才观是我们对人才问题的认识与看法,现代领导的人才观是现代领导对人才资源开发与管理发挥作用的内在的核心素质,换句话说,树立正确的人才观是现代领导者在人才资源开发与管理过程中有效发挥作用的基础。一般而言,现代领导应着力增强以下五个方面的人才观:

一是人才是最宝贵的资源。适应知识经济时代要求,把资源开发从物质资源开发为主转移到人力资源开发为主上来。

二是事业成败的关键在人才。社会的进步,企业的成长,最关键的因素是人才。无数的事实证明,人才是事业成败的关键。有人才则事业兴旺发达,无人才则会退出竞争的舞台。

三是德才兼备,以德为先是人才的完整标准。这里的"德"就是一要坚持社会主义道路和党的领导,二要有良好的职业道德和社会公德。"才"就是专业知识和技能以及实践能力。这就要求现代领导在人才管理过程中完善人才评价标准,克服唯学历、唯论文倾向,对人才不求全责备,注重靠实践和贡献评价人才。

四是为人才服务、助人才成功是现代领导的主要职责。作为领导首先要有爱才、识才、选才、用才的精神或能力。我们党的老一辈领导人邓小平早就指出,"善于发现人才,团结人才,使用人才是领导者成熟的标志之一"。其次,在人才的使用中,要有用才与养才并举的观念。最后,要树立为人才服务的意识。一要加强制度建设,创造有利于优秀人才成长和脱颖而出的环境和机制。二要在实践中锻炼人才,要树立经验才能来自于实践,早压担子早成才的观念。使优秀人才不失时机地走上该在的工作岗位,早早得到锻炼。三要加强对人才的教育、学习和培训。

五是树立以人为本的人才观念。以人为本就是要充分尊重人才的创造、尊重他们的社会价值和个性价值、尊重他们自己的意愿和追求,始终把促进人才健康成长和充分发挥作用放在重要位置,让他们获得更大程度上的自由和解放,最大限度地为其实现成才目标创造条件,以调动他们的积极性、主动性和创造性,推动人才自身的全面进步。

(二)科学人才观的特点

科学的人才观的核心是以人为本,确立人才的主体地位,强调领导的服务职能;以联系的、发展的、全面的观点看待人才,不仅要看到人才的"才",更要看到人才的"人",把"人"和"才"统一起来;最终的目的就是要让人才能够真正的、充分地发挥其创造性的才能,为社会主义现代化建设服务。

1. 科学人才观的核心是以人为本

科学的人才观强调人才的主体性,认为人才是最可宝贵的资源,事业成败的关键在人才。在对待人才本身时不仅看重人才的"才",更看重人才本身。认为人才既是工具性的存在,更是目的性的存在,最根本的是一种目的性存在。所以,尊重人才就应该树立以人为本的根本观点,尊重人才本身,而不是根据其"才"的大小区别对待。只有这样,尊重知识、尊重人才、尊重创造才不至于成为一句口号,才能在人才工作中真正做到以人为本。

2.科学人才观以辩证的观点看待人才

用辩证的观点看对人才要求现代领导要树立整体人才观,否则,就会犯顾此失彼的错误。实践中,这种错误主要表现为:只重视外来人才,而忽视了本单位本部门的人才。二是重视精英型的人才,而不知道人人都可成才的道理。三是重视人才的知识,而忽视了人才的能力。在人才的来源上,打破人才的身份界限,不论干部工人,不论学历高低,鼓励人人可以成才。

3.科学人才观更强调领导的服务意识

虽然说领导的职能是服务,但是真正落实起来并不容易。传统人才观只看到了人才的使用价值,认为人才是为本单位、本部门的发展服务的,是为领导的发展服务的,而没有看到人才本身的发展。新的人才观树立领导为人才服务、助人才成功的新理念,强调服务意识是领导的第一意识。

三、树立科学人才观必须解放思想

现代领导要树立科学的人才观,必须适应时代的变化与要求,解放思想、转变思维方式、工作方式,善于学习,只有这样才能更好地做好人才工作。

（一）要更新观念

解放思想,最主要的就是把人才从束缚在一部分领导思想中旧的人才观中彻底地解放出来,使人才的创造性能够更好的发挥。由于传统思想在我国根深蒂固,传统人才观仍然支配着一些领导的思想。这种人才观主要有:唯道德的人才观、唯学历与职称的人才观、完美型的人才观、熟人型的人才观等等。

其一,唯道德的人才观。传统唯道德的人才观长期处于统领地位,在十年"文革"时期,由于受极左思潮的干预,畸形发展为唯政治的"又红又专"的人才观。这种人才观给我们的国家和民族造成了很大的损失,但是,时至今日,仍然有一些领导不能根除自己固有的观念,有意无意地用道德的标准压抑了人才的求知欲、事业心与创新精神。

其二,唯学历与职称的人才观。建国60年来,学历和职称几乎成了人才的唯一标准。放眼全国,无论招工、招干一律以学历为标准,有些单位根本不考虑自己单位的实际需要,一味的追求高学历人才。这种以学历论英雄的人才观不但造成人才队伍的不稳定,而且提高了劳动成本,降低了经济效益,打击了真正具有创造性人才的工作积极性。

其三,完美型的人才观。在一大部分的领导心目中,所谓人才就是集多种才能于一身,拥有至上美德的全才。而对人才身上的一点小毛病或者过失常常耿耿于怀,纠缠不休,忘记了领导用人只是用人才的长处和优点。这是我们长期以来人才工作中的一大失误。美国管理大师德鲁克在其名著《有效的管理者》中讲的更为明确:"有效的管理者择人、任事和升迁,都以一个人能够做些什么为基础,因此,他的用人决策,不在于如何减少一个人的短处,而在于如何发挥一个人的长处。"如何在本组织本部门人才资源恒定的前提下,减少人才资源浪费,充分发挥人才资源的潜能,这是现代领导必须深思的问题。

其四,熟人型的人才观。传统中国是一个熟人社会,人们的交往相对局限在亲人以及可以信赖的朋友之间,这种人际关系表现在人才的选拔上,也以熟人为首选。在我国各级各类的人才选拔中,人情风一直存在,因为是同事、同学、老乡、朋友、老熟人等,就可以打破规则,破坏标准,优先使用和提拔。这种现象一方面破坏了公开、公平、公正、择优的录用原则,使人才整体质量下降,助长了腐败之风;另一方面,使得在今后的人事管理中,单位内部人际关系复杂,增加了管理的难度。

现代领导要树立新的人才观,就必须解放思想,更新观念,尤其是要从旧有的、落后的人才观中解放出来,让人才的创造性得到充分的发挥,给人才才能的展现提供一个自由宽松的人文坏境。

(二)要转变思维

思维方式是我们思考问题的方法和形式。是否具有科学的思维方式,决定了现代领导能否具有创新性观念、理论和知识,能否取得成功的根本性因素。转变思维方式就是指现代领导在人才工作中要善于运用更加灵活的多元思维,运用联系的、发展的、全面的观点看问题;摈弃孤立的、片面的、静止的单项思维。在看待自己的工作成绩时,不仅要纵向比较,更要横向比较,既要看到现在,又要看到过去和未来,既要看到本单位、本部门、本系统,又要具有世界性的眼光和战略性的思维看到别的单位,世界上同类部门的发展。

例如,在人才的使用中,过去常常有这样一种思维,"某同志,要么在本大学安心工作,要么调到外大学工作,不准兼职",这就是一种单项思维方式;而"既可以在本大学搞教学和科研工作,又可以在有余力的情况下在外大学兼职",则是一种辩证思维,多元化的思维方式。现代社会人才的竞争越来越激烈,高端人才的数量是有限的。我们要运用辩证的,多元化的思维方式,拥有一种"不求所有,但求所用"的开阔眼界,更加有利于本组织或部门的发展。

(三)要扎实工作

扎实工作更重要的是要转变工作方式,有效工作。转变工作方式主要是指现代领导在人事工作中,应该由单纯依靠个人直觉与经验的传统方式向主要依靠现代管理科学的现代方式转变。这种转变主要包含以下几个内容:其一,要把过去单独依靠个人经验的人事工作方式转变为依靠现代人力资源开发与管理科学。因为,人才工作是一门科学,它结合了人才学、领导科学、社会学、生理学、心理学、文化学、组织行为学、信息科学等多学科的专业知识,只有应用这些科学知识,才能使我们的人才工作走向科学化,合理化。其二,人才管理信息化。电脑的使用,使得人才资源各方面信息的收集、贮存、处理和使用都方便了许多。通过网络化管理,可以极大地提高人才开发与管理的工作效率,开阔人才工作的视野。其三,实现人才管理机构的科学化。改革人事管理部门,优化人事管理部门工作人员的职能与知识结构,促使人才开发与管理工作向着专业化、知识化、科学化的方向发展。

(四)要善于学习

人才观作为一种社会观念是随着时代的变化和社会发展的需要而产生的,并随着社会实践的发展而不断变化。这就要求现代领导要不断地学习,适时地调整自己的人才观以符合时代的要求,符合我国社会主义现代化建设的需要。这里所说的学习,一是理论学习,一是实践学习。理论学习,就是一方面要加强学习党在人才工作中的重要的文件及精神,另外一个方面就是要学习关于人才工作的专业知识,例如人才学、人力资源管理、组织行为学、领导科学等,运用专业的知识武装自己。实践学习就是要在人才工作的实际工作中,善于总结经验,借鉴其他兄弟单位好的做法,进而上升为理论,用来指导我们的人才工作实践。

总之,人才工作是一项涉及范围广泛,综合性极强的工作,现代领导只有解放思想,转变工作方法,善于学习,树立适应时代和国家的需要新的人才观,抓住人才工作中这一方向性、关键性的问题,就一定能够在人才工作中有所作为。

(作者单位:中共宜昌市委党校)

基于科学人才观的人才资源开发探讨

张绍春　　刘朝军　　陈先春

摘　要：人才是经济社会发展的第一资源，在国家现代化建设中发挥着越来越重要的作用。我国是世界上人口最多的发展中国家，人力资源虽然丰富，但人才资源的开发利用并不充分，人才利用效率不高。原因是多方面的，突出的原因是观念问题。实施人才强国战略，领导者必须带头树立科学的人才观念：一是必须牢固树立"人才资源是第一资源"的观念，二是必须树立"以人为本"的人才观念，三是必须确立人才资源开发时效性的观念，四是必须树立人才资源可重复开发的观念，五是必须树立人人都可以成才的观念，六是必须树立多渠道、多视角发现和使用人才的人才观。

关键词：科学人才观；人才管理；开发利用

《国家中长期人才发展规划纲要（2010—2020 年）》指出：我国正处在改革发展的关键阶段，深入贯彻落实科学发展观，全面推进经济建设、政治建设、文化建设、社会建设以及生态文明建设，推动工业化、信息化、城镇化、市场化、国际化深入发展，全面建设小康社会，实现中华民族伟大复兴，必须大力提高国民素质，在继续发挥我国人力资源优势的同时，加快形成我国人才竞争比较优势，逐步实现由人力资源大国向人才强国的转变。《国家中长期人才发展规划纲要（2010—2020 年）》中指出："未来十几年，是我国人才事业发展的重要战略机遇期。我们必须进一步增强责任感、使命感和危机感，积极应对日趋激烈的国际人才竞争，主动适应我国经济社会发展需要，坚定不移地走人才强国之路，科学规划，深化改革，重点突破，整体推进，不断开创人才辈出、人尽其才的新局面。"这段阐述不仅强调了加快人才发展的战略意义，同时也强调了当前加快人才发展的紧迫性。现代领导者既是党的路线方针政策的制定者，又是党的路线方针政策的执行者，实施人才强国战略，积极开发人力资源，促进人的全面发展，是各级领导者面临的重大任务和义不容辞的责任。

　　我国是世界上人口最多的发展中国家，人力资源虽然丰富，人才资源的开发利用并不充分，人才利用效率不高，原因是多方面的，除了体制不健全、机制不活、环境不优、服务不到位等原因之外，突出的原因是观念问题。人才管理观念滞后，突出表现在人才资源的开发和人才的使用上存在"十重十轻"的认识误区：即重学历，轻能力；重使用，轻培养；重现实表现，轻潜力开发；重物质投入，轻感情投入；重人才数量的增加，轻人才质量的提升；重眼前需要，轻长远规划；重所有，轻所用；重人才引进，轻后续服务；重局部改革，轻系统思考；重计划，轻落实等。这些观念上的滞后和认识上的偏颇势必影响人才队伍的建设和人才资源的有效开发与利用。因此，笔者认为，实施人才强国战略，首先是各级领导者带头牢固树立科学的人才观。观念决定行为，思路决定出路。树立科学的人才观，从人才成长的特点和规律层面把握人才资源开发的科学性是解决有效开发与利用的前提。所谓人才观，就是关于人才及其在社会发展中的地位和作用的看法。科学的人才观，就是对于人才的标准、人才的评价、人才在经济社会发展中所处的地位、如何用好人才等一系列问题的科学认识。科学的人才观，往往决定着人才工作的方向和效果。只有树立科学的人才观，把握人才资源的特点，才能积极探索人才资源开发与利用规律，从而有效地开发和利用好人才资源。树立科学的人才观主要体现在以下几个方面。

一、必须牢固树立"人才资源是第一资源"的观念

　　如果说"科学技术是第一生产力"是第二代领导集体的贡献，那么"人才资源是第一资源"则是以胡锦涛为总书记的新一代中央领导集体的贡献。早在2004年《中共中央国务院关于进一步加强人才工作的决定》中明确强调了这一观点，2010年6月颁发的《国家中长期人才发展规划纲要（2010—2020年）》和9月颁发的《中国的人力资源状况》再次强调了"人才是经济社会发展的第一资源"这一观点。人才资源之所以是第一资源，是由人才资源在经济和社会发展中基础性、战略性、决定性的地位和作用所决定的。从人才的内在价值看，人才资源具有高增值性。人才资源的高增值性，首先来源于人才所承载的知识资源和智力资源的特殊性。与物质资源相比，知识资源和智力资源具有共享性、可重复使用性、传输快、成本低、附加值高等特点。其次来源于人才所具有的自觉能动性。人才资源具有其他资源和生产要素所没有的自主性、能

动性和创造性,是各种资源的开发者和利用者。没有人才资源的能动作用,各种物质资源就只能孤立、静止地存在,在经济社会发展中没有任何实际意义。只有人才资源发挥能动作用时,物质资源才能跟着发挥作用,其他资源开发利用依赖人才资源才得以实现。人才资源的开发利用程度则决定着对物质资源开发的深度和广度。同时,人才的能力还具有潜在性和较大的可塑性特点。人才的潜能一旦被激发后,可以不断地增值,可以使投资者获得比投入倍增的价值。由此可见,人才资源在各种资源中是居于主导、决定地位的。

从人才的外在价值看,人才资源是促进社会经济政治文化发展的决定因素。科学技术是第一生产力,人才是科技进步最主要的推动力和先进生产力的重要开拓者,人才资源的快速增长成了经济迅速增长的最直接、最重要的推动力量;人才是先进思想和先进文化的创造者,在社会主义政治文明、精神文明建设中发挥着重要作用;人才是社会各项事业持续发展的组织者和指挥者,对各种资源开发利用的效率与效益以及各项事业的发展速度起着举足轻重的作用。随着经济全球化和科学技术的日新月异,人才资源的基础性、战略性、决定性的地位和作用越来越明显。1996 年联合国人力资源开发报告指出:依据 100 多个国家的调查表明,财富资源(指资金、有形资本)占这些国家总资源的 12%,自然资源(指土地、矿山、水资源等)占 24%,人力资源与社会资源占 64%。可见,人才、技术、管理、无形资产与各种软件组成的智力资本在经济社会发展中所占地位之重要。正如《国家中长期人才发展规划纲要(2010—2020年)》所指出的:"在人类社会发展进程中,人才是社会文明进步、人民富裕幸福、国家繁荣昌盛的重要推动力量。当今世界正处在大发展大变革大调整时期。世界多极化、经济全球化深入发展,科技进步日新月异,知识经济方兴未艾,加快人才发展是在激烈的国际竞争中赢得主动的重大战略选择。"现代领导者只有牢固树立"人才资源是第一资源"的观念,才能充分认识和重视人才的价值,从而有效地开发和利用好人才资源以促进经济社会的快速发展。

二、必须树立"以人为本"的人才观念

"以人为本"的内涵极为丰富,不同的角度有不同的理解。从人才资源开发的角度看,坚持以人为本,就是要做到以人才为根本、为基本、为资本。以人才为根本,就是要把人才资源看作一切事物发展的前提、最终根据,把促进人才健康成长、满足人才合法的利益需要放在根本位子,对人才的生存和发展确立起终极关怀。在人才资源开发利用过程中,做到尊重人才、关心人才、保护好人才。尊重人才包括既尊重人才的内在价值、外在价值、社会价值、个性价值,又要尊重人才的独立人格、能力差异、人的平等、创造个性和权利;关心人才就是要关注人才的生活世界,关心人才的需求、人才的利益和发展的要求等。以人才为基本,就是要把用好人才放在首要位置,充分发挥人才在经济社会发展中的积极性和创造性作用作为做好人才工作的出发点和落脚点,努力营造鼓励人才干事业、支持人才干成事业、帮助人才干好事业的社会环境;以人才为资本,即要承认人才特殊的价值属性。人力资本理论将资本划分为人力资本和物质资本,这是对传统理论的突破。人力资本理论认为物质资本是指现有物质产品上的资本,包括厂房、机器、设备、原材料、土地、货币和其他有价证券等;而人力资本则是体现在人身上的资本,即表现在蕴含于人身中的各种生产知识、劳动与管理技能和健康素质的存量总和。人才资源是人力资源的核心和精髓,人才资本是人力资本价值的最大化。在科学技术成为第一生产力的今天,在发展社会主义市场经济条件下,开发人才资源,不仅应承认人才是有价值的,允许人才可以进入市场按照价值规律自由交换,而且要承认人才价值的特殊性,即承认人才所有权与使用权可以相对分离。所有权始终属于个人,应受到法律的保护。用人单位(买方)只拥有在一定条件下对人才的使用权,这种使用权通常由买卖双方以契约方式加以确定。只有承认人才的价值,允许人才进入市场按照价值规律自由交换,让人才通过市场找到更适合自身特点的岗位,让人才资源充分流动,才能促使人才资源发挥最大效益。

三、必须确立人才资源开发时效性的观念

自然资源,如矿藏、森林、土地、石油等一般都可以长期储存,储而不用,品质不会降低,数量不会减少。但人才资源则不同,任何人才都受到一定生理条件的制约,在多种因素的作用下,一个人的才能客观上存在一个抛物线型的生命周期。从才能的萌芽、发展、成熟到才能的衰退,人才不可能长时间持久地保持才华横溢的高水平状态。人才的价值和作用在不同的年龄、不同的历史时期会呈现不同的变化。有学者对公元1500年至1960年全世界1249名杰出自然科学家和1928项重大科学成果进行统计分析,发现自然科学发明的最佳年龄区是25岁—45岁,峰值为37岁。这就告诫我们:25岁—45岁是人的才能和智慧发挥的最佳时期和年龄段,要充分开发人才资源的效能,必须把握用人的最佳时机,在人才精力最旺盛、创造力最活跃的高峰期及时使用,错过最佳年龄期,所得的效益就会减弱。长期储而不用,就会荒废、退化、过时。

四、必须树立人才资源可重复开发的观念

自然资源、物质资源一般只有一次开发或二次开发,一旦形成产品使用之后,就不存在继续开发问题了。例如:铁矿石被开发炼成钢制产品以后,铁矿石就不存在了;森林的树木被开发制成产品以后也不存在开发问题了。人才资源就不同,人才资源使用过程就是开发过程,人才资源在使用过程中,可以通过劳动经验的积累,或通过自身的建设更新知识,不断创新,达到再生的目的,而且这种开发过程具有持续性。人才资源的开发实质是对人才具备的知识的开发、智慧的开发、潜能的开发。人才作为知识的载体、智慧的载体,其知识资源、智慧资源与自然资源、物质资源相比,具有非排它性、可再生性和不断创新性的特点。一般来说,在个体人才自然生命体能健康的情况下,利用一定措施不断激发人才的创造欲望,是可以不断开发其智慧潜能的。所以,人才资源要不断地开发,持续地开发,才能不断增殖。

五、必须树立人人都可以成才的观念

长期以来,人们一直把学历与职称作为人才认定的唯一标准,这是非常不客观的。按此标准就会把许多有真才实学而没有学历和职称的人才排斥在人才大门之外而得不到重用。2010—2020 年《国家中长期人才发展规划纲要》指出:"人才是指具有一定的专业知识或专门技能,进行创造性劳动并对社会作出贡献的人,是人力资源中能力和素质较高的劳动者。"《中共中央国务院关于进一步加强人才工作的决定》指出:"人才存在于人民群众之中。只要具有一定的知识或技能,能够进行创造性劳动,为推进社会主义物质文明、政治文明、精神文明建设,在建设中国特色社会主义伟大事业中做出积极贡献,都是党和国家需要的人才。"《规划纲要》与《决定》对人才概念与标准的界定,至少有两大突破:一是人才内涵的突破,二是人才标准的突破,这是历史的创新。中央这两个文件对人才的界定告诉我们,认定人才要做到不唯学历、不唯职称、不唯资深,关键是看其是否是"创造性劳动"和"对社会作出贡献"。这为我们正确理解人才的含义、确立科学的人才标准指明了方向。树立科学的人才

观就是要把握人才的层次性和人才的广泛性。从广泛意义上讲，人才存在于人民群众之中，人人都可以成才。

六、必须树立多渠道、多视角发现和使用人才的人才观

多渠道、多视角发现和使用人才就是要做到：既要大力引进人才并切实发挥好他们的作用，又要注重盘活现有人才资源；既要重视有所成就的人才，又要关注潜在的人才；既要重视优秀年轻人才，也要重视各个不同年龄层次的人才，发挥人才整体优势；既要重视国内人才，也要重视海外人才；既要重视国有单位的人才，也要重视新经济组织的人才；既要重视自然科学人才，也要重视哲学社会科学人才。

（作者单位：中共武汉市委党校）

提高领导科学发展能力的几点思考

顾 杰 黄 娟

摘 要:科学发展观是中国特色社会主义理论体系的最新组成部分,是对建设中国特色社会主义理论的推进和深化。领导科学发展能力是从贯彻落实科学发展观的角度下提出的一个全新的命题,是新时期、新形势对各级领导干部的领导能力提出的新要求。本文从理解领导科学发展能力的内涵与特质出发,分析其构成要素,探寻提高领导科学发展能力的途径。

关键词:科学发展观;领导科学发展能力;途径

科学发展观是中国特色社会主义理论体系的最新组成部分,是对建设中国特色社会主义理论的推进和深化。领导科学发展能力是从贯彻落实科学发展观的角度下提出的一个全新的命题,是新时期、新形势对各级领导干部的领导能力提出的新要求。

党的十七届四中全会分析了新时期党和国家所面临的新形势、新任务,明确提出要"提高领导班子和领导干部推动科学发展、促进社会和谐能力"。提高领导班子和领导干部领导科学发展能力是加强党的执政能力建设、提高领导班子领导水平的必然要求和重大任务,是全面贯彻落实科学发展观、推动经济又好又快发展的关键所在,是构建社会主义和谐社会和全面建设小康社会的重要保证。因此,从提高领导科学发展能力的意义出发,探究其内涵特质,分析其构成要素,探寻提高领导科学发展能力的路径具有重要意义。

一、领导科学发展能力的内涵界定及其特征

领导科学发展能力是一个从贯彻落实科学发展观角度提出的新概念,是领导能力的重要组成部分。领导科学发展能力是指领导者或领导集体在科学发展观的指导下,坚持以人为本、全面协调可持续、统筹兼顾为发展原则,正确

有效地引领和组织科学发展的一种综合性的领导能力。它是对科学发展观的深化和延伸，是执政能力建设理论的丰富和拓展，是对领导科学研究的创新和提升，是加强领导干部队伍建设新的要求和任务。领导科学发展能力为党的领导班子能力的培养指明了方向，其具有鲜明的特征：

（1）服务性。科学发展观的核心是以人为本，这一点就决定了领导科学发展能力同样要围绕以人为本这一核心，以人为本就要求党的领导班子要全心全意为人民服务，这也是领导的本质，是领导科学发展的最终目标。

（2）时代性。领导科学发展能力是在科学发展观的背景之下提出的，是一种反映时代发展、面向未来的领导能力，是针对我国当前面临的特殊历史阶段有针对性地提出的一种领导能力，是在社会主义现代化建设中党的领导班子必须具备的与时俱进的领导能力。

（3）统领性。领导科学发展能力在推进科学发展进程中起着至关重要的作用，对其他一系列领导能力的提升具有基础性和决定性的作用，这一点是由科学发展观在整个现代化建设中的地位决定的，领导科学发展能力要求领导者要善于从战略的高度总揽全局，统筹规划发展战略，这也是我国当前国情对领导者提出的要求。

（4）多维性。领导科学发展能力是由领导者的知识结构、思维体系和领导艺术等一系列能力综合复合而成，它贯穿于整个领导活动的始终，要求领导者能够从微观、中观和宏观的角度来培养自身驾驭全局的能力、统筹兼顾的能力、创新发展的能力、维护稳定的能力等，真正成为具有多维立体型结构能力的领导。

二、领导科学发展能力的构成要素

（一）合理的知识结构

领导科学发展能力有赖于科学合理的知识结构。科学合理的知识结构应当是立体的、开放的、动态的。所谓立体的知识结构是一种既有一定的知识长度和宽度、又有一定的知识高度的兼具三维性和综合性的知识结构，它使得不同层面的相关知识相互协调、相互补充，从而发挥知识体系的最大效用，以适应领导工作的需要。所谓开放的知识结构是指不断地接纳和吸收新思想、新知识、新技术和新方法，从传承走向创新，不断改造和更新旧的知识结构。所谓动态的知识结构是指随着理论和实践的发展，知识结构也应随之做相应的调整和补充,使知识结构更趋于完善、合理,使领导者始终保持较高的领导能力和领导水平。科学合理的知识结构必须包括以下几个方面的内容:

(1)扎实的理论知识。主要包括马克思列宁主义、毛泽东思想、邓小平理论,"三个代表"重要思想和科学发展观等政治理论知识,还有党的基本知识和党的路线、方针、政策和决议等。

(2)广博的科普知识。主要指一般的社会科学和自然科学各方面的基础知识,尤其是哲学、历史学、经济学、法学、心理学、文学等方面的知识。此外,随着计算机网络技术的普及和广泛运用,领导者还必须具备相应的计算机网络知识。

(3)精深的专业知识。主要包括本行的专业知识以及领导和管理方面的知识。

(4)新兴的前沿知识。领导科学发展能力是适应社会发展的领导能力,因此,学习了解新兴的科学知识,是领导者知识结构开放性和动态性的具体体现,也是领导者与时俱进、科学领导的有力保证。领导科学发展能力应具备以扎实的理论知识为方向,以广博的科普知识为基础,以精深的专业知识为核心,以新兴的前沿知识为动力而构成的金字塔式的立体型知识结构。

(二)战略性思维体系

思维体系直接影响着领导者的领导能力、领导方法、领导艺术和领导绩效,进而影响着发展的全局性、科学性、有效性和持续性。战略性思维体系是领导科学发展能力的核心构成要素,也是领导科学发展能力高低的重要标志,该体系主要包括:

(1)系统性思维。系统性思维,简单来说就是对事情全面思考,不只就事论事。这就要求把想要达到的结果、实现该结果的过程、过程优化以及对未来的影响等一系列问题作为一个整体的系统来进行研究。领导者只有有了系统思维,才能放眼整体,驾驭全局,做到统筹兼顾,协调发展。若领导者缺乏系统思维,就难以具备领导科学发展能力,也就难以领导科学发展。

(2)创新性思维。创新思维是创新实践的前提。思维决定出路,格局决定结局。只有具备创新性思维的领导者才能够勇于破旧立新,突破传统,不断提出新思想,创造出新理论,制定出新战略,思考出新方法,以便更好地领导科学发展。此外,科学的战略思维体系还应包括危机性思维、机遇性思维、和谐性思维等思维要素。

（三）权变的领导艺术

所谓权变，是指活动主体根据其所处的具体环境发生的变化，更新已有的思维模式，提出针对性措施、策略，以适应该环境变化的需要，做到随机应变的行为方式。在当代人类社会进入经济全球化、知识经济和信息时代的大环境中，领导者应该自觉汲取权变思想的精华，不断改变自己固有的已不适应社会发展需求的管理方式，采取兼收并蓄的态度，以组织的具体环境因素为提升领导力的基础，灵活运用领导艺术，积极提高领导效能。领导力包括以下几种分力：

（1）敏锐的洞察力，即把握信息的能力；

（2）科学的前瞻力，即制定战略和目标的能力；

（3）正确的判断力，即分析决断的能力；

（4）果断的决策力，即在有限的资源下做出选择的能力；

（5）有效的控制力，即控制目标顺利实现的能力；

（6）广泛的影响力，即为推动他人达成目标的能力；

（7）独特的创造力，即创新管理体制、机制和方法的能力。领导科学发展能力不仅要求领导者具备复合型的领导力，而且还要求领导者应该考虑环境因素的影响，因时制宜，与时俱进。

领导科学发展能力是一种合力，是以上各要素相互联系、相互作用、相互促进而构成的。合理的知识结构是领导科学发展能力的基础，战略性思维体系是领导科学发展能力的核心，权变的领导艺术是领导科学发展能力的保证。

三、提高领导科学发展能力的路径选择

领导科学发展能力是一种领导能力，选择合理的路径提升领导科学发展能力，能够更好地推动经济又好又快发展，推动构建社会主义和谐社会以及夺取全面建设小康社会胜利的进程。

（一）提高领导科学发展能力的内在优化

1.扩充知识储备、提升学习能力

学习是提高领导科学发展能力的阶梯。只有重学、勤学、广学、善学才能提升学习能力，提高领导科学发展能力。党的十七届四中全会通过的《中共中央关于加强和改进新形势下党的建设若干重大问题的决定》指出："世界在变化，形势在发展，中国特色社会主义实践在深入，不断学习、善于学习，努力掌握和运用一切科学的新思想、新知识、新经验，是党始终走在时代前列引领中国发展进步的决定性因素。"要想提高领导科学发展能力，就必须夯实理论知识，拓展科普知识，强化专业知识，把握前沿知识，构建合理的知识结构。

（1）要夯实理论知识。思想是行动的先导，理论是实践的指南。实践表明，对科学发展观理解得越深刻，贯彻落实的行动就越自觉、越坚定。领导干部只有不断强化理论学习，加深对科学发展观的认识和理解，深刻认识科学发展观产生的时代背景和重大意义，全面掌握科学发展观的精神实质、深刻内涵和基本要求，并切实把思想和行动统一到科学发展观的要求上来，才能真正使这一战略思想成为社会经济发展的根本指针，也才能做到真正地提高领导科学发展能力。

（2）要拓展科普知识。领导干部无论专业背景如何，无论处在哪一层次和岗位，都应该把拓展科普知识、培养科学素养作为提高领导科学发展能力的重要路径。科普知识是对科学现象的解释，广泛地学习科普知识，用科学的思想来认识世界，有助于形成正确的世界观、人生观、价值观，对实践活动具有指导作用。

（3）要强化专业知识。有人测算，在人的知识库中，用得上的知识只占其知识储量的30％左右。领导干部所负责的工作大都与一定的专业领域相联系，需要具备相关的专业知识作为支撑。精通专业知识，就要求领导干部"缺什么补什么"，从本行业的特点出发，有针对性地学习相关领域的新思想、新理论、新方法、新技术，努力使自己真正成为业内的行家里手，提升为民服务的能力。

（4）要把握前沿知识。领导科学发展能力是适应社会发展的领导能力，因此，学习了解新兴的科学知识，是领导者知识结构开放性和动态性的具体体现，也是领导者与时俱进、科学领导的有力保证。

2.理论联系实际、加强实践锻炼

知识要转化为能力，根本的途径就是靠实践。领导干部要坚持理论联系实际，要以科学发展观为指导，应对面临的挑战和风险，着力解决改革开放和现代化进程中所遇到的突出矛盾，如资源短缺、人口问题、环境压力等问题，全面提高领导科学发展能力。坚持理论联系实际，加强实践锻炼，提升领导科学发展能力，要从以下两个方面努力：

（1）要"干中学、学中干"。"要使不懂得变成懂得，就要去看去做，这就是学习"。毛泽东曾指出："读书是学习,使用也是学习,而且是更重要的学习。从战争学习战争……常常不是先学好了再干,而是干好了再学习,干就是学习。"所谓"干中学",就是在实践中学;"学中干"就是将书本知识、理论知识始终与实践第一线、业务第一线紧密融合。"干中学"、"学中干"即工作学习化,学习工作化。将理论密切联系工作实际,不断总结经验,坚持正确的东西,克服错误的做法,边学习、边实践、边提高,这是"干中学、学中干"的基本思想。领导干部要想理论联系实际,就要注意行动第一,采取开放式和反思式的学习方法,善于向身边的人学习,敢于自我检讨和反思,结合瞬息万变的需求去学习、去思考。

(2)要"善于思考、勤于总结"。读书学习不仅要用眼,更要用心。学习不仅要做到学有所获、学有所得,更要做到学有所思、学有所感、学有所悟。这就要求领导干部紧密联系实际工作,善于发现问题,不断提出问题,认真解决问题,用心总结问题。"善于思考、勤于总结"是"干中学、学中干"的深入,它是对书本知识的认知、实践以及重组。只有在实践中队书本上的知识进行分析研究、综合判断、反复揣摩、积极总结,找出规律性的东西,才能达到对书本知识的真正理解和应用,实现学有所用。

(二)提高领导科学发展能力的外在强化

1.注重激励导向、完善人事制度

(1)优化用人标准。在选人用人时,一方面应该坚持人才的合理搭配,选择坚持科学发展、善于领导科学发展的干部,选择坚持崇尚实干、能够埋头苦干的干部,遵循"整体功能大于部分之和"的马克思主义系统论原理,优化人才资源的配置。另一方面,在选才用人过程中应贯彻十七届四中全会《中共中央关于加强和改进新形势下党的建设若干重大问题的决定》中"坚持民主、公开、竞争、择优,提高选人用人的公信度,形成充满活力的选人用人机制,促进优秀人才脱颖而出"的主张,"全面贯彻干部队伍革命化、年轻化、知识化、专业化方针","要坚持德才兼备、以德为先用人标准"。

(2)健全考评制度。政绩决定了工作思路和方向,有什么样的政绩决定了最终有什么样的发展观。要按照科学发展观的要求建立健全的考评制度,把具有贯彻落实科学发展观的能力作为领导干部考核的重要标准。考核标准要体现科学性,既要看经济增长的数量指标,又要看经济增长的质量指标;既要看经济增长情况,又要看社会进步情况;既要看收到的成效,又要看投入的成本;既要看当前取得的"显绩",又要看对长远发展有利的"潜绩"。要在考核目标的设置、考核主体的选择、考核结果的应用上体现科学发展观的要求,把考核结果作为领导干部奖惩、任用、调整的重要依据,配以适度的奖惩机制,注重激励导向,促使领导干部真正投身到学习与时间科学发展观的活动中去,提升自身能力。

（3）强化监督机制。现实中很多不符合科学发展观的现象源于领导者乱用、滥用权力。因此,落实科学的发展观,必须与贯彻《中国共产党党内监督条例（试行）》和《中国共产党纪律处分条例》结合起来,强化对领导干部特别是高级领导干部和主要领导干部的监督,特别是要加强责任追究制度,建立和完善领导干部引咎辞职制度。

2.营造学习氛围、紧抓教育培训

（1）倡导集体学习。在提倡领导干部有针对性地搞好个人自学的基础上,要提倡集体学习,通过落实党委（党组）中心组理论学习制度,来提升学习的数量与质量。集体学习注重全面学习,而个人学习注重重点学习,两者相结合最终形成长效的学习机制。另外要加强对学习的监督。这是确保科学发展观学习成效,避免走过场的重要环节。对领导干部培训的管理机关严肃学习纪律是一个方面,在学习小组中相互监督也是一个方面。

（2）完善培训体系。首先要对领导干部培训需求进行分析,按着级别和职位的不同,实行分类培训,提高培训的针对性。如对高层领导重点加强古今中外哲学、历史、政治等方面的思想政治理论培训,突出理论的系统性、深刻性和前瞻性,增强对历史使命的敬畏感和责任感。通过教育培训,要使得领导干部的前瞻力、判断力、决策力、控制力等得到提高。

（作者单位:武汉科技大学）

增强干部岗位意识问题研究

张 聪

摘 要：干部的作风建设始终是党的建设的重要内容，关系到党的形象，关系到人心向背。加强干部作风建设，必须增强干部的岗位意识。本文结合武汉市青山区的具体实际，就增强干部岗位意识问题进行初步的探讨。

关键词：干部；岗位；岗位意识

一、什么是干部的岗位意识

(一)什么是岗位

什么是岗位？不同的人有不同的看法。有人说，岗位是一份维持生活的薪水；有人说，岗位就是工作；有人说，岗位是谋生的手段；也有人说，岗位是一份成就自己人生的事业；如此等等。

岗位是组织为完成某项任务而确定的，由工种、职务、职称、等级等因素组成。岗位与人对应，通常只能由一个人担任，一个或若干个岗位的共性体现就是职位，即职位可以由一个或多个岗位组成。

从经济学的角度看，岗位是一种资源，获得岗位即意味着获得资源。正因为如此，所以岗位需要合理有效的配置。在岗位配置过程中，岗位资源的有限性决定了岗位竞争的必然性。

从哲学的角度看，岗位是一个人赖以生存和发展的基本保障，也是一个人生存和发展的基本需要。岗位是社会赋予个人的神圣职责和使命，是人的幸福和快乐的源泉。履行岗位职责既是对社会的贡献，也是人的自我实现的基本途径。

(二)什么是干部的岗位意识

意识在心理学中是指人所特有的一种对客观现实的高级心理反映形式。

意,即是自我的意思。识,就是认知,认识。理性从意识而来,意识,代表了我们可以认识自己的存在,可以知道发生的事情。

干部的岗位意识,是一种深入骨髓的意识形态的升华,需要每一个干部清晰自己的岗位职能,也就是自己身处目前的岗位可以做些什么或必须主动地做些什么。干部具有岗位意识,要求每一个干部既热爱本职工作,又严守工作岗位,在工作岗位上不可一心二用,更不能脱岗,而是要干一行爱一行,全心全意地做好本职工作。每一个干部都必须清晰自己的定位,在工作的每一个时刻都要思考自己通过怎样的有效方式去关注自己管理领域内的人、物、事。这是一种岗位的敏感、敏锐的观察、周详的策划、严谨的思考、扎实的推进。干部只有岗位意识增强了,工作执行的过程才可以驾轻就熟,灵活地将科学理论融入自己的工作中去。

一个干部对某个工作岗位的获得,既是自身努力的结果,又是组织的信任和培养的产物。仅就自身努力而言,一是要为具备人们认可的能够胜任岗位工作的能力或条件而勤学苦炼,如相应的学历、学位、文凭的取得和专业技能及从事某项工作所需的技术特长的掌握;二是要为获得工作岗位、取得履行岗位职责资格的主体而努力。如参加招考、聘用、竞争上岗等,即便是组织直接任命或者是采取其他途径获得的,都得经过一番努力。

得到一个岗位很不容易,要把一个岗位职责履行好并有所作为就更难。然而有的干部在获取一定岗位权力之后,不去珍惜和珍爱所得的岗位,主体观念削弱,岗位意识淡化,工作得过且过,履职敷衍塞责,做了一天和尚连钟都不去撞一下,工作时间打牌赌博,游山玩水,吃喝玩乐;评价别人,这也不行那也差劲,面对工作这也不想干那也干不了,履行职责这也不懂那也不知。更有甚者,利用岗位职权到处造谣撞骗,谋取私利,干一些不法勾当,不仅败坏了干部品格,影响了干部形象,而且损害了单位集体的声誉。

二、增强干部的岗位意识的动因

(一)增强干部岗位意识,是打造一流软环境,加快武汉发展的需要

目前,武汉正处在跨越式发展的关键时期。增强干部岗位意识,有利于打造全国最优的软环境,使武汉成为宜于投资的热土、适于创业的摇篮,让一切投资、创业、发展的热情和活力充分迸发。增强干部岗位意识,有利于全面落实武汉市出台的招商引资、企业发展等优惠政策,有利于取信于民、取信于企

业、取信于投资者,有利于一切为项目让路,一切为企业服务。

发展,离不开投资和创业。过去,武汉市在行政审批制度方面存在许多不容忽视的问题,主要表现为重审批,轻监管;重收费,轻服务。一些机关干部片面地认为自己的岗位就是审批,审批就是收费,以审批和收费代替管理;有的办事公开化程度低,搞"暗箱操作",个别人甚至不给好处不办事,给了好处乱办事;有的为了局部利益,巧立名目乱收费等等。

行政审批是为发展服务,有了这个岗位意识,就会大大转变行政审批中心职能作用,建立项目审批绿色通道,推行全程代理制。有了岗位意识,有些地方投资者不需再跑审批部门,由公职人员全程代理,全面提高服务效率和服务水平。这样,站在全市发展大局的高度,各个部门正确处理好岗位责任和权力、岗位和企业、岗位和岗位之间的关系,竭尽全力为企业、客商、群众搞好服务。通过全市各部门的共同努力,武汉市的投资环境会有一个大的飞跃和提高,真正让客商、企业在武汉安心、舒心、放心发展。

(二)增强干部岗位意识,是提升政府形象,提高办事效率的需要

有些部门过去是门难进、脸难看、事难办,现在,虽然门好进、脸好看了,但事情依然不好办;有些干部工作不积极主动,为避免自己承担责任,很多可以办的事,也要"领导说了才办";符合规定,可以快办的,却以行政许可法为由,一定要拖到最后时限;几个部门共管的事情,互相推诿,让办事者"丈二和尚摸不着头脑";缺乏创新精神和勇于负责的态度。对一些本可以在合法范围内进行积极探索或者采取灵活措施进行解决的,受"多一事不如少一事"的思想影响,不积极、不主动、怕担风险等等。

这些问题究其根源是我们的有些干部缺乏岗位意识,没有摆正自己的位置,满足于不出事、不留尾巴、不背责任,而没有立足于促进经济发展、立足于企业,没有进行换位思考。加强干部岗位意识,对政府机关工作人员在提高办事效率上提出具体要求,同时在提高办事效率上从"一把手"抓起,哪个单位办事效率低,"板子"要打在"一把手"身上。另外,部门之间加强沟通协调,办事环节所涉及的最后一个单位要负责协调其他几个单位,因为部门推诿影响办事效率,"板子"要打在最后一个单位。凡属要求市政府领导决定的事,相关单位一定要在两天内报到市政府,市府办要在两天内交到相关领导处,相关领导在非外出的情况下,要在两天内予以答复。这样,政府的办事效率就提高了,政府的形象也提升了。

（三）加强干部岗位意识，是加强干部队伍自身建设的需要

一是有利于干部业绩考核。岗位观决定岗位态度和岗位业绩。通过强化干部岗位意识，倡导岗位精神，运用新的干部实绩考核评价体系，可以树立正确的用人导向、扩大选人用人渠道、提高干部队伍的整体素质。加强干部岗位意识，有利于转变干部作风，解决"凭什么用人、怎么评议人"的问题，解决"干部干与不干、干好干坏、干多干少一个样"的问题，解决"干部出工不出力"的问题，真正作到了"科学、规范和公正、公平、公开"的考核干部。

二是有利于干部任免和流动。干部强化"岗位意识"，要在干部的使用上发挥导向作用。体现科学的干部政绩考核评价体系，说到底是把干部履行岗位职责的工作实绩和德才表现，作为干部升降去留的依据。只有把干部考核评价结果与干部的使用挂起钩来，考评体系的积极导向作用才能显示出来。要根据干部的岗位意识，根据实绩考评情况，按照《党政领导干部选拔任用工作条例》的要求，对岗位意识强、实绩考评突出的干部，在适当时候给予优先提拔重用。对岗位意识不强、群众反映较差，工作实绩排名居后的干部，视不同情况，严格按相关制度规定给予组织处理。

三是有利于干部竞争上岗，激发干部的活力。目前，公务员最大的优势在于职业稳定，福利待遇好。一个萝卜一个坑，一旦进入公务员行列就得到了一个编制，有了编制这个"保护伞"就等于有了"铁饭碗"，只要不出大的差错，稳到退休就可"功成名就"。"铁饭碗"弱化了公务员的竞争意识，容易心生懈怠，工作上不求上进，得过且过。这种"混混官"无竞争之心，无竞争之勇，无竞争之能，躲避工作，逃避责任，成为党和人民事业的蛀虫。因此必须强化竞争，实行末位淘汰制。有竞争，才有活力，在竞争过程中，干部的创新能力、管理能力得到了最大发挥。引入竞争机制，可以增加干部的危机感，调动干部的主观能动性，激发干部潜能，创造出更好的业绩，从而增强干部活力。

三、增强干部的岗位意识要从小事做起，从自身做起

（一）增强危机意识，"危机"以后有"机会"

每一个岗位，都是党和人民的一份重托，承受者必须胸怀敬畏之心，必须以诚惶诚恐的心情、大恭大敬的姿态接受。每个干部面对岗位，都要经常自问：我有什么差距？我是不是最优秀的？我是不是做得最好？始终怀着敬畏之心，不敢懈怠。只要我们以这样一种诚惶诚恐、战战兢兢、如履薄冰的心态

来工作，就不可能做不好。无数事实说明一个道理——面对岗位，你不敬畏它，它就抛弃你！

随着干部的作风建设的不断深入，人民群众对环境脏乱差问题投诉和对违法建设的举报陡然倍增，城管执法队员深感工作任务越来越多，工作责任越来越大，工作压力越来越重，呈现工作状态就是手忙脚乱，牢骚满腹。一时间，城管执法部门似乎成为"工作最重、条件最差、压力最大、风险最高"的"危险"职业。

可是，借用武汉市委书记阮成发的话说："人人自危有什么不好，如果领导干部'不自危'，那么人民群众就会人人自危。"这样看来，干部的作风建设的初步目的已在城市管理执法部门中达到。也可以这么看来，既然"危险"已经到来，那么"机会"离我们还会有多远呢？

在目前看来，危险过后的机会至少有三：一是可以让刚刚"参公"的城管执法队员们受到典型教育，从自我感觉良好中警醒过来，从而重新振作起来；二是可以打造一支勤政、过硬的城管执法队伍，积极改善之前社会对城管执法部门的负面看法，从"零"开始树立良好的社会形象；三是从长远来看，通过改善投资软环境，从而促进社会经济发展，进而改善城市硬环境，加大城市管理投入，可以彻底改变城市管理和执法方式，变"人海战术"为"社会共治"。

(二)增强责任意识，提倡扎扎实实为百姓干事

增强责任意识，就是要用心想事、用心谋事、用心干事。每一个干部都要牢记岗位的责任，把心思放在工作上。要一步一个脚印去落实工作，全身心扑在工作上，在现有的岗位上"有所作为"，努力做到想干事、能干事、会干事、不出事。要始终保持谦虚谨慎、戒骄戒躁的工作作风，保持一种做人做事的敬业之心，用一颗平常心去对待权力和地位，不比待遇与享受，凭自己的良心工作，做到不浮躁、不张扬、不骄傲。

在干部的作风建设中，钢都花园管委会干部口中出现最多的一个词就是"责任"二字。针对自身工作特点，增强责任意识，改善责任措施，扎实转变作风，大力推进群众工作。

钢都花园122社区随着购车一族的不断增加，业主在社区主次干道上乱停车现象尤为严重，经常导致安全通道堵塞，给社区居民正常出行带来诸多不便。社区居委会高度重视居民反映的问题，迅速研究问题解决方案，细化工作，明确责任，落实到专人。一方面组织门栋组长、党员骨干征求居民意见和

建议,另一方面组织社区干部有针对性的上门向停车业主宣传按秩序停车,然后将收集的意见和建议进行汇总梳理,最后,多方奔走于共建单位、开发商等有关单位,进行协商沟通,经过三天时间的不懈努力,最终达成一致意见,正式启用28栋楼地下人防工程,将此作为地下停车库,以缓解社区中自行车乱停放的问题,为居民提供了和谐、宜居的生活环境。

钢都花园126社区居民反映社区北门临街建港南路,一家"美容美发店"日夜用音响做宣传,严重影响附近居民正常休息。得知此情况,管委会城管办迅速开展整改活动。经过实地查看,证实了美容美发店音响声音较大,当即与钢都城管执法中队一起上门,向美容美发店进行禁止噪音扰民的宣传,而美容美发店负责人也给予了配合,将音响声音调小。次日,再次上门下达了"温馨提示"、"整改通知单"。同时加大此路段的巡查力度,城管协管员由原来的2次巡查增加到4次,特别是在晚上7点到12点这一时间段中,必须巡查一次,且巡查时间延长,确保噪音扰民事件不反弹。经过整改和守控,美容美发店的噪音不再出现,居民对此表示非常的满意。

（三）爱岗敬业,平凡的岗位并不平凡

我们大多数人的岗位都是平凡的,但平凡不等于平庸。一个平凡的人在平凡的岗位上,做好了应做的工作,干成了该干的事业,那就不是庸者。爱岗敬业对干部来说可算是最基本的要求,但也是最高目标,更是干部作风建设的最好抓手和措施。

马骏同志今年50岁,中共党员,2007年4月他从市九医院院长助理调任举步维艰的工人村街社区卫生服务中心任主任。他刚到工人村中心,正值棚户区改造,辖区居民大量搬迁,服务人群减少了近80%。他以牙科专科为特色,先后扩建了2个牙科特色门诊,使中心业务收入有了明显提高。中心所管辖的建一路站和南干渠站地理位置好,辖区人口中老年人居民多,对中医特色服务需求大。他经过充分认定,在两个站购置一些简易的康复设备,为辖区居民提供针灸、推拿、理疗、熏蒸的特色服务,由于中医康复服务价格低廉、安全方便、疗效好,很受辖区居民的欢迎。2009年4月中心南干渠站和建一路站成功代表青山区接受了国家中医药管理局对青山区创建国家中医药示范区的验收检查,受到国家级专家的一致称赞。

2008年青山区棚户区改造工程启动,为争取新中心业务用房与青宜居棚户区改造项目同步规划建设,他不辞辛苦,奔走于区政府、青安居公司、武汉地产集团、中鄂联房地产开发公司之间。经过多方协调，武汉地产集团将社区卫生服务中心安置在小区中心地带，与小区服务中心一并建设。2009 年 3 月中心建设正式开工，经过一年的紧张建设，一座建筑面积达 2000 平方米，集儿童保健科、公共卫生科、基本医疗部、中医科、康复护理病房为一体的崭新中心建成，使小区居民足不出小区便能享受到集医疗、预防、保健、康复、计划生育、健康教育一体良好的社区卫生服务。马骏同志的优秀事迹，使我们感悟到了他爱岗敬业，在履职履责方面为政府分忧、为百姓解愁的无私奉献中，实现了人生价值的升华。

（作者单位：武汉大学）

论领导干部管理社会的三种能力

崔光胜

摘　要：当前，我国在经济高速发展的同时，社会领域出现利益分化和阶层分化加剧的趋势，社会冲突与社会风险逐步显性化。这在客观上要求执政党领导干部具备和提高化解矛盾的协调能力、处置突发事件的应对能力、社会风险的控制能力，以提高执政水平。

关键词：领导；社会管理；能力

一、化解社会新矛盾的协调能力

社会矛盾也称为社会冲突，一般指由于利益差异和利益冲突所引起的社会内部矛盾现象。社会冲突论的代表人物刘易斯·科塞在其《社会冲突的功能》一书中给冲突所下的定义是：冲突是有关价值、对稀有地位的要求、权力和资源的斗争，在这种斗争中，对立双方的目的是要破坏以至伤害对方。现阶段，我国社会矛盾和社会问题主要来源于利益调整过程中出现的利益失衡与分配不均，体现在形式上主要包括：

1.劳资矛盾。随着经济市场化改革的不断深入，劳资关系已成为我国社会重要的社会关系。在许多地区劳资矛盾日益显性化，在私营企业和外资企业集中的珠江三角洲，雇主和工人之间经常发生矛盾，群体性冲突不断。又如经常发生的农民工工资拖欠问题，也是劳资矛盾的另一重要体现。劳资矛盾已成为社会矛盾的重要内容。

2.贫富矛盾。据统计，我国最富裕的 10％ 的人口占有了全部财富的45％，而最贫穷的 10％ 的人口所占有的财富仅为 1.4％。银行 60％ 的存款掌握在 10％ 的存户手里。直接反映社会分配不平等程度的基尼系数，一般认为在 0.4 以下是正常水平，0.4－0.5 为很不平均，超过 0.5 则会引起社会动荡。目前普遍认为我国的基尼系数是在 0.44－0.48 之间，已经接近社会能够忍受的极限。贫富差距拉大,容易造成社会弱势群体的被剥夺感和不公平感,对社会稳定构成巨大的潜在威胁。

3.城乡矛盾。据统计,1985 年城市居民的可支配收入是农民的 1.86 倍,1990 年为 2.2 倍,1995 年为 2.71 倍,2008 年则扩大为 4.14 倍。由于我国长期以来的城乡二元结构,使得农民收入增加非常困难,在城市的农民工工资增加也非常缓慢。农村的落后客观上使农民成为社会上的弱势群体,加剧了社会分化。

4.干群矛盾。干群矛盾一种重要的体现便是行政诉讼案件状况。行政诉讼案件情况从一个侧面反映了行政机关与人民关系的和谐程度,也从一个侧面折射了干群关系的和谐程度。

要解决社会矛盾,维护社会稳定,党的各级领导干部是直接责任主体。从能力要求上来说,领导干部必须重点着眼于以下几个方面:

1.具备辩证思维,正确认识矛盾。马克思主义唯物辩证法认为,矛盾具有普遍性,矛盾无处不在,无时不有。因此,回避与掩盖矛盾不是科学的态度。同时还必须认识到,当前我国的社会矛盾属于人民内部矛盾,按照毛泽东在《正确处理人民内部矛盾》一文所指出的,人民内部矛盾只能站在人民的立场用内部的方法去解决。

2.领导干部必须强化责任意识与承担责任的能力。有权必有责。解决社会矛盾,就要求领导干部有强烈的责任意识。在矛盾未发生之前,领导干部应加强社情民意调查,了解人民利益诉求。在矛盾发生之时,领导干部应第一时间进行解决,不拖延不掩盖。矛盾发生后,领导干部应敢于问责,承担后果。当前党内实行的信访工作责任制、重大事件问责制、重要问题引咎辞职制等,都是对领导干部责任意识和承担责任能力的具体制度安排。

3.领导干部必须具备调处社会矛盾的现实技能。对于重大社会事件,领导干部应综合运用现代媒介手段,将信息公开透明化,迅速向社会传达真实信息,这是解决矛盾的重要前提条件,同时,主要领导者应迅速建立高效有力的事件处理系统,包括指挥、协调、应急处理等各个系统。总之,领导干部应按照胡锦涛同志指出的:我们要正视矛盾,找到化解矛盾的正确途径和有效方法,形成妥善处理矛盾的体制和机制,而不能让矛盾积累和发展起来,以致影响国家改革发展稳定的大局。

二、应对突发事件的处置能力

突发公共事件因其突发性、不确定性、引发连锁反应等特点,会对社会安全与社会秩序产生极大破坏。长期来看,多发的突发公共事件会阻碍社会发展与社会和谐。据估计,在未来一段时间内,我国都将面临突发公共事件频繁发生的严峻局面。一是因为我国是世界上受自然灾害影响最为严重的国家之一,灾害种类多,发生频度高,损失严重,社会影响大,每年因自然灾害造成的损失一般都要超过上千亿元。二是我国现代化建设正进入新的阶段,工业化、城市化、市场化、国际化加速发展,新情况、新问题层出不穷,重大灾难事故、重大公共卫生事件、重大社会治安事件和重大生态环境事件时有发生。三是国际政治经济格局正在发生深刻变化,我们面对着很不安宁的世界。境外敌对势力进行各种破坏和干扰,来自国际上的不稳定的因素始终存在。

当前,我国对突发公共事件的应急管理工作仍存在较多不完善的地方,应对突发危机的能力有待提高。从执政党角度来说,就是要提高各级领导干部预防和处理突发公共事件的能力,加强应急管理工作,为改革发展大局提供安全与稳定的外部环境。从对突发公共事件事前、事发、事中、事后各个环节进行系统控制和管理的角度来看,领导干部预防和处置突发公共事件的能力主要应包括以下几个方面的内容:

1. 预测预警能力。对公共事件进行准确预见和适时预警,是妥善处置公共事件的基本前提。领导干部要认真组织力量开展风险隐患普查工作,全面掌握本行政区域、本行业和领域各类风险隐患情况,建立分级分类管理制度,实行动态管理和监控。对可能引发突发公共事件的风险隐患,要组织力量限期治理。

2. 快速反应能力。快捷有效的反应虽然不能避免冲突的发生,但可以有效地控制冲突的影响范围和避免冲突升级。要进一步建立健全信息报告工作制度,明确信息报告的责任主体,对迟报、漏报、瞒报、谎报等行为要依法追究责任。要通过建立社会公众报告、举报奖励制度,设立基层信息员等多种方式,不断拓宽信息报告渠道,为应急反应提供可靠的依据,确保应急人员在第一时间到达现场。重大突发公共事件发生后,领导干部要按规定及时、准确地向上级报告,并向有关地方、部门和应急管理机构通报。

3. 现场处置能力。领导干部要具备综合处置技巧,通过在突发公共事件现场进行有效的组织、协调、运筹,沉着应对和化解各种问题。在处理社会安全方面的公共事件时,领导干部要具备倾听利益主体诉求的技巧、掌控当事人情绪的技巧等,以化解矛盾、平息事态。在处理自然灾害、事故灾难、公共卫生等方面的突发公共事件时,领导干部要在指导事发单位及直接受其影响的单位迅速开展先期处置工作的同时,积极调动有关救援队伍和力量开展救援工作,并迅速采取措施,防止发生衍生性灾害事件,并做好受影响群众的基本生活保障和事故现场环境评估工作。

4.事后处理能力。在社会安全类突发公共事件事态平息后,领导干部要做好回访调查工作,了解群众的思想动态,并采取有效措施消除公共事件可能引发的连锁反应。灾后恢复重建要与防灾减灾相结合,坚持统一领导、科学规划、加快实施,健全社会捐助和对口支援等社会动员机制,动员社会力量参与重大灾害应急救助和灾后恢复重建工作。要及时开展事故调查处理工作,依法依纪处理有关责任人员,总结事故教训,制定整改措施并督促落实。

5.舆论引导能力。现代社会是信息社会,对于突发事件,领导干部必须在第一时间争取舆论主动权。要坚持及时准确、主动引导的原则和正面宣传为主的方针,完善政府信息发布制度和新闻发言人制度,建立健全重大突发公共事件新闻报道快速反应机制、舆情收集和分析机制。领导干部应养成定期、公开、准确向新闻媒介传达信息的习惯,提升应对舆论媒介的能力。

三、控制社会风险的应变能力

所谓社会风险,一般指人类社会生存和发展过程中可能发生的危险、威胁或危机,即社会发展过程中存在的可能性与不确定性的风险。风险社会理论反映了现代社会发展领域的变化与趋势。中国社会正处于社会转型时期,社会面临的社会风险主要体现在:第一,贫富差距不断拉大,弱势群体应对风险能力急剧下降。执行"效率优先,兼顾公平"政策的过程中,往往看重效率而忽视公平,各种税收调节制度和其它分配制度没有及时跟进调整,导致社会贫富之间的差距放大,社会不公平现象也越来越严重。在社会分化过程中,产生了以城市失业工人、农村失地农民以及庞大的农民工群体,这些都是社会弱势群体的主体。他们在市场化的竞争秩序中不断丧失着自己的既得利益,应对个人风险的能力也逐步下降。第二,就业压力增大,增加社会不稳定的风险。目前,我国城乡过剩劳动力总量达 1.5 亿之多,隐性事业和显性失业问题都比较严峻。从失业群体所涉及的范围来看,除了工人、农民大量失业之外,一些专业人才如大学生群体也开始失业。此外,随着经济体制改革的不断深入,企业破产机制的正常运行,就业机制的转变,农村耕地的减少,再加上企业、机关冗员问题的解决,我国就业人口还将呈不断上升趋势。失业已成为潜藏在社会主义和谐社会的一个巨大社会风险。第三,社会风气恶化,社会凝聚力下降。在经济领域,各种行业不正之风如欺行霸市、偷税漏税、制造假冒伪劣产品盛行,违背市场价值法则和基本道德准则,破坏了市场经济的正常发展。政治领域,由于法制的不健全和监督的缺失,一些领导干部贪污腐化、以权谋私,腐败之风屡禁不止。在社会领域,社会公共道德水平下降,像惟利是图、为富不仁、金钱至上的心态与风气风靡大众,社会公益心和正义感不断受到挑战。社会风气不正,淡化了正常的社会主体性认识,削弱了全社会的凝聚力,破坏了正常的社会秩序,加大了执政党整合社会的成本与代价。

此外,我国社会还面临各种自然灾害、事故频发的风险,面临生态恶化与能源匮乏的潜在危机,面临全球化进程中的各种经济因素、政治因素和文化因素的威胁。总之,与传统社会相比,处于向现代化转型中的中国社会的确存在各种显性与隐性的风险,中国正逐步进入风险社会阶段。

从当前社会风险实际出发,提高领导干部抵御社会风险能力应包括这几个方面的内容:

1. 风险意识与忧患意识。忧患意识是中国人民从古至今都倡导的一种重要的人文精神。领导干部是各项事业的中坚,肩负着重要的使命,面临复杂的国内外局势,必须居安思危,忧党忧国忧民。2007年3月8日参加十届全国人大五次会议时,胡锦涛告诫各级领导干部“要进一步增强忧患意识,始终保持开拓进取的锐气”,就是要求全党领导干部要对形势和任务有清醒的认识。2008年9月20日胡锦涛在全党深入学习科学发展观活动动员大会上指出,一些干部缺乏宗旨意识、大局意识、忧患意识、责任意识,作风漂浮、管理松弛、工作不扎实,有的甚至对群众呼声和疾苦置若罔闻,对关系群众生命安全这样的重大问题麻木不仁。这是对加强干部风险意识的重要警示。

2. 风险预警能力。从社会学角度说,由于社会现象的异质性、社会成员的个体性差异等因素所造成的社会系统的高度复杂性,使得人们对社会问题、社会风险的预测与控制变得相当困难,有些人文主义者甚至因此否定社会规律性的存在。但是,随着经济以及科学技术的发展,人类的主体能力在不断增强，社会科学的发展也取得了长足进步。人们不仅可以凭借已有认识和解释未知领域，还可以基于这种认识与解释，采取一定的方法对未来社会的发展作出预测，使得社会预警研究的可行性逐渐提高。各级领导干部作为主要的决策者，必须对各种社会风险有充分的准备。通过设置科学的社会风险预警指标体系，掌握社会不稳定的相关信息，及时发现社会不稳定的征兆，在社会张力达到爆发之前提出预警。

3.风险综合化解能力。发现存在的社会风险后，领导干部必须形成有力的领导与协调系统，迅速组建完备的风险管理组织体系与规章体系，包括基础信息部门、风险管理部门等等，并促使部门之间有效协作与沟通。同时，领导干部必须重视专业机构的社会风险研究，推动建立专业的社会风险研究学科与机构体系。在处理风险时，领导干部应重视民间力量的参与，将政府风险管理职能与民间组织职能充分结合。总之，只有综合多方面力量与手段，才能有效规避社会风险，推动社会安定。

（作者单位：中共湖北省委党校）

关于中部城市科技人才队伍建设的调查及对策

——以湖北省荆门市为例

陈玉锋　　王才华

摘　要:科技人才队伍建设状况严重影响一个城市的经济发展速度。湖北省荆门市在加强科技人才队伍建设方面做了大量有益的探索,但一些中部城市的共性问题尚未得到根本解决,人才引进困难、人才流失严重及高层次人才缺乏等诸多问题,仍困扰着城市的快速发展。因此,要进一步贯彻落实科学的人才观,创新人才工作理念,优化人才工作机制,营造优良的人才环境,努力形成人才辈出的局面,为加快城市发展夯实人才基础。

关键词:人才观;科技人才;对策建议

荆门市实施人才强市战略,加快科技人才队伍建设取得了显著成绩,人才对经济社会发展的贡献和作用日益凸显。但随着形势的发展和人才竞争的加剧,荆门市人才队伍状况与发达地区相比,差距愈加明显。荆门作为中部城市缺少沿海开放城市的许多优势条件,要成为经济强市,必须率先成为人才强市,依靠强有力的智力支持和人才保证推进荆门实现跨越式发展。

一、荆门市科技人才队伍建设现状

（一）人才队伍的规模和结构不断改善

2009 年底,荆门市人才总量为 14.5 万人,占全市社会总人口的 4.3%;其中各类专业技术人才 52633 人,专业技术人员中,研究生学历 249 人,大学本科学历 16639 人,大学专科学历 21614 人;具有高级职称 4248 人(其中具有教授及相当职称人员 210 人),中级职称 23517 人。全市享受省以上政府津贴专家 29 人,其中享受国务院特殊津贴专家 9 人,享受省政府专项津贴专家 8 人,湖北省突出贡献中青年专家 12 人，省管乡土拔尖人才 26 人，人才的年龄、文化结构不断优化，建立了一支初具规模、结构较为合理的科技人才队伍。

（二）人才工作的领导体制和机制不断优化

荆门市委、市政府高度重视人才事业发展，认真贯彻中央、省委和上级政府的人才政策，大力实施人才强市战略，成立了人才工作领导小组，专设了人才工作机构，先后制定了《荆门市委、市政府〈关于进一步加强人才工作的若干意见〉的任务分工》、《荆门市人才发展基金管理暂行办法》、《荆门市高层次人才最低收入保障暂行办法》、《关于围绕加快荆门崛起做好人才工作的意见》等一系列新的文件措施，为人才事业发展营造了良好的体制和机制环境。

（三）人才队伍的生机与活力不断增强

近年来，事业单位以推行聘用制和岗位管理为重点，逐步建立起相适应的人才管理制度。企业不断提高参与人才竞争的主动性，吸纳人才的主体地位日渐突出，采取高薪招聘、挂职兼职、技术承包、项目合作等灵活多样的形式招揽人才；企业自主开发人才资源的能力不断增强，通过建立技术中心、开展岗位培训、实行产学研结合等形式，培养了一批素质较高的企业科技人才；企业人才队伍建设环境不断改善，全市重点企业工程技术人员工资待遇普遍高于一般员工，关键岗位实行年薪制，有技术开发创新成果的科技人员还可获得利润提成或期权工资。企事业人才队伍建设的加强，为全市技术创新和加快发展提供了保证。自 2004 年启动"113 人才发展计划"以后，一大批德才兼备的专业技术人才先后进入"113 人才"队伍，成为荆门市科技队伍的中坚力量。

二、存在的问题及原因分析

（一）存在的问题

1. 人才分布不够合理

主要呈现四种"集聚"状态：一是在行业分布上，一般行业集聚了较多人才，重点行业人才较为短缺。荆门市大专以上人才中，教育、卫生等行业技术人才占 80％以上，工程技术人才占 5.2％，农村技术人才占 1.6％，与全市经济发展密切相关的医药化工、机械制造、食品加工、旅游管理等行业的人才占有量不到 10％，结构性人才短缺矛盾比较突出。二是在区域分布上，市直企事业单位集聚了大批人才，乡镇及农村人才相当匮乏。三是在所有制分布上，国有企业、外资企业集聚了大量人才，民营企业、个体企业人才比较缺乏。四是在年龄分布上,中老年群体集聚了较多人才,中青年人才短缺,在全市600余名高层次人才中,45岁以上的达到90%,人才队伍老化现象比较明显。

2. 高层次人才比较缺乏

近年来,荆门市人才的学历层次和素质有了一定的提高,但"三多三少"现象还比较突出:一是一般性人才多,高层次人才少,高级专业技术人才和经营管理人才缺乏。目前荆门市共有享受国务院津贴、省政府津贴及省有突出贡献中青年专家75人,其中在职的仅29人。教授及正高职称的专业技术人员210人,占人才总量的0.5%。二是传统行业人才多,急需专业的人才少,特别是该市急需的环境科学、电子化工、生物工程等方面的人才比较缺乏。全市专家、教授在工农业战线的仅8人,其中4人接近退休年龄,农业系统仅有1名正高级职称人员。绝大多数人才集中在教育、卫生系统。三是专业性人才多,复合性人才少,尤其是懂经营、善管理的内行领导人才短缺。

3. 优秀科技人才流失比较严重

一是从流失的数量上看,面宽量大。近年来荆门市共流失各类专业技术人才600多人,教育、卫生等部门和市属重点企业的人才流失现象尤为严重,占到流失人才的75%以上。如荆门市条件比较好的第一人民医院、龙泉中学、石化总厂、荆门热电厂、东光集团等单位,每年合计流失专业技术人才100多人。二是从流失的对象上看,外流人才大多是专业科技人才。有的是市管拔尖人才,有的承担着市级重点课题,有的掌握企业的关键技术,重要人才的大量流失对荆门市经济发展带来较大的不利影响。三是从流失的速度上看,优秀人才大多集中性流失。荆门市第四批市管拔尖人才评选后,一次性集中外流8人。荆门市金龙泉啤酒集团改制期间,人才陡然外流10多人,这些外流人才大多是企业关键岗位的科技人才。

4. 人才开发机制不健全

一是激励机制不完善。利益分配上平均主义没有完全打破,收入多少取决于身份而不是贡献,不能有效调动人才的积极性,人才的活力得不到有效释放。二是选人用人机制不完善。相当多的专业技术人才担任行政和管理工作,或从事着非专业的工作,不能在需要的岗位上发挥作用,造成人才"隐性"浪费。三是教育培训机制不健全。根据调查,90%以上的专业技术人才表示自己目前最大的需求是知识更新,但多数单位偏重于人才的使用,忽视人才的培养和再教育,影响了人才整体素质的提高。

5.人才工作的整体合力尚未形成

一是人才队伍建设进展不平衡。城市与农村之间、各县(市、区)之间不平衡,市直企事业单位人才聚集效应相对较好,乡镇及农村稳定人才的任务比较艰巨。二是一些引进人才的政策落实力度不够。由于受观念、机制、体制和习惯思维的影响,已经制定出台的有些政策,落实的程度与新形势的要求、与人才的愿望、与经济社会发展的需要还不适应。三是人才流动还存在许多体制性和政策性的障碍。党政人才、企业经营管理人才和专业技术人才三支队伍之间,公有制组织和非公有制组织之间,不同地区之间的人才流动渠道不畅,在荆门市的中央、省属企业与地方尚未形成很好的人才资源共享,人才工作的整体力量还需要进一步协调、充实等等。

(二)原因分析

1.城市经济实力和综合品位处于劣势

综合实力雄厚的一线城市和经济实力强大的沿海城市等是人才流向的首选。由于荆门城市规模偏小、城市化水平较低、综合实力不强、影响力不大、报酬待遇不优,直接导致高层次领军人才引不进、留不住;高新技术产业发展不快,"高、精、尖"项目的载体作用不强,未形成广阔的人才用武之地,也使得荆门在引才、留才上缺乏吸引力。

2.是政策导向产生人才"被抢"的压力

国家先后对东南沿海城市等特区实行的倾斜政策,引发了国内几次人才大迁移,也给该市带来人才"离心式"流动,出现人才"被抢"现象。

3.对人才、智力等无形资产重视程度不够

各级政府偏重招商引资,更多地看重资金、项目等有形资产的引进,对人才、智力等无形资产未予同等的足够重视,在人才引进、培养中缺乏长期性投资。

4.政策环境和用人机制欠优

在人才优惠政策方面长期处于发达地区的"跟跑"状态,由于人才政策滞后致使人才"被抢"现象未根本扭转;"能进不能出、能上不能下、能高不能低"的用人机制弊端长期存在;传统的论资排辈现象普遍,"按贡献计酬"的激励机制尚未落实到位;人才资源市场化配置不充分,人才的合理流动机制不健全,人才"部门所有、单位所有"的局限尚未打破;组织、人事、劳动等部门共管人才的联动性和整体合力有待增强。

三、加快科技人才队伍建设的对策建议

（一）着力树立和贯彻科学的人才观

胡锦涛同志在近期的全国人才工作会议上指出，做好人才工作，实施人才战略，必须树立适应新形势、新任务要求的科学人才观，克服在人才问题上的各种不合适宜的观念。要深刻认识树立科学人才观的极端重要性，创造性地做好人才工作，破除人才瓶颈对加快荆门崛起的制约。一要牢固树立"人才资源是第一资源"、"人才优先"的战略人才观。荆门高精尖专业技术人才和高技能实用人才紧缺，将严重影响加快荆门崛起目标的实现。党委、政府要把人才工作摆在更加突出的位置，确立在经济社会发展中人才优先发展的战略布局，采取得力措施，加快人才队伍建设，为荆门加快建设"工业强市、农业强市、旅游强市、生态宜居城市"提供强有力的人才保证。二要牢固树立"不求所有，但求所在，不求所在，但求所用"的开放人才观。荆门不具有发达城市吸引人才的优势条件，必须创新思路，打破常规，制定更加灵活多样的政策措施，吸引利用各地的人才资源，尤其要敢于吸纳国内外高端人才来荆门施展才华、创业兴业，借脑引智，为荆门所用，实现双赢。三要贯彻落实"以人为本"、"以用为本"、"人人可以成才"的开明人才观。把促进人才的健康成长和充分发挥人才的作用放在首要位置，不唯学历资历，不唯职称身份，坚决破除妨碍人才发展的错误观念，不断创新人才工作理念，既要重视已崭露头角的"显才"，也要善于发现具有潜力的"潜才"；选拔和使用人才切实做到注重实绩，用人所长，唯才是举，尽快形成各尽所能、人才辈出的生动局面。

（二）着力完善优秀人才脱颖而出的体制和机制

一要完善高效可行的用人制度。首先要进一步理清体制、机制、制度的内涵和作用。要从深化企事业单位人事、工资、职称等制度改革入手，优先完善人才制度，破除束缚人才发展的制度障碍，不断创新选才用才机制，为科技人才脱颖而出提供制度保证。二要完善激发人才活力的激励机制。要不断完善和落实物质奖励制度，鼓励优秀人才发挥作用。鼓励用人单位设立人才奖励专项资金，建立各种形式的激励制度，对有突出贡献的人才实行重奖，使一流的人才得到一流的待遇、一流的贡献得到一流的报酬，充分体现人才的价值。要不断完善荣誉激励制度。坚持和完善优秀人才定期评选表彰制度，实行人才动态管理，不搞荣誉、待遇终身制。要采取多种形式宣传优秀人才的先进事

迹,增强人才实现自身价值的自豪感,提高他们的社会地位。三要进一步探索人才共享机制。要注重发挥人才市场对人才的基础性配置作用,促进用人单位通过市场自主择人才和人才进入市场自主择业,逐步打破人才流动的壁垒,实现优势互补。要积极融入全国人才流动及人事人才服务体系,加强与国家有关部委、省直部门合作。要引导企业"筑巢引凤",吸引著名高校、科研院所,合作共建一批对荆门经济产业起关键作用的平台载体;同时要鼓励有条件的企业主动出击,在省内外人才密集区设立研发机构,渗透到高校和科研院所,与之共建实验室、研发中心,努力拓展人才资源的共享空间。在本地区特别要注重发挥在荆门的中央、省属企事业单位这一"天然人才库"的作用。

(三)着力优化引才、用才、留才的优良环境

一要优化政策环境。当前应以全面贯彻落实《国家中长期人才发展规划纲(2010—2020年)》和《关于围绕加快荆门崛起做好人才工作的意见》为基础,梳理调整过去出台的各类人才政策。特别是在高、精、尖科技人才引进中要敢于采取特殊的待遇政策、超常规的方式引进新兴产业的海内外国际领军人才。要实行"调入"流动与"柔性"流动相结合,打破地域、户籍、身份、档案、人事关系等因素的制约。要"引才"与"引智"相结合,对重大项目的紧缺人才可采取课题招标、租赁合作等方式,"借用"省内外高层次人才为荆门产业发展服务。要"引才"与"引项目"相结合,支持企业抓住国家产业转移的契机,以项目为纽带,引进拥有科研成果和创新能力的人才,通过项目聚集人才,通过人才推进项目。要有计划地聘请专家赴荆门讲学,吸引省内外高级人才关注荆门,研究荆门,为荆门产业升级发展献策出力。通过上述灵活有效的政策措施解决引进人才难度大、成本高、制约因素多的矛盾。还要注意避免引才误区,克服高薪引进高学历、高职称人才,而在本地用不上、难以发挥作用的现象。

二要优化创业环境。荆门不具备"待遇留人"的优势,应在"事业留人"上下功夫,拓宽优秀人才的创业平台。要转变发展方式,加快传统产业改造升级,大力发展高新技术产业,以产业高级化吸引优秀人才到荆门创业发展。要着力发展技术开发区、创业园区及优势产业,做大做强骨干企业,不断扩大人才施展才华的用武之地。要立足荆门产业的实际,充分发挥企业技术中心、博士后产业基地和各工业园区的孵化作用,积极吸引有初步成果、项目的尚未崭露头角的中青年科学家到荆门发展,为之提供试生产和完成成果定型的基地,

切实优化高级人才的创业环境,实现双赢。

三要优化生活环境。要加强人才政策在工资待遇、社会保障、住房等方面的落实力度,鼓励企业落实《荆门市高层次人才最低收入保障的暂行办法》等优惠政策,以更具吸引力的政策引进和留住人才。要传承弘扬亲和力大的荆楚文化,用真情善待人才,体现人文关怀;同时要坚持政策的公平性,对引进的人才与本地人才一视同仁,为人才充分实现人生价值创造条件。要坚持做好社会治安综合整治,确保本地区社会安全祥和。要加快荆门国家级园林城市的创建步伐,提升和完善公共服务功能,把荆门打造成适宜创业、又适宜生活居住的现代化生态城市和荆楚文化名城,显著地增强城市的影响力和辐射力,实现对人才"引得进、留得住、用得好"。

（四）着力开展实用高效的人才教育培训

世界经济论坛近日公布的最新年度"全球竞争力报告",中国排名第 27位。"全球竞争力指数"涵盖的 12 项指标中,中国排名最低的 2 项指标分别是技术进步(第 79 位)与高等教育与培训(第 60 位)。中国在对人才的教育培训方面仍明显落后于发达国家。荆门的经济发展同样受到教育培训落后的短板的制约。另有资料表明,现代社会,在人的体能、技能、智能三者之间,获得体能、技能、智能社会所需支付的成本分别为 $1:3:9$,而社会得到的收益分别为 $1:10:100$。所以,要形成培养人才智能投资是回报率最高的投资的共识,一要切实加大对人才教育培训的投入。政府每年要拿出相应资金补助人才培养项目,市、县两级要设立人才专项资金,依法落实教育培训经费增长的要求;要充分发挥企业在培养人才中的投入主体作用,拓宽经费筹措渠道,形成多元化的人才投入机制,力争全市人才教育培训经费高于全省、全国平均水平。二要积极完善教育培训体系。要充分利用全市 100 多家企业与华中科技大学、华中农业大学等院校、科研机构"攀亲结贵"的优势,以"突出培养创新型科技人才"为重点,完善以企业为主体,以院校为基础,学校教育与企业培养紧密联系,政府推动与社会支持相结合的人才培养体系。整合利用现有各类职业教育培训资源,建设一批人才培养基地。要打破教育培训机构各自为阵、资源分散的局限,全市组织、人事、教育、科技、经济管理等部门要形成工作合力,建立多元化且密切配合的人才培养体系。三要不断创新培养模式和内容,提高培训实效。要大力推行校企合作的"人才＋项目"的培养模式,指导企业与各类培训机构联合开展"订单式"培训;按照经济转型、发展方式转变、发展循环经济和低碳产业以及推进"两型"社会建设的要求,瞄准荆门产业发展方向,有针对性、前瞻性地设置学科和专业,培养一大批与本市产业结构相适应的科技人才及紧缺人才,有预见性地培养适应本市产业发展方向的创新型人才,克服培训与需求"两张皮"的痼疾。

(五)着力完善人才队伍建设的服务管理措施

一要完善党委统一领导下的人才工作体制。坚持党管人才原则,充分发挥党委统筹人才发展的核心作用,加强市委人才工作领导小组各成员单位以及政府相关部门的协作配合,形成组织部门牵头抓总,有关部门各司其职、密切配合,社会力量广泛参与的人才工作格局。要进一步明确责任分工,市直相关部门都要结合自身职能,认真做好相关服务工作。要建立人才工作目标责任制,把人才队伍建设纳入年度目标考核体系,加大对人才工作专项考核力度。"围绕用好用活人才,完善政府宏观管理、市场有效配置、单位自主用人、人才自主择业的人才管理体制"。二要改进人才管理方式。要深化国有企业和事业单位人事制度改革,发挥用人单位在人才培养、引进和使用中的主体作用。完善人才评价机制,构建企业、院校、社会多元评价机制,做好人才的晋职晋级工作。克服人才管理中的行政化、"官本位"倾向,不断改善适应于用好用活人才的管理方式。三要加快人才市场体系建设。继续加大荆门人才市场的培育、监管和建设力度,积极发展网上人才市场,兴建综合性的荆门人才市场,适时举办人才交流会。加快建立各类人才信息库,健全完善人才供求信息网络和人才市场供求信息发布制度。鼓励和扶持社会相关组织兴办人才中介服务机构,加快人才市场体系建设,充分发挥发挥市场配置人才资源的基础性作用和主渠道作用。一视同仁地把非公有制经济组织、新社会组织人才开发纳入政府人才发展规划和人才市场体系。要完善政府人才公共服务体系,健全人事代理、社会保险代理、就业服务、人事档案管理等公共服务平台,满足人才多样化需求。通过强力有效的措施,加快科技人才队伍建设,以此带动全市各类人才队伍的发展壮大。

（作者单位：中共荆门市委党校）

试论现代领导的科学人才观

周贵卯

摘　要：现代领导必须牢固树立以人才为本的理念，坚持一切为了人才，为了人才的一切，为了一切的人才，具有爱才之心、举才之略、用才之能、容才之量，切实做好人才的培养、使用、关心、激励工作，充分调动各类人才的积极性、主动性和创造性，努力营造一个鼓励人才干事业、支持人才干成事业、帮助人才干好事业的社会环境。

关键词：现代领导；科学发展；人才观

建设中国特色社会主义，实现中华民族的伟大复兴，呼唤人才辈出的局面出现。人才辈出的关键在于现代领导树立科学的人才观。作为一个现代领导，实践科学发展观，必须高度重视人才，有爱才之心；善于发现人才，有识才之智；着力培养人才，有容才之量；切实使用人才，有用才之艺，努力营造一个鼓励人才干事业、支持人才干成事业、帮助人才干好事业的社会环境。

一、现代领导要有爱才之心

现代领导要有爱才之心，高度重视人才，从思想上真正认识人才的作用。

（一）现代领导要牢固树立人才资源是第一资源的观点

人才资源是第一资源。正如胡锦涛同志强调的："人才问题是关系全党和国家事业发展的关键问题，人才工作在党和国家工作全局中具有十分重要的地位。"人才问题是关系党和国家事业发展的关键问题。第一，人才是推动科技进步和教育发展的基本力量。当前，知识已成为最重要的生产要素进入生产领域，以高科技为代表的科学技术及作为其载体的人才已成为生产活动中最重要的资源。第二，人才是推动经济社会发展的重要因素。在社会各种资源中，人才是最宝贵最重要的资源。在科技创新和高新技术产业化中，人才具有不可替代的决定性作用，是经济发展和社会进步最具革命性的推动力量。

在当今新的历史条件下,牢固树立以人为本的思想,集聚一大批优秀人才,占领人才高地,更有着十分紧迫的现实意义。第三,人才是党和人民事业兴旺发达的根本大计。随着经济全球化的发展,人才越来越成为决定性的因素。拥有优秀人才,拥有尖子人才,拥有强大的人才队伍,成为一个国家实现强国梦的必由之路。

(二)现代领导要牢固树立人才强国的观点

随着世界多极化和经济全球化的趋势在曲折中发展,科技进步日新月异,综合国力的竞争日趋激烈,使原本激烈的人才争夺更加激烈。面对这样严峻的现实,如果我们不能看到时代发展的潮流和人才革命的趋势,不能革除一切束缚人才工作的旧机制,尽快建立与争先发展和全面建设小康社会相匹配的人才新机制,经济社会发展将会错过重要战略机遇期,与发达国家的差距将会进一步拉大。人才资源已成为最重要的战略性资源。谁拥有了人才,谁就能占领经济发展的制高点,谁就能在激烈的竞争中抢占先机、赢得主动,始终立于不败之地。进入新世纪新阶段,中央认真分析国内国际形势,从党和国家事业发展的全局出发,作出了实施人才强国战略的重大决策。实施人才强国战略,对于推进全面建设小康社会,对于加快社会主义现代化建设,对于在中国特色社会主义道路上实现中华民族伟大复兴,都具有重要的现实意义和深远的历史意义。

(三)现代领导要牢固树立人才可持续发展的观点

人才资源在经济社会发展中起着基础性、战略性、决定性的作用,推动经济社会全面协调可持续发展必须以人才为基础、为保障。领导干部必须牢固树立人才可持续发展的理念,紧紧围绕发展抓人才,抓好人才促发展。人才的可持续发展,就是指在一定的历史时期,人才源不断、流不尽,人才在源流上始终可以满足经济社会可持续发展的需要。从根本上说,转变发展观念、创新发展模式、提高发展质量,把经济社会发展转入全面协调可持续发展的轨道,全面推动经济振兴和社会进步,主要取决于劳动者素质的提高和大量高素质人才的培养。只有准确把握经济社会可持续发展对人才提出的新要求,牢固树立人才可持续发展的理念,坚持把科学的发展观与科学的人才观有机的统一起来,才能通过人才的可持续发展促进经济社会的可持续发展。

二、现代领导要有识才之智

现代领导要有识才之智,善于发现人才,用慧眼发现人才的优势。

（一）不拘一格选英才

现代领导要破除唯学历、唯职称、唯资历、唯身份的观念,树立"用人看主流、看本质、看发展"的观念。要努力做到客观看人,公正评人,准确识人。什么是人才？在当代中国,只要具有一定知识或技能,能够进行创造性劳动,在建设中国特色社会主义事业中作出了积极贡献,都是党和国家所需要的人才。大量事实表明,谁勤于学习、勇于投身时代创业的伟大实践,谁就拥有发挥聪明才智的机遇,谁就能成为对国家、对人民、对民族的有用之才。

（二）学习伯乐觅优才

要识千里马,伯乐首先要有选才的慧眼。诸葛亮说过:"识别人才最难,有温良而伪诈者,有外恭而内欺者,有外勇而内怯者,有尽力而不忠者。"所以,历代统治者、政治家都有"人才难知,忠奸难辨"的感慨,自古仁人志士则有"千里马常有,伯乐不常有"的叹息。建设中国特色社会主义是一项十分宏大的事业,需要不同层次的各类优秀人才各展所长为之奋斗。中央提出要以培养造就高层次人才为抓手,建设一支门类齐全、梯次合理、素质优良、新老衔接、充分满足经济社会发展需要的宏大人才队伍。现代领导要破除只有具备较高知识水平和创新能力的人是人才,而具有丰富实践经验与一技之长的人不是人才的观念,树立"行行出状元"的观念,善于发现各类优秀人才。

（三）拓宽视野纳贤才

现代领导要破除党政机关、事业单位和国有企业的人才是人才,而非公有制经济组织和农村的人才不是人才的观念。随着改革开放的深化和社会主义市场经济的发展,非公有制经济组织和社会组织在我国经济社会发展中发挥着越来越大的作用,汇集了越来越多的人才。同时,农村也蕴藏着大量的各类人才。人才的流动往往是跨地区、跨国界、跨所有制的。现代领导要开阔选人视野,拓宽选人渠道,按照经济社会发展对人才的要求,坚定不移地贯彻公开、平等、竞争、择优的原则,实现以人选人到制度选人转变,为优秀人才脱颖而出开辟"快车道",把德才兼备的人才招揽进来。

三、现代领导要有容才之量

现代领导要有容才之量，着力培养人才，从制度上挖掘人才的潜能。

（一）多策并举，下狠功夫培养优秀人才

领导干部要不断探索人才培养的有效途径和方法，不断创新人才培养的手段和形式。要采用上级调训、下派挂职、专家讲座、党校培训、外送跟班学习等方式培养人才。要突出人才培养的重点，大力培养党政人才、企业经营管理人才、专业技术人才和实用技术人才。要把教育放在优先发展位置，树立大教育、大培训观念，制定和完善人才培养规划，加大教育培训力度，大力推进教育创新，进一步强化基础教育，发展职业教育，加强成人教育，谋划高等教育。

（二）完善机制，千方百计引进优秀人才

人才的培养，需要一个较长的过程，要解决燃眉之急，必须走引进人才的路子。要建立人才引进的"绿色通道"，以优惠的政策广纳良才。要通过技术转让、技术入股、技术承包、培训讲学等多种方式，为我国经济社会发展提供智力服务。要精心培育人才市场，加强人才市场信息化建设，整合人才信息资源，及时发布人才供求信息，吸引人才进行创业发展。

（三）创造环境，切实留住优秀人才

环境是决定人才去留的主要因素。一个好的用人环境，能够对内产生凝聚力、鼓舞力和驱动力，对外产生影响力、竞争力和吸引力。要进一步优化人才发展环境，形成"尊重劳动，尊重知识，尊重人才，尊重创造"和求贤若渴、视才如宝的良好氛围，为各类人才施展才华提供广阔舞台。要营造人才创新创业的发展环境，用成长的事业拴心留人，要使人才创业有机会，干事有舞台，发展有空间。要营造人才舒心舒适的生活环境，用适当的待遇拴心留人，切实解决人才的社会保障和子女就学等问题，解除人才的后顾之忧。要营造尊才重才的人文环境，用真挚的感情拴心留人，确保各类人才干得开心，住得安心，生活舒心。

四、现代领导要有用才之艺

现代领导要有用才之艺，切实使用人才，从行动上激发人才活力。

（一）任人唯贤，善用各方人才

"人才的浪费是最大的浪费"。现代领导要充分发挥用人上的导向效应，知人善任,任人唯贤,做到位得其才,用当其时。要虚怀若谷凝聚各方人才,包括高层次人才和实用技术人才,包括党内国内人才和境外海外人才,包括存量人才和增量人才,使所有人才都能发挥才智,体现价值。要建立健全科学合理的人才激励机制。注重精神鼓励,大力表彰和宣传重大创新成果和突出人才,形成创业光荣、创新可贵、创造无价的社会舆论导向;注重事业激励,用跨越发展的事业吸引人,鼓励人才干事业、支持人才干成事业、帮助人才干好事业;注重物质奖励,大胆探索一流人才、一流贡献,获得一流报酬的办法和途径。对于那些阻碍改革、束缚发展、跑官要官、贪污腐败的人,要坚决惩处,真正让广大干部群众体会到,只要想干事,就会有位置,形成人才活力竞相迸发、聪明才智充分展示的生动局面。

(二)尊贤重才,用好各类人才

我国历朝历代留下了许多求贤若渴、视才如宝的佳话,像萧何月下追韩信,刘备三顾茅庐请诸葛等等。封建王朝的君主、官吏都能做到这一点,我们新时期党的领导干部有什么理由不做得更好?大家必须清醒地认识到,留住一个人才,我们得到的是思想、是技术、是财富,而放走一个人才,我们在失去思想、技术、财富的同时,更失掉了各类人才对国家发展的信心和认同感。每一个领导干部都要对党和人民事业高度负责、对国家的发展与未来高度负责,关注人才,爱护人才,尊重人才。这是很重要的思想基础和感情基础。要有海纳百川的胸怀,要旗帜鲜明地坚持党的干部政策,切实匡正用人风气,端正用人导向。要全面辩证地对待人才,既要尊重人才在创新创业实践中的成功,更要理解人才在创新创业中的失败,鼓励人才敢为天下先,始终给勇于创新的人以信心和机会。

(三)多头并进,挖掘人才潜能

现代领导要具有干事创业的激情。干事创业的激情越高,重才、育才、聚才、用才的意识越强。现代领导要用事业凝聚人才,积极为人才提供施展其所学、发挥其所长的用武之地,为人才创造发展空间,使其价值能够实现。用待遇吸引人才,进一步深化分配制度改革,拉大收入差距,探索建立按市场价位调节高层次人才的利益分配和科技、人才、知识等要素参与分配的薪酬机制,使优秀人才不仅在政治上获得荣誉,经济上也要先"富"起来。用感情感染人才,现代领导要充分体现领导的"亲和力"和人格魅力,营造一种良好的人际关系,建立一种友爱、平等、互助、共同进步的亲情关系,使人才心情舒畅,乐于奉献,实现人才贡献的最大化。

在知识创新、科技创新、产业创新不断加速的当今时代,人才资源已成为最重要的战略资源,综合实力竞争说到底就是人才竞争。谁能把人才优势转化为知识优势、科技优势、产业优势,谁就能够赢得竞争的主动权。现代领导必须坚持科学发展观,牢固树立以人才为本的理念,坚持一切为了人才,为了人才的一切,为了一切的人才,具有爱才之心、举才之略、用才之能、容才之量,切实做好人才的培养和使用,关心和激励工作,充分调动各类人才的积极性、主动性和创造性,努力营造一个鼓励人才干事业、支持人才干成事业、帮助人才干好事业的社会环境,促进人才的全面协调可持续发展。

(作者单位:湖北警官学院)

论人才管理方式的改进与完善

曾庆普

摘　要：人才的开发与使用，关系到我国社会主义现代化建设的成败。本文从三个方面对改进完善人才管理方式问题进行了分析，指出改进人才工作管理体制和创新人才工作机制已经迫在眉睫。国家人才管理方面的政策和措施对我国经济和社会的发展有着重要的意义和现实意义。特别是面对后金融危机时代西方发达国家为谋取长期发展优势而发起的新一轮全球人才争夺战，必须抓紧研究制定面向世界的国家人才发展战略，更加积极主动地参与国际人才竞争，形成我国人才竞争的比较优势，不断增强我国的综合国力。因此，我们应从制度层面进行改进和完善，以此促进我国人才的发展，以满足经济全球化的需要。

关键词：人才管理；管理方式；对策

人才的开发与使用，关系到我国社会主义现代化建设的成败。我国的科学技术能否在全球性"新技术革命"的浪潮推动下，得到飞速发展，国民经济能否在较短的时间内得到起飞，除了首先需要有正确的方针政策之外，最根本的问题就在于我们能否迅速地、大胆地、准确地将一大批德才兼备、富有进取精神的开拓型各类人才，选拔到各级领导岗位上去和担任其他各种重要工作。

由中共中央国务院批准的《国家中长期人才发展规划纲要（2010－2020年）》，其中对改进完善人才工作管理体制和创新人才工作机制作出了详细规定。因而，改进人才工作管理体制和创新人才工作机制已经迫在眉睫。

一、改进与完善人才管理方式的重大意义

众所周知，全球经济发展的竞争，归根到底是人才资源的竞争。当今世界，科学技术迅猛发展，经济全球化进程日益加快，知识经济大潮迅速崛起，世界范围的科技与经济竞争更加激烈。随着信息时代的到来，各国综合国力的竞争、各地区、各企业的生存和发展将更加倚重科技进步和创新，更加依赖于

人才。尤其是高素质的人才,他们是科技进步和经济社会发展的重要资源。"科学技术是第一生产力","人才资源是第一资源","人才是决定我们事业成败的关键因素"。因此,国家人才管理方面的政策和措施对我国经济和社会的发展有着重要的意义和现实意义。

一是落实党和国家更好实施人才强国战略的总体要求。党的十七大把人才强国战略作为经济社会发展的基本战略写进党代会报告和党章,对新时期的人才工作提出了新的更高要求。贯彻落实中央的决策部署,必须科学谋划当前和今后一个时期人才发展的战略目标、指导方针、重大举措和基本路径。

二是为实现全面建设小康社会奋斗目标提供人才保证。实现党的十七大提出的 2020 年全面建设小康社会的奋斗目标,必须紧紧围绕国家经济社会发展的总体战略和阶段性部署,加强对人才发展的宏观指导,不断加大人才资源开发力度,发挥人才在经济社会发展中的基础性战略性作用,努力建设人才强国。

三是力争在日趋激烈的国际人才竞争中取得更多主动。人才是衡量一个国家综合国力的重要指标。当前,以科技和人才为核心的综合国力竞争愈演愈烈,特别是面对后金融危机时代西方发达国家为谋取长期发展优势而发起的新一轮全球人才争夺战,必须抓紧研究制定面向世界的国家人才发展战略,更加积极主动地参与国际人才竞争,形成我国人才竞争的比较优势,不断增强我国的综合国力。

四是解决好人才发展自身存在的问题。近年来我国人才工作和人才队伍建设取得了显著成绩,但与国家经济社会发展要求相比,还存在着不少不相适应的地方,主要是人才创新能力不强,高层次人才匮乏,人才结构性矛盾突出等等。解决这些问题,必须坚持改革创新,科学规划人才发展,统筹推进人才队伍建设,促进人才工作健康发展。

二、我国在人才管理方面存在的问题

(一)人才管理缺乏宏观管理

现在我们还没有完全树立起"人才是第一资源"的观点,对人才的重要性认识不足,没有认识到人才对社会经济可持续发展的重要作用,忽视了人才是各种资源中最珍贵、最难得的资源。主要表现在人才工作的机制和体制不够健全,人才工作的政策措施和法律法规不够系统配套,人才市场建设方面还存在问题,这些问题严重影响了我们对人才的管理,主要表现在:人才选拔、使用制度不健全,人才流动渠道不畅,人才激励、约束制度不完善,部门之间的协调机制不顺等方面。

(二)人才管理缺乏市场化运作

我国的人才市场问题突出的表现在以下方面:首先,人才市场体系不完善,信息不通畅,服务功能不健全导致人才供需脱节;其次,我国人才市场难以融入国际人才市场,我国人才市场的独特性及与世界人才市场的差异性,使得我国人才市场在与国际人才市场融合互动的过程中,运行及管理机制的落后,人才服务手段的单一,价格与价值背离的矛盾,人才安全,人才信誉与道德,人才培养的机制与途径,人才的结构性失衡等问题更加突出。目前,我国人才市场中存在的种种问题,导致了人才市场资源配置功能尚未充分发挥作用,人才流通渠道不通畅,供求主体地位不明确,供求、价格、竞争机制对人才资源配置的调节作用发挥不充分。

(三)人才管理缺乏预测能力

一方面,出现盲目追求高学历的社会风气。另一方面,企业在招聘的时候对自己需要的人才定位不准,导致人力资源配置错位,对人才未能充分利用,甚至导致一些适用人才闲置。人才浪费的情况反衬出我国政府的预测能力不足,并且发布的信息有相对的滞后性,对于市场上需求的动向把握不清。目前,人才市场普遍存在着供大于求的现象,某些专业如计算机,财会,文秘等市场供给远大于需求,然而也有例外,伴随着经济的发展,一些新型行业组织形式开始涌现,相应的就业要求与之相配套的专业人才,而往往这些专业面临着人才供给无法满足人才需求的局面。

(四)人才管理缺乏预警机制

我国人力资源在地区、城乡、产业之间和不同所有制企业之间流动存在盲目和短视的现象,目前政府针对我国人力资源利用率相对较低,并且人才流动较为盲目现象缺乏预警机制,未能有效地采集信息,调控流动失衡。我国主要存在三种严重的人才流动失衡:地区之间的流动失衡;城乡之间的流动失衡;产业之间的流动失衡。

(五)人才管理缺乏应急机制

经过多年的改革与建设,我国人才安全环境有了一定的改善。政府不仅在观念上已经认识到人才安全的重要性,在人才开发的各个层面采取一系列的人才激励措施以降低人才流失的风险。但是,同国外人才安全机制在通过法律程序维护国家重要人才安全;制定政策法规,提高重要人才待遇,保障重要人才权益,规范重要人才流动;建立国家重要人才的信息档案,实施动态管理等方面相比,我国人才安全机制还处在初步建构的过程中。

(六)人才管理缺乏国际化

1.国际化人才队伍总量偏小。有关统计资料显示,我国人才总量很大,但是人才中存在两个“5％”现象值得警惕:一是人才占人力资源总量的5％;二是高层次人才仅占人才资源总量的5.5％左右,高级人才中的国际化人才则更少。

2.现有国际化人才的层次不高。目前我国有的中心城市经济国际化程度已达到85％以上,人才国际化仅为4％。

除了以上所指出的主要问题以外,我国在人才管理方面还有以下的问题并存:人才国际化理念落后,人才国际化战略发动的力度不够;全社会联动局面尚未形成;国际化人才资源开发的程度不高;公共服务存在薄弱环节;人才管理体制尚未理顺。

三、完善人才管理方式的的若干对策

深化用人制度改革、完善人才评价制度、改革人才流动制度、创新分配激励制度和健全人才保障制度,是构建健全人才管理制度框架的五个主要支点。健全人才管理制度体系的导向是激发活力,旨在以制度建设引领人才队伍的建设。重点是突破人才竞争、流动和分配等方面的制度瓶颈,创新各类人才的基本管理制度。

(一)改进与完善人才工作管理体制

1.完善党管人才的领导体制

坚持党管人才原则,创新党管人才方式方法,完善党委统一领导,组织部门牵头抓总,有关部门各司其职、密切配合,社会力量广泛参与的人才工作格局。发挥党委领导核心作用,统筹经济社会发展和人才发展,切实履行好管宏观、管政策、管协调、管服务的职责,用事业凝聚人才,用实践造就人才,用机制激励人才,用法制保障人才,提高党管人才工作水平。党政主要负责人要树立强烈的人才意识,善于发现人才、培养人才、团结人才、用好人才、服务人才。制定完善党管人才工作格局的意见。健全各级党委人才工作领导机构,建立科学的决策机制、协调机制和督促落实机制,形成统分结合、上下联动、协调高效、整体推进的人才工作运行机制。建立党委、政府人才工作目标责任制,提高各级党政领导班子综合考核指标体系中人才工作专项考核的权重。建立各级党委常委会听取人才工作专项报告制度。完善党委联系专家制度。实行重大决策专家咨询制度。完善党委组织部门牵头抓总职能,发挥政府人力资源管理部门作用,强化各职能部门人才工作职责,充分调动各人民团体、企事业单位、社会组织的积极性,动员和组织全社会力量,形成人才工作整体合力。

2.改进人才管理方式

围绕用好用活人才,完善政府宏观管理、市场有效配置、单位自主用人、人才自主择业的人才管理体制。改进宏观调控,推动政府人才管理职能向创造良好发展环境、提供优质公共服务转变,运行机制和管理方式向规范有序、公开透明、便捷高效转变。健全人才市场体系,发挥市场配置人才资源的基础性作用。遵循放开搞活、分类指导和科学规范的原则,深化国有企业和事业单位人事制度改革,创新管理体制,转换用人机制,扩大和落实单位用人自主权。发挥用人单位在人才培养、吸引和使用中的主体作用。按照政府行政管理体制改革的总体部署,完善人才管理运行机制。规范行政行为,推动人才管理部门进一步简政放权,减少和规范人才评价、流动等环节中的行政审批和收费事项。分类推进事业单位人事制度改革,逐步建立起权责清晰、分类科学、机制灵活、监管有力的事业单位人事管理制度。克服人才管理中存在的行政化、"官本位"倾向,取消科研院所、学校、医院等事业单位实际存在的行政级别和行政化管理模式。在科研、医疗等事业单位探索建立理事会、董事会等形式的法人治理结构。建立与现代科研院所制度、现代大学制度和公共医疗卫生制度相适应的人才管理制度。完善国有企业领导人员管理体制,健全符合现代企业制度要求的企业人事制度。鼓励地方和行业结合自身实际建立与国际人才管理体系接轨的人才管理改革试验区。

3.加强人才工作法制建设

坚持用法制保障人才,推进人才管理工作科学化、制度化、规范化,形成有利于人才发展的法制环境。加强立法工作,建立健全涵盖国家人才安全保障、人才权益保护、人才市场管理和人才培养、吸引、使用等人才资源开发管理各个环节的人才法律法规。研究制定人才开发促进法和终身学习、工资管理、事业单位人事管理、专业技术人才继续教育、职业资格管理、人力资源市场管理、外国专家来华工作等方面的法律法规。完善保护人才和用人主体合法权益的法律法规。

（二）创新各类人才的基本管理制度

一是深化用人制度改革。党政领导人才选拔任用制度的深化改革，一方面将进一步落实已有的各项制度，如干部试用期、调整不称职干部、退（离）休、到龄不提名、辞职、票决等；另一方面将探索建立干部任期制、聘任制等新的制度，着力推行党政机关干部竞争上岗。每年有计划地推出一批局处级领导岗位进行公开选拔。同时，进一步健全企业经营管理人才市场选拔制度和继续深化事业单位用人制度改革。加快国有企业经营管理人才向市场配置转变，推进国有出资人代表适度竞争上岗和企业经营人才市场化选拔。要畅通渠道，吸纳优秀民营企业家等非公组织经营管理人才到国企任职。

二是完善人才评价制度。建立党政、企业经营管理、专业技术技能等各类人才的评价制度，并建立人才诚信管理制度。党政人才评价制度重在群众认可，探索建立符合科学发展观和正确政绩观要求的干部考核评价体系，并改进完善领导干部考核办法，如建立干部问责制、公务员行政过错责任追究制等。企业经营管理人才的评价制度，以市场认可和出资人认可为重点；专业技术人才评价制度，以社会和业内认可为重点。与此同时，开发人才诚信档案系统，建立人才诚信档案，并建立职业诚信与职业资格、职业活动管理相衔接的机制。

三是改革人才流动制度。促进党政、企业经营管理、专业技术三类人才队伍间的贯通与交流。制定党政人才参与市场竞争到企业任职的办法；疏通具有较好专业背景和较高专业管理能力的党政人才到学校、科研机构任职或兼职的渠道；制定企事业单位人员进入党政机关工作的管理办法等。健全劳动人事争议仲裁制度、完善人才保险制度，以促进各类人才流动。人事争议仲裁的适用范围，将从聘用合同制逐步扩大到人事管理的各个领域，并建立起劳动人事争议仲裁工作网络。

四是创新分配激励制度。构建符合不同类型事业单位特点和适应事业发展的分配体系，鼓励和引导企事业单位创新分配制度。鼓励各单位积极落实技术、专利、品牌、管理等要素参与分配的各种实现方式；积极探索股权、期权、特殊贡献分红、协议工资、项目工资、年薪制、利润分享、年度奖励、风险收入、补充保险等多元化的分配方式。

五是健全人才保障制度。强化人才安全意识，建立重要人才和领军人才安全保障制度，制定保护、激励政策，实行政府投保。建立促进人才竞争的保障机制，鼓励保险机构和人才服务机构合作研究开发融养老、医疗、健康、财产等多种功能于一体的组合保险项目。

（三）优化人才成长的社会环境

其一，健全用人机制。建立起能上能下、能进能出、有效激励、严格监督、竞争择优、充满活力的用人机制。

其二，完善管理体系。完善干部人事工作统一领导、分级管理、有效调控的宏观管理体系，形成党政机关、国有企业和事业单位不同特点的、科学的分类管理体制；建立健全干部队伍的培养、选拔、任用、管理、监督、考核等方面的制度，形成干部人事管理政策体系与各具特色的管理制度。

其三，改善干部结构。一是改善领导班子专业知识结构，选拔一批熟悉市场经济、工业经济、金融财政、外经外贸、高新技术、资本经营、产业规划、法律、管理方面的专业人才和高学历的专业人才充实党政部门领导班子，同时要注意选拔确实学有所长、自学成才的优秀年轻干部，使各级领导班子形成合理的专业知识结构，以适应经济全球化带来的新的机遇与挑战；二是加快领导班子年轻化步伐，使领导班子年龄结构较大改善，形成合理的梯次年龄结构；三是逐步改善干部人才队伍的专业知识结构，建设高素质的党政干部队伍、企业经营管理人才队伍与科技人才队伍。

其四，优化人才环境。优化人才成长的事业环境：着力加强科技型企业和各开发区的人才机制建设，充分发挥人才在科技创新中的主体作用，进一步落实事业留人的具体措施。优化人才成长的感情环境：进一步加强党对知识分子的领导，增进领导层与知识分子的感情联系，进一步落实感情留人的具体措施。优化人才成长的生活环境：为优秀专家创造良好的工作、生活条件，营造有利于留住和吸引优秀人才的生活环境，进一步落实待遇留人的具体措施。优化人才成长的社会舆论环境：创造"尊重知识、尊重人才"，有利于优秀人才脱颖而出、健康成长的社会舆论环境。

（作者单位：中共武汉市青山区委党校）

以用为本 由人才大国向人才强国转变

程 艳

摘 要:优秀的人才资源是一个国家发展的第一资源,如何培养和造就一批素质优良的人才队伍,是关系到党和国家事业发展的关键问题。我们必须坚定不移地走人才强国之路,努力实现"人才资源总量稳步增长、人才队伍规模不断壮大、人才素质大幅度提高、人才结构进一步优化"的总体目标,逐步由人才大国向人才强国转变。

关键词:人才资源;人才发展;人才保护

知识经济时代,人才资本成为所有资本的基础,对稀缺人才的争夺历来是场看不见硝烟的战争。放眼当今世界,经济全球化趋势不断深入发展、科学技术进步突飞猛进,知识创新、科技创新、产业创新不断加速,以经济为基础、科技为先导的综合国力竞争日趋激烈,人才资源已成为关系国家竞争力强弱的战略性资源。特别是当蔓延全球的金融危机给各国带来诸多挑战的同时,也加剧了国际间人才竞争的激烈程度,越来越多的国家认识到人才发展对于国家发展的重要性,各国和地区也更加重视人才对一国经济复苏和持续增长的潜在促进作用。而我国正进入推动经济社会又好又快发展、实现全面建设小康社会和社会主义现代化建设的关键时期,迫切需要我们加快建设人才强国,坚持以"用"为本,做好新形势下人才工作,才能确立我国人才竞争比较优势、增强国家核心竞争力。

一、我国人才战略的发展历程

人才是我国建设和发展社会主义事业最宝贵的财富。建国以来,我国逐步从人才资源相对贫乏的国家发展为人才资源大国,人才规模日益壮大、人才结构不断优化、人才素质显著提高,各类人才在改革开放和社会主义现代化建设中发挥了重要作用。

新中国成立之初,文盲占全国人口的绝大多数,培养人才成为我国经济社会建设的当务之急。1949 年 12 月,中央印发了《关于保护与争取技术人员的指示》,1955 年我国第一个五年计划提出更加合理地有效地使用和提高现有技术人才。1978 年,党的十一届三中全会确立了"尊重知识、尊重人才"的国策和干部队伍建设"革命化、年轻化、知识化、专业化"的四化方针,为推进我国经济建设和改革开放提供了强有力的人才保障。

进入新世纪以来,我国人才工作翻开新的篇章。2000 年党的十五届五中全会提出要把培养、吸引和用好人才作为一项重大的战略任务,努力建设一支宏大的、高素质的人才队伍。中共中央、国务院于 2001 年提出"实施人才战略,壮大人才队伍",首次将人才战略纳入经济社会发展的总体规划和布局之中,2002 年又提出了"实施人才强国战略",对新时期我国人才队伍建设进行了总体谋划。2003 年中共中央首次召开中央人才工作会议,强调实施人才强国战略是党和国家一项重大而紧迫的任务。2007 年,人才强国战略作为发展中国特色社会主义的三大基本战略之一,被写进了《中国共产党党章》和党的《十七大报告》。

全球金融危机后,中国认识到要在世界发展舞台上占领一席之地,就必须依靠高层次人才资源,为今后中国科技和产业的跨越式发展提供智力支撑。2008 年底,中共中央部署并启动了海外高层次人才引进战略"千人计划",全国人才工作会议于 2010 年 5 月 25 日至 26 日在北京召开,中共中央、国务院也于 2010 年 6 月 6 日颁布实施了《国家中长期人才发展规划纲要(2010—2020 年)》,科学确定了我国人才发展的战略目标和指导方针,提出到 2020 年我国人才发展总体目标是:"培养和造就规模宏大、结构优化、布局合理、素质优良的人才队伍,确立国家人才竞争比较优势,进入世界人才强国行列,为在本世纪中叶基本实现社会主义现代化奠定人才基础。"为进一步开创我国人才事业新局面、全面建设小康社会、加快推进社会主义现代化、实现中华民族的伟大复兴提供有力的人才保证。

二、国家兴盛、人才为本

加快建设人才强国,全面建设小康社会和实现中华民族的伟大复兴,都必须有人才资源作支撑。当前,我国人才事业正进入高速发展阶段,人才总量不断扩大、人才素质不断增强、人才效能不断提高,为建设人才强国奠定了良好基础。但是,我国人才发展水平与世界人才发展水平相比还有较大差距,与我国经济社会发展需要相比还有很多不足之处。如何提高我国人才科研水平和竞争能力,已成为摆在我们面前的一项重大而紧迫的任务。

目前,针对我国高层次人才匮乏、人才创新及创业能力不强、人才资源开发投入不足、人才竞争力仍然处于世界弱势地位的现实状况,各地纷纷出台了一系列的人才计划,让人才们能在贡献科学知识技术的同时受尊敬、有地位、得利益。

江苏省通过统筹抓好"六支队伍"建设,即党政人才队伍、企业经营管理人才队伍、专业技术人才队伍、高技能人才队伍、农村实用人才队伍、社会工作人才队伍;实施"十大重点人才工程",即"双创"人才工程、高层次人才引进工程、青年人才工程、"三支队伍"培训工程、新兴产业人才工程、文化高层次人才工程、现代服务业人才工程、教育卫生人才工程、高技能人才工程、现代农业人才工程等重点工程,突出培养创业创新型高层次人才;通过开展"江苏创新创业人才奖"、"十大青年科技之星"等评选表彰活动,从成果评价、技术入股、资金扶持、税收减免等方面支持科技人才创新创业。

湖北省加快实施科教兴鄂和人才强省战略,加强高校学科建设,提高人才培养质量,不断提高高校科技创新工作对经济社会发展的贡献率;通过全面实施"农村教师资助行动计划"、"农村教师素质提高工程"、"一村一名大学生计划"等机制,选拔了2万多名具有高中或中专学历的农村基层干部和优秀青年到农业院校接受大专学历教育;通过实施人才援助计划,和定向培训、委托培养、对口支援和互派挂职等援助形式,不断壮大农村人才队伍;还形成以技工学校、就业训练机构为骨干、企业职工培训基地为基础、民办职业培训机构为补充的职业培训网络体系,将人才优势转化为湖北经济社会的发展优势。

山东省确立人才优先发展战略,力推人才强省建设,通过"泰山学者、创新团队、首席技师、乡村之星、万人引才"等计划,精心打造了声名响亮的人才品牌工程,培养造就了一支高端人才队伍,成为山东建设人才强省的有力支撑;还通过完善校企合作,培养知识技能型人才,以培养高素质产业工人为目标、以构建现代职业技术教育体系为基础、以深化校企合作为重点,建设了1000个省级企业实训基地,实现了学习、实践和就业的一体化。

广东省通过设立南粤功勋奖、南粤创业奖和南粤技术能手奖,设立人才资源开发专项资金,实施六大人才培养工程,打破身份、所有制等对人才流动的限制,在全省建立起以聘用制和岗位管理为重点的用人制度,促进人才的合理流动;广州市每年拨 2 亿元招贤,对纳入"百人计划"的创业领军人才,给予100 万至 500 万元的启动资金、最高 500 万元的股权投资、最高 100 万元的贷款贴息、30 万至 100 万元的安家费,3 年内免费提供 100 平方米至 500 平方米的工作场所,重点扶持领军人才带项目、带技术,实施科技成果产业化。

由此看来,我国正通过对人才环境的优化和人才政策的激励等方面狠下工夫,把人才队伍建设作为重点,加大对人才的培养力度、实施人才带动工程、提升人才队伍整体水平,目前已形成了一套具有中国特色,符合各类人才成长规律,相互配套的人才政策体系。

三、加强制度建设、更加重视人才发展

21 世纪是我国社会主义现代化建设的重要时期,也是我国人才政策发展的关键时期,顺应经济全球化和人才全球化的发展趋势、主动参与国际人才竞争是我国的首要任务。我们要调动各方面的积极性,创新人才发展体制、大力开发人才资源,形成更加科学、更具活力的一整套人才培养、人才开发和人才使用的机制,坚决破除一切不利于人才发展的思想观念和体制性障碍,努力建设一支既能满足中国经济社会发展需要,又能参与国际竞争的人才队伍,加快中国从人才资源大国向人才资源强国转化的进程。

一是要实施规划、吸引人才。达到全面建设小康社会的奋斗目标,必须有充足的人才后盾作为支撑。我们必须紧紧围绕国家社会经济发展对人才的需求,制定中长期人才引进和使用规划,建立灵活的人才引进机制、选人用人机制、激励约束机制、合理的人才流动机制等符合我国自身特点的人才策略,科学配置人力资源、科学分析和预测人才需求、科学合理使用人才,为人才成长创造良好的条件和环境,达到吸引人才、留住人才的目的。

二是要加大投资、开发人才。我们必须全面了解世界人才发展的基本格局、准确把握世界人才发展的最新动向,在科学分析的基础上,深入剖析我国人才队伍现状,做好对人才战略的科学预测和开发,不断增强建设世界人才强国的危机感、紧迫感和使命感,在更高的起点上确立我国人才战略的目标。还要加大对人才工作的投资力度,通过完善工资收入分配制度、奖励制度、事业单位绩效工资制度、政府津贴制度等,促进人才之间的良性竞争,调动人才的积极性和创造性。

三是要发展市场、使用人才。人才管理和服务部门要进一步解放思想、更新观念,坚持做到"人尽其用",通过政策调整和制度创新,建立完善的人才信息系统、社会化的人才档案公共管理服务系统。还要发展人才市场和人才中介服务机构,健全专业化、信息化、产业化、国际化的人才市场服务体系,改善人才竞争的制度环境,形成成熟的人才互动机制,发挥市场配置人才资源的基础性作用,以减少人才流动限制、优化人力资源配置。

四是要完善法制、保护人才。政府要通过完善法制,加强对人才和劳动者基本权利的保护,包括对经济权利、政治权利、人身安全,特别是要加强对知识产权的保护;要完善劳动合同制度、人事争议仲裁等制度,完善以养老保险和医疗保险为重点的社会保障制度,形成国家、社会和单位相结合的人才保障体系,维护人才和用人单位的合法权益;还要加强对人才流动的政策引导和监督,推动产业、区域人才协调发展,促进人才资源有效配置,形成公平竞争、保护创新的良好社会环境。

我国要想在当前复杂多变的国际环境中取得竞争优势,归根到底要靠建设一支富有创新能力的高素质人才队伍。只有尊重劳动、尊重知识、尊重人才、尊重创造,勇于探索、真抓实干,建立一个健全的培养人才和管理人才的机制,构建适应全球化趋势的人才战略,实施灵活、开放、与国际接轨的人才政策,把力量集中到落实人才工作的重大部署上来,加速吸引并聚集全世界各类高层次人才,使人才创业有机会、干事有舞台、发展有空间,才能进一步开创我国人才事业新局面,为全面建设小康社会、加快推进社会主义现代化、实现中华民族伟大复兴提供有力人才保证。

（作者单位：中共荆门市委党校）

建立和完善党管人才工作机制的思考

周瑶华　幸为群

摘　要：任何一项工作的开展，特别是带有全局性的工作，机制体制建设都将是影响成败的关健。我们原有的人才工作机制体制是相对简单的，但是，随着时代的发展，特别是改革开放以来、市场意识的形成，人才流动性大大增强，"体制外"人才越来越多，对人才工作提出新的要求，党中央提出"党管人才"正是顺应这一时代要求。鉴于党管人才的复杂性和当前人才工作的现状，建立适应党管人才工作的体制机制至关重要。

关键词：党管人才；体制机制；思考

党管人才的提出，是党中央审时度势高瞻远瞩，在党和国家发展的关键时期作出的重大战略决策。党管人才的重要性提升到国家战略的层面，上升到全党意志的高度，有它的必然性。但我们也要清醒地认识到从党管人才的提出，到党真正管起人才，还有一个过程。如何按照党中央的要求，坚决破除一切不利于人才成长、人才流动、人才使用的思想观念和体制障碍，构建与社会主义市场经济体制相适应、符合科学发展要求的人才发展体制和机制，是我们必须认真研究和思考的重要课题。

一、关于党管人才的理解

党管人才的提法，最早见于 2003 年召开的中央人才工作会议。根据 2003 年 12 月 26 日公布实施的《中共中央、国务院关于进一步加强人才工作的决定》，"党管人才"的核心内容是管宏观、管政策、管协调、管服务，目的是更好地统筹人才发展和经济社会发展，更好地统筹人才工作和其他各项工作，更好地统筹人才工作的各个方面，把人才管好用活，为人才成长和充分发挥作用提供更有力的支持和更优良的环境。党管人才的提出，有着其深厚的历史背景。

　　长期以来，我国把人才纳入干部范畴，用管理干部的方式管理人才。但随着改革开放的深入和社会主义市场经济的发展，我国社会经济成分、组织形式、就业方式、利益关系和分配方式日益多样化，人才的范围从改革开放前相对集中在公有部门和党内干部，扩展到代表不同经济成分的、处于国民经济各个领域的、不同层次的价值创造者与贡献者，包括在私营、外资、合资企业以及中介组织等在内的非公有制经济组织中工作的大批专业技术人才和经营管理人才。特别是中国加入世贸组织之后，人才的流动性大大增强。这些人才，都是党执政必须依靠的重要力量，而现行的干部工作管理模式又难以将这部分人才纳入视野，也难以有效地管好用活现在的人才队伍。因此，必须适应时代发展的要求，在党管干部原则的基础上，提出党建工作的新思路。

　　提到"党管人才"，人们往往会把它和"党管干部"联系起来。从总的方面看，它们是一致的，都强调党的领导。但"党管干部"更强调的是党对干部工作的组织领导，强调的是对各级各类干部的推荐、任免和监督。而"党管人才"，不是由党委包办人才管理的所有工作，而是在党委领导下，通过转变管理重点，拓宽管理手段，公开管理机制，组织部门、政府部门、人民团体、企事业单位、中介组织等各司其职，充分发挥各自作用，在全社会形成"尊重劳动、尊重知识、尊重人才、尊重创造"的浓厚氛围，通过制定人才生长政策、优化人才发展环境，集聚优秀人才，凝聚民族复兴力量，担负起中华民族伟大复兴的组织者和领导者的光荣职责。从党管干部到党管人才，既延续了党管干部的优良传统，又开辟了党管干部新的发展空间。体现了新的历史条件下我们党对党的执政规律的科学把握，对人才资源重要价值的深刻理解，对治国方略的不断完善。

二、党管人才在机制体制上存在的主要问题及原因分析

（一）机构设置情况与应该担负的职责还不相称

　　当前，各级党委对人才工作的重视不容置疑，但其对人才工作的领导机构设置形式却相对滞后。从形式上看，人才工作协调领导小组虽然大多已经成立，但其规格、编制、投入等还不够完善。从人员组成上看，大多是一些相关领导机构和职能部门的主要领导，他们对这项工作重视也大多体现在与所在单位相关利益的活动，难以形成统筹协调的良性互动。从职能上看，大部分是上行下效地要求管宏观、管政策、管协调、管服务，缺少具体的职能细则。尤其

是,由于上级缺乏统一的规定和要求,影响了人才工作的健康协调开展。

(二)工作推进情况与党管人才的要求还不相符

目前,一些地方和部门在落实党管人才原则上应当说做了大量工作,但表现在具体工作上,找不准切入点、结合点和着力点,工作措施不力;有些单位的工作只是停留在运筹阶段,尚未真正着手制定人才规划或组织实施人才建设相关工作;有些单位虽然研究、制定了人才建设规划和措施,但尚未进入实际操作阶段;有些单位已经着手组织实施,但深度和广度还有待提升,导致人才工作浮于浅表、停滞在务虚阶段。个别单位"一把手"缺乏抓"第一资源"的责任意识,重视程度、投入精力不够,没有把人才工作上升到战略高度加以认识和把握;一些单位只重视引进项目、引进资金,忽略了人才的培养和引进,使得项目无法进行深层次的开发。人才队伍普遍存在总量不足、结构不尽合理、年龄老化问题严重,特别是高新技术人才和复合型人才极为短缺等现象。

(三)机制运行情况与管好用活的目标还有差距

党管人才政策的提出,可以说是我国人才工作的一大进步,在一定程度上,初步形成了一个系统的人才管理体系。但从实际工作情况来看,由于各部门职责划分不明,并没有很有效地开展人才工作,一方面,由于人才工作机构还不够健全,力量分散且相互协调不够,没有形成完整统一的组织和工作体系;另一方面,原有的人才管理模式一时还未能得到根本改变,现有的组织部门牵头抓总职责与以往固有的政府具体操作模式之间难免会产生冲突。这不能说是党管人才在机制建设方面的一大缺失。

(四)机制体系的现状与新形势的要求还不适应

主要表现在两个方面:一方面是体系不够完备。人才工作的机制体系是人才工作运行的重要载体,是一个具有多元性、层次性、动态性和整体性的社会系统,它对人才工作起着枢纽和调控作用。目前,包括组织、政策、舆论、市场、投入、激励、学习、培养、考核、服务等方面的人才工作机制体系尚未建立。人才工作政策不够配套,缺乏系统性、持续性和坚定性。人才法制化建设滞后,人才继续教育、人事争议尤其是人才流动中产生的人事争议仲裁等工作缺乏法律依据;部分已有政策尤其是人才培训等政策还没有完全落到实处。另一方面,机制不够灵活。对人才的培养、选拔、评价、激励等缺乏动态把握机制;对人才引进的政策缺乏灵活性,在计划经济条件下形成的户口、档案、身份、住房、福利保障等体制性障碍,仍然是人才流动的羁绊。对人才识别、选拔、使用、培养、评价、激励与引进机制的运作流程缺乏系统性,有的环节存在脱节现象,科学的激励机制尚未完全建立。这是人才工作机制的软肋。

三、建立和完善党管人才的机制体制

任何一项工作的开展,特别是带有全局性的工作,机制体制建设都将是影响成败的关健。党管人才的关键就是如何建立和完善党管人才的体制机制。

我们原有的人才工作机制体制是相对简单的。第一,来源集中,基本都是经过大中专院校培养起来的;第二,去向单一,一毕业就分进机关、企事业单位;第三,管理到位,这受益于国家原有体制,各单位管得很到位,基本上形成了党政人才组织部门管、专业技术人才人事部门管、技能型人才劳动部门管。但是,随着时代的发展,特别是改革开放以来市场意识的形成,人才流动性大大增强,"体制外"人才越来越多,对人才工作提出新的要求,党中央提出"党管人才"正是顺应这一时代要求。鉴于党管人才的复杂性和当前人才工作的现状,建立适应党管人才工作的体制机制至关重要。

一是完善党管人才的领导体制、工作机制和领导方式。特别要抓紧建立党委、政府人才工作目标责任制,推动"一把手"抓"第一资源"的责任落实。包括制定完善党管人才工作格局意见,开展人才工作目标责任制试点等,把人才优先发展落到实处。完善党委组织部门牵头抓总职能,发挥政府人力资源管理部门作用,理顺各有关职能部门人才工作职责。积极引导社会各方力量广泛参与人才工作,充分调动各个部门和社会各方力量广泛参与发现人才、培养人才、使用人才、保护人才的积极性,共同营造良好制度环境,形成推动人才发展的强大合力。

二是创新人才发展体制。应当瞄准现代化建设需求确定重点,切实采取统筹各类人才队伍建设的方略,这是深入贯彻落实科学发展观、树立科学的人才观、立足基本国情建设人才队伍的基本要求。这里所说的高层次人才、高技能人才,是现代化建设迫切需要的高素质人才的统称。具体来说,就是要适应加强党的执政能力建设和先进性建设要求,着力造就高素质的党政人才队伍;要适应我国深度参与经济全球化环境下竞争的要求,努力造就一批具有国际视野、现代理念和创新精神的战略企业家和高素质经营管理人才;要适应走新型工业化道路、产业结构战略性调整的要求,大力培养新型工业化及产业升级所急需的高技能人才;要适应建设社会主义新农村、促进城乡发展一体化的要

求,在培育大批有文化、懂技术、会经营的新型农民的基础上,着重培育一批农业科技高层次人才特别是领军人才;要适应经济又好又快发展和建设社会主义和谐社会的多方面需求,抓紧培养国民经济和社会发展的重点关键领域紧缺专业的高层次人才。要不拘一格广纳人才,破除论资排辈、求全责备观念,在实践中锻炼和培养人才,让他们在经济社会发展的实践中增长才干、建功立业。把各方面优秀人才集聚到党和国家事业中来。

三是建立人才竞争激励机制。当前,不同程度地存在选人、用人上的机制性问题,造成人才的选拔、使用缺乏公平的竞争环境,无形中扼杀了一批有潜力、有发展前途的人才,挫伤了他们的积极性和创造性。建立人才竞争的环境,目的就是为了把各类优秀人才凝聚起来,让一切有利于人的全面发展和人才发展的思想在竞争中活跃起来,让一切能够创业致富的人才通过竞争释放才能。坚持党管人才,最根本的就是要建立以公开、平等、竞争、择优为导向,有利于各类人才脱颖而出、充分施展才华的选人、用人机制。构建"人人都想成功,人人都能成功,人人都要通过竞争取得成功,人人都有目标、动力来体现成功"的大平台。真正激活人才的内在动力,实现人才的能力解放,形成人才竞争的机制和环境,对人才的选拔、使用,要变"关门点将"、"伯乐相马"为"公开选才"、"公平赛马",打造公开、公平、机会均等的用人环境,让大批优秀人才脱颖而出。同时,建立完善的人才分配激励机制。"以业绩定收入,凭贡献拿报酬",这是市场经济基本的分配与激励规则。要使各类人才的聪明才智竞相迸发,充分涌流,必须建立有效的人才激励机制以作保障。要坚持按劳分配为主体,多种分配方式并存的制度,保证各类人才得到与他们的劳动相适应的报酬。

四是建立市场配置机制。人才资源作为一种特殊的资源和生产要素,只能按市场机制来配置,消除人才资源按市场需求流动的体制性障碍,实现人才主体与市场的直接对接。人才是生产力发展的核心要素,作为一种特殊的资源,客观上也存在于市场里,它的配置就要受市场机制所左右。坚持党管人才,应遵循市场经济规律,全面推进机制健全、运行规范、服务周到、指导监督有力的人才体系建设,充分发挥市场在人才资源配置中的基础性作用。首先,要推动人才供给主体和需求主体尽快到位。当前,人才队伍结构不合理、分布不均衡的问题,成为造成人才资源浪费、人才利用率不高的重要原因。因此,应着眼于人才资源的合理配置,切实打通党政人才、企业经营管理人才、专业技术人才三支人才队伍的流通渠道。坚持把市场配置和组织配置有机结合，随着形势的发展，除党政人才以外的其他人才，主要依靠市场来配置。其次，要积极营造开放的市场环境，构筑人才合理流动的平台。理顺人才流动过程中所涉及部门的关系，改变人才部门所有、单位所有的状况，破除、废止阻碍人才合理流动的各种规定、行业限制、单位内部的"土政策"，为人才流动创造一个宽松的环境，要打破传统的户籍、档案、身份等人事制度中的瓶颈约束，建立人才柔性流动机制，鼓励各类人才通过兼职、定期服务、技术开发、项目引进、人才租赁、科技咨询等多种方式，实现人才资源共享。建立开放性的用人制度，树立多层次、全方位、多角度的用人观，既让外地人才进得来，留得住，也让本地人才出得去，回得来。

（作者单位：中共武汉市青山区委党校）

新时期新科学人才观浅议

周　莉

摘　要:人才是指具有一定的专业知识或专门技能,进行创造性劳动并对社会作出贡献的人,是人力资源中能力和素质较高的劳动者。新时期社会需要的人才是多种多样的。新时期需要树立新科学人才观。这种科学的人才观主要包括三个观念,即人人都可能成才的观念、人才是第一资源的观念以及人才优先的观念。

关键词:新时期;人才;观念

《国家中长期人才发展规划纲要(2010-2020)》(以下简称《纲要》)指出,"人才是指具有一定的专业知识或专门技能,进行创造性劳动并对社会作出贡献的人,是人力资源中能力和素质较高的劳动者。"这一观念,为我们在新时期树立新科学人才观指明了方向。本文认为,在新时期新科学人才观最重要的是以下三个观念。

一、人人都可以成才的人才观

(一)有用的人就是人才的人才观

人才是一个动态的概念,它受时间和空间的影响十分明显,某一个时期可以被认定为人才的人,在另一个时期不一定能够被认定为人才;在一个地区和单位可以认定为人才而在另一个地方和单位不一定被认定为人才。但无论在什么时期和什么地方,不可否认的事实是,有知识、智慧和能力为社会创造财富的人一定会被认定为人才。人才因专业不同,层次不同,贡献大小和方式不同,所服务的地区和单位不同而分为不同的类型。要避免因强调某些特定标准而把一些虽无这些标准但却有真才实学的人排斥在人才范畴之外。过去我们把"中专以上学历、初级以上专业技术职称"作为人才的标准,因为这个标准导致因无这个学历和职称但有能力和贡献的人被排斥在人才范畴之外,同时也容易把有学历有职称但无能力和贡献的人包含在人才范围内。因此,我们必须牢固树立"只要有积极作用和贡献的人就是人才"的观念。

(二)人人都可能成才的人才观

每个人都各有长处和可取之处,问题的关键是有没有识才、选才、用才的体制和机制,有没有识才、选才、用才的领导和单位。这种观念强调每一个人都有可取之处,关键是要善于发现、开发和利用人的可取之处。树立这种观念,有利于我们科学正确地认识和对待当前和相当长的时期内我国人口、人力与人才的问题,有利于从观念上改变"我国人口多、人力过剩,是一个沉重的包袱"等错误观念。不可否认,当前乃至相当长时期内我国的人口和人力总量比较大,但是进行具体分析后我们发现,我国正处于人力资源最丰富的大好时期。对于一个国家来说,不是常有的,往往是几百年才能轮回一次。因此,树立这种观念有利于使我国由人口大国转化为人才资源强国,把人口压力转化为人才优势。人才的形成,一是靠内在的知识、能力的积累,二是靠外在的实践工作表现。只有知识的积累,没有社会贡献,也就不能成为人才。但对社会有贡献的人,一定是知识和能力积累的外在表现。这种积累的方式可能各有不同,有的人是通过学历教育获得的,有的人可能是通过自学、实践锻炼获得的。一般而言,学历和文凭可以表明一个人知识、能力的积累和水平,但并不意味着没有学历和文凭的人就没有知识和能力的积累。因此,对一个人才而言,尽管每个人才的社会贡献不一样,但成才对社会的意义是一样的,而且成才的途径和方式各有千秋。所以,学历教育可以造就人才,社会实践也可以造就人才。谁勤于学习、勇于投身时代创业的伟大实践,谁就能获得发挥聪明才智的机遇,就能成为对国家、对人民、对民族有用之才。《纲要》指出,"完善现代国民教育和终身教育体系,注重在实践中发现、培养、造就人才,构建人人能够成才、人人得到发展的人才培养开发机制。"

(三)培养造就"六支人才队伍"观

新时期社会需要的人才是多种多样的,但可以进行一定的归类。过去我们曾经把人才划分为"三支队伍",即党政干部人才队伍、专业技术人才队伍和经营管理人才队伍,后来也曾经提出"五支队伍",即除党政干部人才队伍、专业技术人才队伍、经营管理人才队伍外,还有劳动技能者队伍、农村实用人才队伍。新时期又出现一支十分重要的人才队伍,即社会工作人才队伍。因此可以归纳为"六支人才队伍"。《纲要》指出，要"统筹抓好党政人才、企业经营管理人才、专业技术人才、高技能人才、农村实用人才以及社会工作人才等人才队伍建设"，培养造就数以亿计的各类人才。

二、人才资源是第一资源观

"人才资源是第一资源"，可以从劳动贡献、收入分配和资产价值三个方面来表现。在劳动贡献方面，工业经济时代的一位熟练工人，只能完成一般工人工作量的 1.5 到 1.6 倍，而今天，一位优秀的软件工程师可以完成普通软件工程师工作量的 30 倍；在收入分配方面，工业经济时代造一辆汽车，其成本的 85％以上是支付给一般工人和投资者的，而在今天，一般工人和投资者的所得仅占 16％，其余 84％支付给了设计师、工程师、战略家、金融家、广告商、营销师和经理人员。随着历史的发展，高科技人才在生产力构成中的作用方式不断变化，重要性不断升级，已经成为最具战略意义的"第一资源"。这与邓小平同志关于"科学技术是第一生产力"的论断也是完全一致的。因此，要充分发挥人才资源开发在经济社会发展中的基础性、战略性、决定性作用，就必须树立如下人才观念：

（一）人才具有无限的智慧和创造力

自古以来，人类为了生存和发展不断地开发地球上的各种资源，经济社会的发展和物质财富的增长在很大程度上取决于对物质资源的直接占有，在对物质资源直接占有中，无不体现了人类的智慧和创造力。可以说，物质资源的开发利用是人类社会发展的基础，而人类智慧和能力的发展决定着对物质资源开发的深度和广度。随着人类自身能力不断提高，科学技术不断进步，社会不断发展，人才资源中人的智慧和创造力的作用显得越来越重要和突出。因此，从马克思"人是生产力中最活跃的因素"，到邓小平"科学技术是第一生产力"，再到江泽民"人才资源是第一资源"，不仅其基本思想是一脉相承的，而且对其核心思想即人是最活跃因素的认识也是越来越深刻。纵观人类社会发展史，实际上就是人类智慧持续增长历史，是人类创造力不断提高并产生巨大作用的历史。人类有着无限的智慧和创造力，这是文明进步的动力源泉。

（二）人才资源是最具增值价值的资源

在人类历史长河中，不同时期、不同经济形态，生产要素的地位和作用有所不同。在农业经济形态时代,最重要的资源是自然资源,如土地、矿藏、石油等。在工业经济形态时代,机械、资本是最重要的资源。在当今新经济形态时代,相对于土地等自然资源和机械工具、资金等资源,拥有知识、智慧和创造力的人才成为推动经济发展的最宝贵资源。新经济的核心资源要素包括科学技术和人才资源,它们是新经济发展的根本推动力量。新经济说到底是人才经济。在新经济形态时代,世界各个国家都已经或正在实现从重物质、重资本到重人才的转变,从依赖物质、资本到依赖人才资源的转变。新经济的到来不仅告诉我们,人类社会的发展将会告别以自然资源、资本为基础的时代,而迎来以知识、人才为基础的时代,它标志着知识、人才将取代自然资源、资本,成为人类发展的最具重要地位的资源。人才作为资源,除本身具有不可替代的价值外,还可以创造更多更大的新价值。

(三)人才资源的开发投资最具投资效益

美国经济学家舒尔茨曾指出,人力资本投资是回报率最高的投资。因为人才资源是最具深度开发价值和最具增值价值的资源。有学者利用 1978—1996 年教育投资与健康投资的数据作为人力资本总投资,计算出每增加 1 亿元人力资本投资,可带来第二年近 6 亿元 GDP 的增加额,而每增加 1 亿元物质资本投资,仅能够带来 2 亿元 GDP 的增加额。显然,人力资本的投资比物力资本的投资所产生的 GDP 的增值效率高出 3 倍。不仅如此,人力资本的投资过少或与物质资本投资不平衡,将严重影响经济社会的发展。2000 年诺贝尔经济学奖得主、现任芝加哥大学经济学教授詹姆斯·赫克曼在北京大学演讲时指出,中国目前对人力资本的投资低于世界平均水平,甚至低于一些发展中国家。中国现阶段存在物质资本投资与人力资本投资比例失衡的现象,将阻碍中国的经济发展。目前我国各级政府把国民生产总值的大约 2.5％用于教育投资,30％用于物质投资。而这两项投资在美国分别是 5.4％和 17％,在韩国是 3.6％和 30％。中国物力资本投资与人力资本二者投资的比例是12∶1,韩国是 8∶1,美国是 3∶1。由此可见我国对人进行投资的支出,远远低于上述国家平均数。人才资源开发投资不仅是收益最大的投资,而且是决定一个国家的潜力能否发挥出来的关键因素,也是一个国家财富状况的最终决定因素。

从我国改革开放三十多年的实践来看,哪个地方重视人才资源、重视人才资本投资,哪个地方的经济社会发展就快。北京、上海、广东、浙江等一些经济较发达城市和地区无一不是通过实施人才战略,加大人才资源的投资,从而取得令人刮目相看的发展业绩的。

三、人才优先观

(一)以人才为本观

坚持以人为本,是对人与自然之间关系认识的重大转变。在以人为本之前,一切都是以物为中心的,由此推而广之,则是以事为中心,以任务、目标为中心,通过制定法律、制度,强制、规范、约束人去达到目标,完成任务,从而忽视了调动人的内在的积极性和创造性这个最为关键的因素,相反把人当作一般生产要素,作为成本进行计算。树立以人为本的观念,必须树立一切以人为中心的观念,一切工作的目的是为了人的生存、进步和发展,一切工作措施是为了调动人的积极性和创造性。人力投资要在现有的投资中点有很大比例。发达国家已占到50%以上,美国的人力资本、土地资本和货币资本的比例为64:20:16。与此形成鲜明对比的是,在中国,如果用13块钱来投资,那么,12块钱是物,1块钱是人,这个比例不是以人为本,而是以物为本。

以人才为本,需要以人为本作为支撑,以人为本是以人才为本的基础和前提。只有全社会形成一个对人的尊重,才有可能对人才的尊重;只有对人有一个积极的态度,才有可能对人才有一个积极的态度。坚持以人才为本,就是一切人才政策、法规、措施都必须有利于人才资源开发。因此,要确立在经济社会发展中人才优先发展的战略布局,充分发挥人才的基础性、战略性作用,做到人才资源优先开发、人才结构优先调整、人才投资优先保证、人才制度优先创新,促进经济发展方式向主要依靠科技进步、劳动者素质提高、管理创新转变。

(二)以用为本观

仅仅只有坚持以人才为本的原则是不够的,因为人才资源的价值只有通过使用、创业才能发挥出来,发挥出来的价值对社会有积极贡献才是真正的人才资源开发。一切把有高学历高职称人才的多少当作政绩来统计,把人才当招牌"养"起来的做法,对个人、社会、单位和国家都是一种损失,是一种对个人、社会、单位和国家不负责任的行为。因此,要把充分发挥各类人才的作用作为人才工作的根本任务,围绕用好用活人才来培养人才、引进人才,积极为各类人才干事创业和实现价值提供机会和条件。要树立鼓励人才干事业、支持人才干成事业、帮助人才干好事业的观念,着力营造尊重劳动、尊重知识、尊重人才、尊重创造的社会环境,着力营造有利于优秀人才大量涌现、健康成长的良好氛围,着力营造想干事的给机会,能干事的给岗位,干成事的给地位的人才资源开发体制,着力营造让一切劳动、知识、技术、管理和资本的活力竞相迸发的人才资源开发机制。这是树立以人才为本观念的具体体现,也是实施以人才为本的战略的重要环节。

(作者单位:中共湖北省委党校)

浅析少数民族干部管理的对策

蒲东恩

摘　要:本文根据党和国家关于培养少数民族干部的基本方针和政策,基于民族自治地区特有的行政环境,对当前少数民族干部管理的对策作简要论述。

关键词:少数民族;干部管理;对策

根据民族自治地区特有的行政环境,加强少数民族干部管理,不仅是当前形势发展的需要,而且是实现民族平等、团结,维护国家统一,促进民族发展,正确处理民族问题、协调民族关系,做好民族工作,解决民族问题的关键。针对当前少数民族干部数量偏少、质量不高、结构不合理等现状,要采取有效的措施,多途径加速培养大批优秀的少数民族干部。可见,加强对少数民族干部的培养和管理具有重大意义。

一、理论学习与实践并重

（一）充分利用各级党校等资源搞好民族干部教育培训

为了全面提高少数民族干部队伍的整体素质,切实抓好少数民族干部的业务知识培训和更新教育,积极有效利用党校、干校和行政学院的教育培训阵地,多形式、多渠道、多层次地培训少数民族干部。鉴于当前少数民族干部整体素质不高,可以每隔一定时期举办适宜少数民族干部民族工作的培训班,正确引导和切实帮助少数民族干部参加自学、函授、脱产学习等多种途径的学历教育,使他们能够自觉主动地不断优化文化结构,提高理论分析能力和领导水平,适应社会经济发展的新需要。

（二）深入学习实践科学发展观,培养少数民族干部

科学发展观是中国特色社会主义理论体系的重要组成部分,是我国经济社会发展的重要指导方针,是发展中国特色社会主义必须坚持和贯彻的重大

战略思想。我们必须充分认识深入学习实践科学发展观的重大意义,始终坚持把科学发展观贯穿于培养选拔少数民族干部工作的各个方面,把促进发展作为培养选拔少数民族干部工作的根本出发点,努力提高少数民族干部的政治业务素质和服务各族人民的能力水平。

深入学习实践科学发展观,培养少数民族干部,主要体现在以下几个方面:

第一,不断增强政治意识、大局意识,始终与以胡锦涛同志为总书记的党中央保持高度一致;

第二,全面掌握我们党关于发展问题的最新理论成果,增强学习实践科学发展观的自觉性和坚定性;

第三,深入学习党的民族理论政策、法律法规和基本知识,牢固树立马克思主义民族观;

第四,坚持立党为公、执政为民,做讲党性、重品行、作表率的模范;

第五,着力强化知识培训和实践锻炼,不断提高业务素质和能力。

知识是干部素质和能力的基础,是提高理论素质的前提。由于历史因素、自然环境和经济发展条件的限制,民族地区特别是民族边远贫困地区,教育基础相对薄弱,干部接受新知识的机会相对较少,干部队伍的科学文化素质与新形势新任务的要求还存在一定差距。要按照大规模培训干部、大幅度提高干部队伍素质的总体要求,按照推动社会主义物质文明、政治文明、精神文明和和谐社会建设协调发展的要求,通过教育培训和实践锻炼,不断提高我们少数民族干部的科学判断形势的能力,驾驭社会主义市场经济的能力,应对复杂局面的能力,依法执政的能力和总揽全局的能力,构建社会主义和谐社会的能力,尽快适应新形势、新任务的需要,创造性地把党的方针政策落到实处,真正推动民族地区经济社会又好又快发展。

(三)加强实践锻炼,积极开展轮岗交流活动

在实际工作中有意识地把培养少数民族干部工作纳入整个干部工作的一个重要方面,采取上挂下派、压担子、交流轮岗等形式,有计划、有步骤地组织少数民族干部到“急、难、险、重、繁”的岗位接受锻炼,进一步提高实际工作能力和业务水平。在不同地区、不同单位和不同部门轮岗交流,丰富少数民族干部的个人阅历和工作经验,提高他们宏观决策水平和解决实际问题的能力。充分利用示范培训基地、特色产业基地、农村党员干部远程教育中心,加强对

少数民族干部全面培训,使他们成为促进民族团结、经济繁荣、社会和谐的主力军。

二、抓好少数民族干部队伍建设

(一)要广揽人才,大胆使用

按照民族区域自治法规定,加大对培养选拔工作力度,使少数民族干部热爱家乡的满腔热情,转化为建设家乡的不竭动力,努力拓宽识人视野、识人渠道。要建立由组织部门牵头,统战、人事、民族宗教部门协调配合的招录、培养、选拔、使用少数民族干部的工作机制。按照公开、公平、竞争、择优的原则,围绕培养、选拔和使用少数民族干部的中心思想,既要从党政机关中发现和选拔有用人才,又要注意从大中专院校中发现和招录,同时还要从企事业单位中发现和选拔。在党政机关和事业单位,推行了中层干部竞争上岗制、轮岗交流制;在科级干部任用上,探索建立主体明晰、程序科学、责任明确的干部选任初始提名制度,探索实名制推荐办法。打破行业、地域、身份界限采取面向社会公开招考等形式,广泛选拔少数民族有用人才,将他们安排到合适的岗位上,用其所长。

(二)注重少数民族干部后备队伍建设

要特别注重选拔经济管理、政法、科技、外贸等方面的少数民族干部后备人才。对少数民族后备干部进行强化定向培养,实行滚动管理,以保持少数民族干部队伍的生机与活力。同时,该县把选派少数民族干部到发达地区、沿海地区挂职锻炼与其他形式的锻炼结合起来,使全县少数民族干部队伍的思想政治素质、科学文化素质和组织领导能力都有较大的提高。

(三)继续坚持积极引进人才战略

必须坚持做好下面几项工作:第一,从复员、转业军人中选留录用干部,并适当扩大选留录用的范围,把他们安排到基层单位工作。第二,从其他地方来本地区支援西部计划、务工、经商等的少数民族青年中,挑选一定数量素质较好、年纪较轻、文化程度较高的,聘用到基层干部岗位。第三,要从民族大中专院校,按比例定向招收少数民族学生,毕业后充实到基层干部队伍中。第四,提倡和引导本地区考入其他地方和沿海高等院校的毕业生回到原籍工作。第五,聘请一些大专院校的专家学者和经济发达地区的管理人才来本地区办科技培训班和知识讲座。第六,要加快本民族地区地区人才市场信息网络建设,建立为民族地区服务的人才信息网站和专场人才招聘会。

(四)确定过硬的干部再教育资金投入制度

从经费上保证培养选拔少数民族干部的任务落实到位。提高少数民族干部整体素质,无论是学历培训,理论、文化知识的培训,还是实践锻炼,都需要相应的资金投入,这些资金都靠各民族地区自己解决有一定的困难,尤其是对于一些贫困边远的民族地区来讲困难更大。这就需要形成一个硬性资金投入制度,对财政如何安排有明确的规定和要求,否则资金安排难以落实。对于资金的来源,除来自于财政资金安排外,应积极向中央争取少数民族干部专项培训资金。此外,要积极探索贫困地区多渠道筹措教育经费的新途径。

三、抓好少数民族干部培养的长效机制

(一)提供空间,充分发挥少数民族人士的作用

要根据少数民族地区的特点,引导少数民族干部以履行本职岗位职责为主,并在此基础上,通过从事一些与其代表人士身份相符的其他工作,了解国情,拓宽视野,邀请少数民族人士列席一些相关会议,聘请少数民族人士担任干部监督员、行风评议员等,更好地发挥参政议政作用,对涉及少数民族干部群众利益的重要事项,应事先听取并尊重他们的意见和建议,使他们及时准确全面地了解党的方针政策,提高执行党的方针政策的自觉性和主动性。

(二)加大力度,做好对少数民族干部的管理和监督

一方面要认真贯彻落实党的少数民族干部政策;另一方面要经常对少数民族干部进行思想作风教育和"警示"教育,及时预防和纠正少数民族干部中可能出现特殊优越意识或消极悲观抵触情绪等不良思想倾向;要在全体干部中牢固树立毛泽东思想民族观,树立各民族团结一致,共谋发展的观念。

(三)强化实践,提高少数民族干部的组织和领导能力

要强化实践锻炼,不断提高少数民族干部的组织和领导能力。实践出真知,实践出干部。实践锻炼是全面提高少数民族干部综合素质的根本途径,只有把这项工作抓好了,少数民族干部的组织和领导能力才能得到提高。

建立健全选派少数民族干部挂职锻炼工作制度,扩大选派规模,积极探索适合本地干部的挂职锻炼方式,加大少数民族干部在上下级机关之间、部门之间、地区之间交流的力度。同时,还要鼓励和引导少数民族干部到改革发展稳定的第一线去工作,注意把那些年纪较轻、有发展潜力的少数民族干部选派到

情况复杂、困难较大的地方去任职。对于那些政治素质好、有发展潜力的少数民族优秀年轻干部要放到急难险重的地方,通过交流、轮岗等方式,进行多岗位锻炼,使他们丰富阅历、积累经验,及早成熟起来。

(四)建立科学的考核机制,促进少数民族干部成长

目前少数民族干部的工作环境条件大多较差,要取得和其他地区干部同样的工作成绩,往往需要付出更大的努力。公务员制度实行后,对所有干部都要进行考核,在对少数民族干部的考核过程中,要全面正确地看待和评价少数民族干部,不能简单地把政绩作为评价少数民族干部的唯一标准。

在具体的考核工作中,要注意以下几个方面的问题:(1)树立正确的考核少数民族干部的指导思想。我们必须认识到,考核少数民族干部的目的是为了发现人才。因此,必须明确考核只是手段,而不是目的,不能用考核标准去"卡"少数民族干部,而是要通过考核,发现人才,促进少数民族干部的成长。(2)制定适合少数民族干部特点的考核标准对少数民族干部进行考核,要把中央组织部、人事部制定的"德、能、勤、绩"标准和少数民族干部的实际结合起来,突出体现少数民族干部的特点。比如,对少数民族干部"德"的要求上,除应坚持四项基本原则,认真贯彻执行党的各项方针政策外,还要看他们能否密切和本民族群众的联系、反映本民族群众正当的利益和要求。(3)从实际出发进行具体考核。在具体实施的过程中,由于历史原因和地理条件的限制,一要注意少数民族干部和汉族干部之间的差别;二要注意不同少数民族干部之间的差别;三要注意同一民族的干部由于居住地区不同而产生的差别,四要注意人口较多的少数民族干部和人口较少的少数民族干部之间的差别等等。只有处理好了这几个问题,才能通过考核使少数民族人才不断涌现出来,达到考核的真正目的,促进少数民族干部的成长。

(五)加强督查指导,防微杜渐

当前党内存在一些腐败现象,在少数民族干部队伍中也存在一些不合格的干部。应加强对少数民族干部的监督,大力推行廉政建设,加大反腐倡廉的力度,完善干部考察制度和责任追究制度,不断提高干部考察质量,纯洁少数民族干部队伍。完善干部任职、辞职等程序和办法,在领导干部任期制、聘任制、辞职制等基础上,落实有关制度和措施,加大对不称职干部的调整力度,解决干部"能下"的问题。严格执行干部地域回避和亲友回避制度,从源头上杜绝腐败的发生。省政府可采取每年组成联合调查组,分赴各市、各部门督促检

查少数民族干部队伍建设工作,跟踪了解少数民族干部的培养锻炼情况和成长情况。对培养选拔少数民族干部工作业绩突出的地方和部门,及时总结经验,认真推广,给予表彰。对应配备少数民族干部而没有配备的,进行通报批评并责令限时配备;对配备数量没有达到目标要求的,及时督促其制定措施,尽快配齐。督查工作的不断深入,将有力地推进培养选拔少数民族干部工作的扎实开展。

　　总之,加快少数民族干部队伍建设是增进民族团结,保障社会安定的需要,也是实现民族地区稳定、构建和谐社会的重要基础。要实现民族地区经济社会的协调发展,实现各民族共同繁荣,就必须着力培养一支优秀的少数民族干部队伍。

(作者单位:中共湖北省委党校)

青年干部成长规律初探

张江江

摘　要：一切事物的发展都是有规律的,青年干部成长也不例外。以自我修养为前提,以注重学习为基础,以理论与实践相结合为途径,以良好环境为保证,是青年干部成长的一般规律。掌握这一规律,对于加速青年干部的健康成长和正确培养具有重要意义。

关键词：青年干部；成长；规律

我国正处在改革发展的关键阶段,能否深入贯彻落实科学发展观,全面推进经济建设、政治建设、文化建设、社会建设以及生态文明建设,推动工业化、信息化、城镇化、市场化、国际化深入发展,全面建设小康社会,实现中华民族伟大复兴,关键在党,重心在干部。青年干部是党的各项事业不断向前发展的坚实基础和重要保障。毛泽东同志把青年比作早晨八九点钟的太阳。胡锦涛同志在党中央共青团第十四次全国代表大会上指出："一个有远见的民族,总是把关注的目光投向青年；一个有远见的政党,总是把青年看作推动历史发展和社会前进的重要力量。我们的民族就是这样的民族,我们的党就是这样的党。"党的事业和国家繁荣发展离不开青年,青年的成长更离不开党和国家的培养。1996 年,在纪念建党 75 周年座谈会上,江泽民同志指出："要把一个稳定的充满活力和生机的中国带进 21 世纪,取决于党的基本理论和基本路线的长期坚持,归根到底取决于广大青年一代及年轻干部的健康成长。年轻的同志必须把自己的命运同祖国和人民的命运紧密地联系在一起,自觉地为建设有中国特色社会主义的伟大事业而奋斗。"事物的发展都有其规律,同样,青年干部成长也是有规律可循的。研究和掌握青年干部成长的基本规律,对加速青年干部的健康成长和正确培养具有着重要意义。

一、以自我修养为前提

内因是变化的根据,外因是变化的条件。青年干部成长要以自我修养为前提。自我修养是指一个人按照一定社会或一定阶级的要求,经过学习、磨练、涵养和陶冶的工夫,为提高自己的素质和能力,在各方面进行的自我教育和自我塑造,是实现自我完善的必由之路。加强自我修养,不仅是青年干部成长的立身之本,也是群众对干部信任度的价值判断标准。青年干部自我修养主要包括政治修养,思想道德修养、作风修养、心理修养等。

毛泽东同志在为《中国农村的社会主义高潮》一书所写的按语中指出,政治是统帅,是灵魂,政治工作是一切工作的生命线。青年干部是党的干部队伍中最年轻、最活跃、最有朝气、最具创造精神的一支力量,关注青年干部成长是党的建设新的伟大工程的关键所在,青年干部的政治水平、政治觉悟、政治立场如何,关系到党和国家的前途和命运。所以,政治修养是青年干部修养的核心,理想信念是政治修养的根本。青年干部要把党性修养与理想信念结合起来,用党的思想理论武装自己。党的十七届四中全会强调,把理想信念教育作为全党学习践行社会主义核心价值观的重中之重。青年干部要追寻党的最高理想,牢记党的宗旨,继承党的优良传统,正确把握政治方向,始终坚持中国特色社会主义政治方向不动摇,行动上始终与党中央保持一致,自觉贯彻执行党的基本理论、基本路线、基本纲领、基本经验和各项方针政策。只有这样,青年干部才能在重大原则问题上,头脑清醒,分得清是非,立场坚定;在关键时刻,顾全大局,经得起考验。

古人云:"人可以一生不仕,但不可一日无德。"可见,青年干部的思想道德修养尤为重要。高尚的道德是一个人的智慧之源、立身之本、立业之基。青年干部要真正努力改造世界观,树立正确的人生观和价值观,而不是把这些话当做口号,做表面文章。青年干部要知道手中的权力是人民赋予的,人民是权力的所有者,真正做到权为民所用。面对社会上种种不良的诱惑,青年干部要能守住自己的道德底线,严格把握住自己,时时警醒自己,不为利所缚,不为权所动,不为欲所惑,把全部心思和精力用在工作上,用在为人民群众谋利益上,老老实实当好人民群众的公仆。

作风修养如何不仅关系到个人素养问题,更重要的是关系到党的形象,关系到我们事业的兴衰成败。在生活上,青年干部要有艰苦朴素、清正廉洁的作风。艰苦朴素的作风,是我党的一贯优良传统。青年干部要做到静以修身,俭以养德,非淡泊无以明志,非宁静无以致远。在工作中,青年干部要有勤奋务实,乐于奉献的作风。青年干部正是处于充满活力的时期,把活力充入到群众中,密切与群众的联系。多讲实话,多办实事,少讲怨言,少想得失。让群众真正感觉到思想上尊重群众、政治上代表群众、感情上贴近群众、行动上深入群众、工作上为了群众。

在一定程度上,情绪、心态决定事业上的成败。所以,青年干部一定要加强心理修养,保证有一个健康的心理。首先,青年干部要强化压力的承受能力。权力地位越高,责任就越大。责任越大,责任心就应越强;责任心越强,对压力的感受越深,精神负担就越重,就能唤起领导者的积极行动,与困难碰撞的机会就越多,锻炼承受力的机会就多。其次,随时调整自己的心态,达到心理平衡。不同青年干部处于不同的工作环境,拥有不同的权利。无论处于什么环境,有多大的权利,青年干部都要随时调整自己的心态,正确对待名利,正确对待自己,正确对待他人,始终保持一种积极向上、健康乐观的心态,积极的方式去看待和处理工作、生活中的一些不如意的事情。只有这样,心灵上才能达到平衡和谐,个人修养才能达到"最高境界"。

二、以注重学习为基础

现在的青年干部,一般都有较高的学历。所以,有的青年干部就会因为不同的原因和理由,忽视了自己的学习。学历并不等于能力,要将学历、知识转化成能力,就需要学习。列宁曾告诫青年一代,要把学习作为第一位任务,学习、学习、再学习。学习是人类进步的阶梯,是中青年干部成长的客观要求,是提高素质的基本途径,更是生存和发展的需要。

坚持学习与善于学习相结合。坚持学习,是青年干部对学习的一种态度。青年干部工作不缺热情,缺乏的是持之以恒的毅力。现在,社会的浮躁已影响到青年干部的成长。古人劝勉后人:"人生易老学难成,一寸光阴不可轻。"青年时代是学习的"黄金时期",青年干部应该养成良好的学习习惯,树立终身学习的理念。当今社会,新知识、新理论需要学习,新情况、新问题需要探索和解决。知识的获得是个日积月累的过程,只有锲而不舍,持之以恒地学习,才能不断地有所进步,不断地有新的收获。青年干部要树立正确的学习态度,明确学习目的,确立学习目标,这是持之以恒学习的根本动力。善于学习,是青年干部对学习的一种能力。有的青年干部学习了,但只是囫囵吞枣,一知半解;有的青年干部为的是拿张文凭,装装样子,撑撑门面,并不具备真才实学。青年干部学习要善于思考,悉其内涵,悟其要义,觅其规律,吸其精髓。青年干部要想学所作为,就要把学习当作一种精神追求、一种精神境界、一种政治责任,这样才能迅速成长起来。

自学与培训相结合。青年干部要利用一切可以利用的机会,减少应酬,排除干扰,坚持自学,挤时间学,做到学习和工作两不误着。青年干部除了自学,还要积极参加强化培训。当前,各级党组织把对青年干部的教育培训工作当做一项事关大局、事关长远的基础性、战略性任务,充分发挥各级党校、干校和各类培训基地的作用,有计划、有针对性地采取灵活多样的形式对青年干部分期分批进行培训,青年干部要积极参加,使自己在政治上更加成熟,能力能力上全面、知识上更加综合,视野上更加开阔。

三、以理论与实践相结合为途径

毛泽东同志说:"如果有了正确的理论,只是把他空谈一阵,束之高阁,并不实行,那末,这种理论再好也是没有意义的。"所以,青年干部工作能力和领导水平的提高离不开坚实的理论功底、广博的学识,更离不开实践锻炼。理论与实践相结合才能使知识通过实践转化和升华为能力。

青年干部要拓宽实践领域,自觉进行多岗位的实践锻炼。无论是革命战争年代,还是改革开放、和平建设时期,到艰苦的环境中去经受实践锻炼,始终是青年干部健康成长的必由之路。江泽民同志强调:"把年轻干部放到一些关键岗位,艰苦环境和情况复杂,矛盾突出,困难较多的地方去锻炼和培养,对他们的提高和成熟很有好处。""年轻干部如果不知艰苦,不经过摔打,很可能成为温室里的花朵,是经不起风浪的。"现在,青年干部一般都有较高的文化水平、较活跃的思想、富于创新精神。但是,他们不同程度地缺乏对基层实际情况的深入了解,缺少怎样去运用党的基本理论和落实基本路线和方针政策驾驭全局、解决复杂问题的经验和能力。只有经过多岗位、多领域的锻炼,青年干部才能走向成熟。

四、以良好环境为保证

领导干部的健康成长离不开良好的环境,良好的环境是领导干部健康成长的重要条件。良好的环境包括社会环境和组织环境等。社会环境是青年干部成长的土壤,离开一定的社会环境,青年干部就是无根之木、无源之水。青年干部健康成长的社会环境主要包括机遇、良好的人际关系、和谐的家庭等。

机遇总是为那些有准备的人而准备的。时势造英雄。青年干部要善于把握机遇,用自己敏锐的洞察力,准确的判断力,把握住每次机会。良好的人际关系对于青年干部的健康成长具有重要影响。青年干部在工作和生活中不仅要善于沟通,而且要真心诚意,善待他人。善待他人,其实就是善待自己。中国有句古语:授人玫瑰,手留余香。只有善待别人,真心诚意地帮助别人,才能处理好人际关系,为自己的健康成长创造一个良好的人际环境和工作环境。俗话说:家和万事兴。青年干部的事业与家庭是紧密联系在一起的。青年干部要摆正事业与家庭的位置,使和谐的家庭成为自己健康成长、做好工作的动力源泉。

青年干部的健康成长离不开良好的组织环境。良好的组织环境也是青年干部健康成长必不可少的重要保证。良好的组织环境主要包括正确的干部路线、严格的组织培养、科学的干部制度等。

毛泽东同志说:"政治路线确定之后,干部就是决定的因素。"中国共产党在长期的革命斗争中,不断总结党的干部队伍建设的经验,确定了"任人唯贤"的干部路线,反对"任人唯亲",坚持"德才兼备"的原则。在全面贯彻落实科学发展观,坚持以人为本,实施人才强国战略,为青年干部的健康成长提供了良好环境保证。

一个青年干部的成长,组织的培养非常重要。青年干部的成长正处于"黄金时期",正是他们施展才华的时候。各级党组织为他们的成长铺路架桥,提供展示他们才华的"舞台"。古人云:"经世之道,识人为先。"组织通过搭建平台,让青年干部大胆去闯,去干,从中发现人才。把有潜力大的青年干部,早一点放到有利于其成长和发挥作用的工作岗位进行培养锻炼,并有意识地让年轻干部在现职岗位上多承担一些急难险重任务。通过早压担子、多压担子、压重担子,帮助他们在工作中扬长补短,加快成长。

组织从发现人才,培养人才,到任用人才,每一步都对青年干部的成长至关重要。各级组织制定和完善科学的干部制度包括科学的选拔制度,考核制度,监督制度等。科学的选拔制度,摆脱传统选拔机制的束缚,通过公开、公平、公正的原则,面向社会公开招聘青年干部,形成机会均等、优胜劣汰的竞争环境,为青年人才的脱颖而出、健康成长创造更有利的条件。科学的考核制度,就是坚持"四化"方针和德才兼备原则,按照科学发展观和正确政绩观的要求,建立科学的青年干部考核评价标准。科学的监督制度,通过健全政务公开、信访、任期审计、重大事项报告等方面的制度,规范权力运行,规范干部行为,保证青年干部队伍政治上靠得住、作风上过得硬。

(作者单位:中共湖北省委党校)

美国引进高层次创新型科技人才的政策及启示

曹　欢　郭朝晖

摘　要:高层次创新型科技人才是推动国家科技创新和科技事业发展的决定性力量。美国作为世界头号强国,其引进高层次创新型科技人才的政策对我国建设创新型国家具有一定的参考借鉴作用。本文在对高层次创新型科技人才进行界定的基础上,分析美国的高层次创新型科技人才引进政策及其特点,得出一些主要的经验和启示。

关键词:美国;科技人才;创新

当今世界各国,综合国力的竞争越来越体现为科技的竞争,科技人才越来越成为科技发展的决定性因素。美国著名经济学家舒尔茨教授指出:"人类的未来并不取决于空间、能源和耕地,而将取决于人类智力的开发。"谁拥有更多更好的人才,谁就能在竞争中取得主动、赢得未来。根据 2008 年中国科协发布的《中国科技人力资源发展研究报告》,中国当前科技人力资源总量已经达到 4246 万,略高于美国的 4200 万,低于欧盟的 5400 万,已经是世界上科技人力资源第一大国。但是,中国还远远不是一个人才强国,中国人才资源仅占人力资源总量的 5.7% 左右,而高层次人才资源仅占人才资源总量的 5.5% 左右。高层次创新型科技人才的不足,已经成为制约我国科技创新和科技进步的瓶颈。美国作为世界头号强国,它的历史不过 200 多年,却拥有世界上 1/2 的博士、1/3 的硕士和 1/4 的学士,美国拥有的世界顶级科学家占全世界的一半还多,是中国的 200 倍,其引进高层次创新型科技人才的政策对我国增强综合国力,建设创新型国家具有一定的参考借鉴作用。

一、高层次创新型科技人才的界定

古往今来,关于人才概念的解释源远流长、丰富多彩,但却很难形成一个严谨、规范,被各界广泛认同的定义。为了解决实际工作中对人才划分这一问题,1982 年《国务院批转国家计划委员会关于制定长远规划工作安排的通知》中规定:"专门人才的界定包括以下两类人:一是具有中专或中专以上学历者;二是具有技术员或相当于技术员以上专业技术职务者。"这一规定逐渐成为我国政府对于人才概念的界定并被长期沿用。随着社会对于人才种类需求的日趋多样化、多元化,原有的以学历和职称作为评价标准的人才概念难以适应时代要求,为解决这一矛盾,2003 年《中共中央、国务院关于进一步加强人才工作的决定》提出了新的人才概念:"只要具有一定的知识或技能,能够进行创造性劳动,为推进社会主义物质文明、政治文明、精神文明建设,在建设中国特色社会主义伟大事业中做出积极贡献,都是党和国家需要的人才。"2010 年我国在《国家中长期人才发展规划纲要(2010－2020 年)》中指出,人才是指具有一定的专业知识或专门技能,进行创造性劳动并对社会作出贡献的人,是人力资源中能力和素质较高的劳动者。人才是我国经济社会发展的第一资源。

科技人才是指具有良好品德和科技才能,从事或有潜力从事科技活动,能够进行创造性劳动,并在工作中做出一定贡献的人员。高层次创新型科技人才通常是指那些具有非凡创造力并做出巨大贡献的科技人才。这些科技创新人才无论在理论上还是在实践中都取得了重要科技成果或重大经济社会效益,对科技进步、经济建设和社会发展做出了重大贡献,是知识比较深博、专业比较精邃、学术上有较高造诣、研究开发中有较大建树的科技创新人才。我们认为,高层次创新型科技人才主要包括:(1)享有院士、科学家等学术界最高荣誉称号的领军人物;(2)各学术技术领域的带头人和在国际上有影响的科技帅才;(3)国家有突出贡献专家、国家主要科技奖励获奖者,国家重要项目的首席科学家;(4)重大科技成果、专利的发明人,著名企业的技术研发负责人;(5)在国际上公认的权威期刊上发表有价值论文并有高引用率的第一作者等。这些高层次创新型科技人才具有以下几个共同特征:一是高端性,处于人才金字塔结构的顶端位置,是本行业、本领域中的顶尖科技人才;二是稀缺性,数量相对较少,属于稀缺人才;三是创造性,能够创造出新的有价值、有影响的科学技术、发明专利等;四是典范性,在自身获得重大成就的同时,还能在其所在团队和领域起到很好的示范作用,可以带领或激励一大批人的成长。

二、美国引进高层次创新型科技人才的政策分析

随着科学技术的迅速发展,知识、科技成果、技术创新已是经济增长中不可或缺的重要因素,科技人才作为科学技术的一种重要载体,已成为决定一个国家综合实力的战略性资源,科技人才争夺已经成为全球竞争的焦点。在发展国家经济和增强国家实力的过程中,美国政府长期以来奉行人才引进战略,从世界各地网罗人才尤其是高层次创新型科技人才。二战后美国取得的科技成果中,有80%是由引进的外国人才完成的。美国核武器的研制、《阿波罗登月计划》的实施、计算机的诞生和应用,在很大程度上,都是依靠移居美国的科学家们实现的。事实上,争夺高层次创新型科技人才,已经成为美国同世界其他国家进行角逐的中心任务。尤其是从20世纪90年代开始,美国政府加大吸引国外科技人才的力度,通过移民、留学生、国际交流与合作等政策从全世界吸引了大批高层次创新型科技人才,为美国的利益服务。

(一)职业移民政策

美国是世界上最大的移民国家,技术移民历来就是美国人才队伍最重要的来源之一,美国政府通过制定职业移民政策吸引高层次创新型科技人才。H-IB签证是美国给具有特殊专长的外国人签发的入境证件,允许具有学士学位或更高学位的外国人到美国工作。随着科学技术的发展,美国对高层次创新型科技人才的需求与日俱增,H-IB签证的数额也在不断扩大。与此同时,美国还把"杰出人才绿卡"作为吸引高端人才的一项重要政策即授予非美国籍专业工作人士在美永久居留权,并允许其带入家人一起生活从而达到留住高端人才的目的。持有美国绿卡或护照的高科技人才,可以跟美国本土科学家一样平等申请和享有政府提供的各种基金和奖励。2006年6月6日联合国发布世界移民报告:2005年全球移民人数达到1.9亿人,在这近2亿的全球移民中,有1.15亿人流入发达国家,0.75亿人流入发展中国家,其中近1/5的移民流入了美国。据2003年统计,美国外来移民总数达到3520万人,占美国总人口的11.7%,每年大约有160万移民进入美国,其中技术移民的比重逐年上升,全世界40%的技术移民流向美国。2003年美国科学与工程学相关领域的从业人员为2160万人,其中335万为移民,占16%。这些技术移民中已入美国籍的外国出生公民占63.6%,持绿卡的外籍永久居民占25.6%,持临时工作签证的外国公民占10.8%,有2/5的移民在来美时已在国外拿到最高学位,他们是高层次的技术移民,1/5的移民在国外及美国两地拿到学位,还有2/5的移民是在美国拿到学位,他们是美国国际学生的重要来源。在全部科学及工程学领域从业的移民中,有9%获得博士学位,而美国公民的从业人员仅为 4%,移民从业人员的学位水平明显高于美国公民从业人员。

(二)留学生政策

美国从 1946 年开始实施《富布赖特计划》,每年通过提供奖学金接受各国学生及学者赴美学习。吸引外国留学生、聘用外国专家学者充实科研队伍一直是美国高等教育的基本政策,也是美国引进高层次创新型科技人才的重要举措。2004 年全世界近 40% 的国际学生来美学习,其他接受国际学生较多的国家分别为英国、德国、法国、澳大利亚。2006—2007 学年美国接受国际学生58.3 万人,其中印度学生达 8.4 万人,稳居榜首,其次是中国和韩国。外国学生在美国高校毕业后,多数留在美国继续深造或工作,其中有一半人定居美国,这些人很多成为美国科技界的中坚骨干力量。据统计,1992—1995 年有68% 的非美国出生的博士留在美国工作与深造,2000—2003 年这一比例上升到 74%,其中学成留美比例最高的国家为中国和印度,而日本、韩国、法国、意大利、西班牙等国的学生在美学成后则大多返国,2006 年全美共有 15947 个博士学位授予非美国出生的公民,这一数字占博士授予总数的 37.2%,而在科学及工程学专业这一比例达到 45.2%,其中工程学专业达到 67.7%,特别是电子工程专业更高达 77.2%,在全部科学及工程学博士学位授予者中,中国学者占 26.6%,印度占 10.4%,韩国占 7.4%。2006 年授予美国本土出生公民的博士学位数量占总数的 62.8%,其中大多数集中于非工程技术领域,例如教育学专业的博士学位授予者占 87.1%;而在高层次科学技术人才中,非美国出生的科学家与工程师占优势的趋势还在进一步升级。2006 年美国科学与工程学博士学位的授予者有 78% 为非美国本土人士,而其中增速最快的是中国、韩国及日本人。

(三)国际合作与交流政策

美国实行国际学术交流合作政策已经多年,大量的访问学者通过 J1 签证赴美进行深造、研究,这里面蕴涵着丰富的科技人才,他们直接为美国的科技进步作出了贡献。J1 签证即交流访问学者签证,系美国移民局发给外国人赴美进修、从事合作研究的一类签证。据不完全统计,目前在美国高等教育机构及科研单位工作的外国访问学者已达 7 万—8 万人之多。美国的 750 多个联邦研发实验室中大多都招聘与引进了外国高层次的科学家。在美国重要大学和科研机构中,60% 以上的学术带头人是外国出生的专家。从赴美外国学者在各专业领域的分布情况看,绝大多数外国学者到美国主要从事自然科学方面的学术交流与研究活动,特别是在生命与科学、医疗科学、物理科学、工程 4个专业领域,反映出在这些领域中美国的国际交流合作活动比较活跃;从1999-2000 学年到 2003-2004 学年在上述 4 个专业领域工作的外国学者平均占总数的 68.0%,其中 5 年当中,外国学者累积分布最多的专业为医疗科学领域,平均达到 24.8%;然而该专业领域在近 2 年中却显示出不断下降的趋势,从 2001-2002 学年的 27.4%降至 2003-2004 学年的 20.8%,年均下降 3.3 个百分点。最近 5 年中而在生命与生物科学、工商管理、计算机与信息科学专业领域,外国学者的数量比例呈现逐渐增长的趋势,特别是生命与生物科学领域,从 1999-2000 学年的 16.8%增至 2003-2004 学年 23.2%,年均增长 1.6 个百分点,体现了最近一段时期美国在这个领域加强了国际间的交流和合作,同时在一定程度上也可以认为引进赴美外国学者的政策是服从于美国的科技战略的。

三、主要经验及启示

美国凭借着其在政治、经济、科学和文化上的巨大优势,不断根据国内经济、科技发展的需要,通过采取增加职业移民、招收外国留学生以及开展国际间的交流与合作等多种措施,吸引国外高层次创新型科技人才为美国的经济发展服务。应该承认,通过吸引国外科技人才的政策,美国每年从全世界吸引数十万世界顶尖科技人才。目前外国人在美国拥有科技领域博士学位人群中的比例已超过 1/3,在科技领域工作的外国人比例也将近 1/4。外国科技人才已经成为美国科技人力资源的重要组成部分,并为美国的经济和科技发展起到巨大的推动作用。美国引进高层次创新型科技人才的政策背后是以"四高"为标志的成熟的具有美国特色的人才价值实现机制,即:高普及性的高等教育与社会培训体系、高门槛的技术人才移民、高配置的市场配置机制和高效率的企业用人制度。而高度发达的教育与科研体系、良好的工薪待遇与工作及生活条件、高度开放与包容的社会环境以及个人成才的广阔空间与机遇则是美国成功吸引外国人才的关键优势因素。

美国引进高层次创新型科技人才的成功经验表明:(1)科技人才优先的发展定位是强国之本;(2)包容并蓄的移民文化是全球精英为其所用的重要原因;(3)高校与企业的无缝对接是科技人才价值得以实现的主要途径;(4)法制

理念与市场体制是构建良好人才生态环境的基础。我国最近颁布的《国家中长期人才发展规划纲要（2010－2020年）》已经明确提出，围绕提高自主创新能力、建设创新型国家，以高层次创新型科技人才为重点，努力造就一批世界水平的科学家、科技领军人才、工程师和高水平创新团队，注重培养一线创新人才和青年科技人才，建设宏大的创新型科技人才队伍。要实现这一目标，参考美国的经验，我们应该关注以下几个方面的内容：

第一，不断建立和完善吸引国际高层次创新型科技人才的法律制度。国家应尽快加强在吸引国外科技人才方面的各项法律制度建设，以适应市场经济和经济全球化的内在要求，为国际科技人才的流入创造良好的法制环境，使政府在制定人才政策方面做到制度化、规范化、透明化。涉及到的技术移民政策应该越来越细化、针对性越来越强，而且行之有效。

第二，加强吸引国际高层次创新型科技人才政策的多样化、层次化。国家应在原有政策的基础上，不断扩宽吸引国际科技人才的渠道，针对国际科技人力资源的特征差异，分别采取不同的人才引进政策，并保持各项政策之间的协调性和系统性，从而形成一个多样化、多层次的人才引进机制，提高国际科技人才引进政策的实施效率。

第三，建立良性的、符合高层次创新型科技人才的价值发挥规律的激励机制。在"官本位"习气的影响下，许多科技工作者热衷于担任行政职务，因为行政职务有利于争取更多的科研经费和科研奖励，但是繁杂的行政事务却极大的分散了科技人才的时间和精力，严重影响本职科研工作。因此，要减少用行政职务去激励高层次创新型科技人才的做法。

第四，为高层次创新型科技人才创造良好的环境。这里的环境包括软环境和硬环境两个方面，软环境指的是精神层面为他们提供更好的条件，如建立科学、客观、公正的人才评价机制，营造尊重人才的社会文化氛围，深化促进人才流动的社会保障机制等。硬环境则是持续改善高层次创新型科技人才的科研工作环境，提高物质待遇和生活条件，实现收入与工作成果相符合。

（作者单位：湖北工业大学，武汉科技大学）

领导干部考核中的"民意失真"问题及对策探讨

王光华

摘　要: 群众公认,就是为大多数群众所认可和拥护。坚持群众公认原则,就是在干部工作中充分相信和依靠群众,并让群众参与对干部的推荐和考察工作,选拔任用那些得到大多数群众拥护和赞成的干部。但是,任何政策都不可能是十全十美的,在落实政策过程中都存在一个"度"的把握和不断改进和完善的问题。从实践操作层面上看,群众公认原则有时可能是各个利益关联者博弈的结果,甚至也有被人为操弄的可能性。因而"群众公认"有时也有"认"得不准的情况,民意测验中的民意常有"失真"的问题。我们看重群众公认,但不能迷信群众公认。对群众公认原则应该正确理解、准确把握、认真分析、理性看待、科学运用,采取措施防止和纠正民意失真问题,真正把德才兼备的优秀人才选拔出来。使"下的干部本人心服,上的干部群众佩服,调的干部社会信服"。

关键词: 群众公认;民意失真;干部考核

胡锦涛总书记在十七大报告中明确指出:坚持正确用人导向,按照德才兼备、注重实绩、群众公认原则选拔干部,提高选人用人公信度。正确的政治路线确定之后,干部就是决定的因素。而群众公认原则作为选拔干部的一条重要原则越来越受到广泛重视和关注。群众公认,就是为大多数群众所认可和拥护。坚持群众公认原则,就是在干部工作中充分相信和依靠群众,并让群众参与对干部的推荐和考察工作,选拔任用那些得到大多数群众拥护和赞成的干部。

实践证明,"群众公认"是选拔任用干部的一项重要原则,是党的群众路线在干部选拔任用工作上的具体体现,是指获得大多数人的认同。坚持"群众公认"原则,搞好民意测验或民主推荐干部,有利于发扬民主、调动群众参与和监督干部人事工作的积极性,有利于领导机关正确识人、选人、用人,有利于克服和纠正在干部选拔任用上的不正之风。在正常情况下,不出意外,得票多,群众公认为优秀干部;得票少,群众不公认。但是,毋庸置疑,由于干部个人特点的差异性,具体单位情况的复杂性和群众成份的多样性,特别是由于一些非正常因素的干扰,"群众公认"往往也有"认"得不准的情况,民意测验中的民意常有"失真"的问题。这种不正常的现象,尽管是少数的、个别的,但如不引起高度重视,并在实践中加以预防和纠正,必将失去"群众公认"原则的本来意义,干扰"群众公认"原则的正确贯彻实施,导致识人、选人、用人上的失误。

一、"民意失真"现象分析

(一)有棱角的干部容易"失真"

这些干部棱角分明,原则性强,敢于触及矛盾,处理问题果断,刚直不阿,疾恶如仇,善于谋事,而不善于谋人,干了不少好事和苦事,却落不下好口碑。这类干部,一些群众不理解,少数人嫉妒,个人利益受到损害的人不满意,往往在民意测验或民主推荐中得票不高。这种"民意"充满"醋意",某些平庸无能之辈,自己不思进取,又怕别人出头,所以,你越是优秀他就越不投你票。

(二)"老好人"干部容易"失真"

一些干部奉行"好人主义",遇到矛盾绕着走,碰到困难就撒手,在群众中喜欢说一些丧失原则的"小话"、"好话",甚至拉拉扯扯,称兄道弟,把正常的同志关系搞得庸俗化,换取廉价的认同和信任。这类干部容易被部分同志误认为"没架子"、"平易近人"、"联系群众",在一定情况下民意测验或民主推荐得票较高。这种"民意"变为"情意",无论你德才素质如何,只要对我有好处,我就投你票。

(三)干事少的干部容易"失真"

少数干部处事圆滑,工作主动性不强,正像"走的路少碰的石头也少"一样,得罪的人少。群众对他们虽印象不深,但绝对没有坏印象,因此,有时得票也不少。这种"民意"变为"随意",随波逐流,闭着眼睛打勾。

(四)做"小动作"的干部容易"失真"

个别干部求官心切,利用民主测评、民主推荐前的机会,或请客送礼,或封官许愿,搞幕后交易,拉票贿选。这种人有时得票也比较高。这类情况被媒体揭露的不少。这种"民意"成了"情意",无论你德才素质如何,只要对我有好处,我就投你票。

(五)被使了"绊子"的干部容易"失真"

一些干部工作兢兢业业、认真负责,影响了一些人的既得利益。受影响的人出于个人目的,搞串联,做小动作,煽动一些不明真相的群众投负面票,导致这些认真工作的同志正面票数不高。这种"民意"成了"恶意",把民主推荐当成了发泄私愤的机会。

上述"民意失真"的几种主要情况,虽不是很多,也不够普遍,一般也不是同时出现,但影响很坏,后果严重。它破坏了"群众公认"原则的正确贯彻实施,严重挫伤了一部分积极工作干部的积极性,损害了党的群众路线的发扬;同时,真的民意得不到反映,也伤害了广大群众的感情,导致上级机关用人失准,影响了党组织的形象和威望。实践证明,用错一个人,就会挫伤一大批人的积极性,甚至会带坏一种风气,从而败坏党风,带坏民风。为此,必须坚决克服和纠正。

干部选拔是一项技术"含量"很高的专业性工作,绝非简单地以票取人。如果片面追求"群众公认",容易激发干部的取悦迎合大众心理,作政治秀和哗众取宠。因片面追求群众公认可能会引导干部借鉴演员在舞台上追求"台缘"的作法,作秀和哗众取宠。在台上,大搞"花架子",大做政绩广告。在台下为了博取群众好感和人缘,放弃严肃的政治和纪律原则,当老好人,说老好话,为局部利益,办一些无关痛痒小恩小惠的事。而不敢负责任,不敢挑担子,不敢得罪人,不敢坚持原则,不谋求做有利于全局和长远的大事。片面追求"群众公认"还可能导致不正当竞争甚至于恶意竞争。少数用心不正的干部会为了达到个人目的,热衷于拉帮结派,搞"小团体"建关系网,吃吃喝喝,拉拉扯扯,封官许愿,搞庸俗的关系学,甚至于贿赂拉选票。更有甚者为达到个人目的,恶意攻击竞争对手,散布流言蜚语,造谣惑众,歪曲事实,颠倒黑白,混淆视听,以降低对手"公信度"来抬高自己声誉。或采取极端手段,以暴力威胁选民投自己的票。

二、"民意失真"原因分析

(一)社会因素

在建立社会主义市场经济体制的过程中,一些同志的世界观和价值观发生了扭曲,是非观念模糊,原则性不强,往往从个人利益得失出发判断是非,评价干部。这是产生"民意失真"的社会土壤。

(二)单位因素

个别单位风气不正,自由主义盛行,正气不足,邪气较旺,搞团团伙伙很有市场。因此,民意测验或民主推荐的结果很难实事求是地反映事物的本来面目,使得"坏人不臭,好人不香",导致"民意失真"。

(三)组织因素

在干部考核中,民意测评、民主推荐是一项十分严肃、严密的工作,但有时在一定情况下,受多种因素影响,组织不够严密,计划不够精心,容易被个别别有用心的人钻空子而导致"民意失真"。

(四)个人因素

个别同志心术不正,官欲甚大,为了达到个人目的,不择手段,或拉票贿选,或使人以绊,从而达到个人目的;有些干部尽管工作积极,热情很高,但不太讲究工作方法,重谋事,不重谋人,会做事,不会做人,失去群众,得票不高。

三、防止和纠正"民意失真"的对策

(一)科学把握"群众公认"原则

要坚持群众公认原则,必须正确把握"群众"的广泛性和代表性。一是正确把握"群众"的范畴,确保公认具有广泛性。所谓广泛性,是指参加推荐、评议、测评和考察的人员要保证按规定范围参加,具有一定规模和数量。防止参与主体被一些非正常因素所影响,要创造让参与主体独立自主表达意愿和建议的环境和氛围,最广泛地征求不同层次群众对被推荐者、被评议者和被考察对象的看法,从参与主体上防止和克服可能出现的"公认不公"现象。二要注意处理好"大'群众'"与"小'群众'"、"个别'群众'"的关系,即群众内部的关系。"群众"一词在不同的场合有着不同的含义,在党组织面前,其他党派、所有的党员、干部、工人、农民都是群众;针对上级,下级就是群众。在同一场合下,也要注意代表大多数群众意愿的"大'群众'"和代表少数群众意愿的"小'群众'",或个别群众意愿的"个别'群众'"之分。个别群众、"小'群众'"不能代表"大'群众'",个人意见不能代表群众意见。所以,小单位、小团体群众公认"最优秀、最适合"的人选,拿到更大的范围去比较和评判,就不一定是"最优秀、最适合"的人选,也许还有更"优秀"、更"适合"的人选。三是坚持群众公认原则,必须正确把握民主推荐与测评的公正性。考察干部是对干部从感性到理性、从现象到本质、从片面到全面的认识过程。因此,要灵活运用民主推荐、民主评议、民主测评和组织考察等方式。既可采取突然袭击、随机进行,也可采取定期不定期地开展经常性活动。组织推荐、评议、测评和考察前不作任何

通知,并尽量缩短从制定工作方案到具体实施的时间,这样更有利于防止出现打招呼、拉选票、做手脚等现象的发生。

(二)加强教育,珍惜权利

要教育干部群众增强民主法治意识,以对党、对事业、对个人高度负责的精神,珍惜手中民主权利,正确履行职责,投上神圣负责的一票。投票既是一种权利,更是一种责任;既是对被测评同志的一种检验,也是对投票者本人的一次考验。因此,必须处以公心,坚持实事求是的态度,不能以自己的好恶分亲疏,更不能投感情票、关系票、个人利益票,做到权利与责任统一,客观、公正反映情况。

(三)精心准备,严密组织

上级有关部门要对民意测验和民主推荐进行周密准备,确定参与人员范围,维护好会场秩序,及时掌握动态。特别要注意做好测验和推荐前的保密工作,事前不打招呼,不露迹象,最好采取"突然袭击"方式,尽可能在较短时间内召集人员,以使个别动机不纯者,失去"战前动员"的时间和条件,至少使其受到很大限制,从而力求民意的准确和真实。

(四)明确纪律,严肃查处

发现有拉票或搞非组织活动的,一经查实,不论得票多高,一律宣布无效;同时,视情节给予搞非组织活动者严肃批评教育,直至纪律处分。

(五)立体考察,多方求证

推荐、评议、测评和考察结果,一定程度上反映了干部在群众中的公认度,反映干部德、能、勤、绩、廉等方面主要表现,是干部选拔任用的重要依据之一。但由于群众看问题的角度和思考问题的方式各有不同,对干部的评价也难免存在局限性、片面性甚至出现偏差或偏激现象。因此,必须注意科学分析可能导致失真、失实的各种因素,防止简单的以票取人,要进行深入细致的调查核实,给干部一个客观公正的评价,还其本来面目。这样既可以保证群众公认的公正性和真实性,又有利于识别人才,有利于干部的健康成长和进步。

上级组织一定要坚持历史、全面、辩证地看待和评价干部。实践告诉我们:才干越高的人,其缺点往往越多。一个有能力、有才干的干部,难免显得过于自信;一个有毅力、有倔劲的人,难免有时主观和武断;一个思想解放、勇于创新的人,难免有时考虑问题不够细致;一个善交际、有办事能力的人,可能显得世故和圆滑;一个思想深邃、勤于思考的人,有时显得沉默寡言,难以接近,等等。因此,评价干部必须看主流、看大节,必须坚持实事求是和具体情况具体分析,去伪存真,从而得出正确结论。在考核的具体工作中,既要重视民主测评和民主推荐结果,又不唯其得票高低,简单地以票取人;既要重视考察的情况,又要注意平时掌握了解的情况;既要以民意测验和民主推荐的形式了解干部,又要注重个别谈话,召开座谈会等形式了解情况;既要听取组织人事部门意见,又要征求纪检、监察部门和其他部门的意见;既要了解被考察对象个人情况,又要考虑所在单位和部门人为因素的影响。通过多方求证,党委和政府有关部门才能从丰富多彩、千姿百态的"民意"中,淘出"群众公认"的真金,把那些德才兼备、群众公认、政绩卓著的干部选拔出来。才能真正使"下的干部本人心服,上的干部群众佩服,调的干部社会信服"。

任何政策都不可能是十全十美的,在落实政策过程中都存在一个方式方法问题,存在着"度"的把握问题,存在着不断改进和完善的问题。在实践操作层面上看,群众公认原则是很复杂的问题,它有时可能是各个利益关联者博弈的结果,甚至也有被人为操弄的可能性。因而这样的民意有时也会偏颇,这样的"公认"有时也"不公"。我们看重群众公认,但不能迷信群众公认。对群众公认原则应该正确理解、准确把握、认真分析、理性看待、科学运用,只有将坚持群众公认和注重实绩有机地结合起来,才能真正把德才兼备的优秀人才选拔出来。

(作者单位:中共十堰市委党校)

改进人才管理方式之微探

李永周　彭　璟

摘　要：在激烈的市场竞争环境下，企业的竞争说到底就是人才的竞争，因此企业应站在更高的高度来对待人才的管理。本文分析了企业人才管理现状，指出在招聘、绩效管理、培训工作中存在的问题，并针对这些问题提出了具体的解决措施。

关键词：企业；人才；管理

在激烈的市场竞争环境下，企业面临着重重困难，如何在市场竞争中立于不败之地是每个企业都在思考的问题，而市场经济的竞争归根到底还是体现在人才的竞争上，无论是企业效益的提高还是企业的长足发展都取决于人。因此，人才的管理是企业管理中一项非常重要的任务。

一、企业人才管理的现状和存在的问题

招聘有用人才，开发人才的最大潜能，发挥人才的长期优势，留任关键人才是人才管理的核心问题。但是从北森关于《2010 年中国企业和人才管理现状与发展》的调查报告中可以清楚看出企业在人才管理建设方面并不完善，很多问题都困扰着人才管理的有效实施。

1.企业招聘中的问题。招聘的过程就是企业选苗的过程。从源头上选好苗是企业储备人才、发展人才的重要基础。但是在调查中发现 44.5％的企业难以找到合适的人才，33.3％的企业对候选人的评估缺乏行之有效的评价手段，28.3％的企业缺乏有效的手段吸引人才。

2.企业绩效管理中的问题。绩效管理是人才管理各个环节中的核心议题，是为了对员工的培训、薪酬、职业规划、继任计划提供有力依据，激励和帮助员工取得更好的发展，从而进一步提升个人与组织绩效。但是调查中发现企业缺乏合理的绩效目标、绩效考核流于形式、员工对绩效考核有抵触情绪

等。

3.企业培训中的问题。培训是为了使员工的知识、技能、工作方法、工作态度以及工作的价值观得到改善和提高，从而发挥出最大的潜力提高个人和组织的业绩，推动组织和个人的不断进步，实现组织和个人的双重发展。但是在调查中发现企业对培训投入力度不够、培训无法达到企业预期的效果、培训人员有流失现象。

二、企业人才管理问题的原因探析

笔者以为造成这些问题的原因主要有以下几点。

1.招聘管理体系不健全。首先，招聘前期没有进行一个有效的规划，下面部门报什么就被动地招什么，没有和企业战略与总体人员需求状况联系起来做一个长期的打算。其次，没有选择适合的招聘渠道，招聘人员组建的不合理或没有对招聘人员进行正规培训。再次，无法正确地评估人才，缺乏有效的人才测评手段。最后，没有对留用人员进行跟踪评估从而无法及时反馈招聘中出现的问题。

2.绩效管理制度不完善。一是企业没有建立一个行而有效的绩效目标。二是部门经理观念认识上有误区，他们认为绩效考核就是人力资源部门的事，造成职责权限混淆不清，没有正确运用自己的权限。三是企业没有给予员工充分的尊重、解释和辅导，无法让他们感受到绩效评估所带来的价值，从而导致他们对于绩效考核的抵触。

3.培训工作不规范。首先是由于企业对人才培养的重视程度不够，只喜欢用人而舍不得投资，对培训的目的认识错误。其次是由于对人员和组织的需求分析不够，针对性不强，培训方式和内容选择的不合理、讲师选择的错误、培训后没有给予反馈而无法做到下次培训的改进，从而导致的培训效果无法达到组织的期望。最后是由于没有建立违约处理机制和搭建心理契约而带来的人才流失。

三、企业人才管理的改进措施

（一）加深人才管理的认识

所谓人才管理，就是通过有效的技术和管理手段去招募、识别、发展、管理和留任关键人才，从而帮助企业和个人最佳地发挥其长期优势，为组织提供持续的人才供应。因此它是将合适的人、合适的工作、合适的时间连接起来的人才供应链。企业领导人应充分理解其内涵,把它作为企业管理中一项非常重要的任务来对待。

(二)构建有效的招聘体系

1.企业人才需求分析。首先要和高层领导及各个部门经理进行有效沟通,并结合企业的长期发展战略、企业内外环境条件的变化和企业现有人员的分析,共同探讨总体的人才需求状况,然后根据各个部门提供的数据和切实的考察,制定出详细而系统的人才招聘计划,包括招聘策略,拟录用人员数量、质量、层次和结构,科学、明确、完整的岗位说明书,甄选人才的办法、招聘费用预算等内容,为后面的招聘工作的顺利开展提供有力依据,也可以降低招聘出现重大失误的概率。

2.选择合适的招聘渠道。企业要探索符合本行业和本专业的人才需求特点的招聘渠道,因为不同的渠道能够招到不同的人才。(1)网上招聘,不仅影响面广,而且人才储备量非常大。(2)人才大市场、集市式的招聘会招聘,对于各式各样人才的选拔颇为有利。(3)行业、专业性较强的招聘会,通常在行业内进行,成功率较高,比如由某行业的领头企业发起,便于招收一些专业性更强的精英人才。(4)资质和信誉较好的猎头公司,他们招聘的针对性强、有保障。每个职位都会提供四五个候选人,不仅会提供候选人的详细简历,而且可以协助企业对候选人进行素质测评和背景调查等。

3.组建和培训招聘团队。招聘团队的组成应该由人力资源专业人员、用人部门主管或有企业高层组成,这种模式是比较正确的。只有用人部门对自己需要什么样的员工最为了解。同时在招聘之前对这些招聘人员进行有效的培训是至关重要的。首先要提高招聘者的素质,要求他们热情公正、认真负责、诚实守信。其次要提醒他们在招聘过程中可能出现的误区。如:先入为主的认知和偏差;分成"好的"和"不好"的两部分;习惯把应职者与自我认识的人进行比较;急功心理,夸大职位空缺的正面特征来引导应职者等。最后教会他们使用合理标准化的评估方式和人员测评手段。

4.人员选拔和人员测评手段。在人员选拔过程中各企业可以基于自身的特点和岗位的不同来对候选人进行基于胜任力的结构化面试,通过心理学、管理学、测量学、考试学、系统论和计算机技术等人才测评方法对人员的思想品格、知识水平、能力结构、个性特点、职业倾向和发展潜能等多种素质进行考察和评价,如对候选人进行专业笔试、网上问卷、结构化面试心理测验、情景演练和实际操作等等,从而帮助招聘人员找到符合岗位的人选。

5.人员实习期的跟踪考查。当聘用的人才进入到试用期时,人力资源部需要进行跟踪考核。并及时与试用部门进行沟通,与新聘员工进行座谈,对于合适的人员要给予一个更好的工作环境和发展空间,对于不合适的人员要进行分析和及时反馈,以改进下一次的招聘工作。

(三)制定合理的绩效目标

1.绩效目标要与企业的战略目标保持一致。绩效目标首先来源于企业战略,同时也必须服从于企业战略。这就要求对企业战略目标要有清晰明确的界定,并根据战略目标制定合理的绩效目标,而不能违背企业战略目标的发展需求。

2.设计成稍高但又可以达到的目标。稍高的目标会更富有挑战性和激励意义,会让组织和个人积极进取,拥有超越对手、超越自我的竞争意识,带来业绩的成长突破性,但是同时它必须是可以实现的目标,过高不切合实际的绩效目标,非但不能起到引导和激励作用,反而可能打击士气、迷失方向,给人员带来恐惧心理。

3.目标的制定需要相关主体互相讨论、共同认可。相关主体应共同商讨达成对目标的一致并且自愿接受,这种相互的沟通不仅使绩效目标设计更加准确合理,也对更好地达成目标有积极促进作用。

4.目标要进行层层分解,落实到个人。所有的绩效目标,必须落实到具体的岗位和人员,要让每个人清楚地知道自己的绩效目标,同时要考虑不同岗位、不同人员之间权责不同、资源条件不同甚至经验能力不同以便区别对待,并在实施过程中进行及时反馈和控制。

5.目标设置要可量化便于评估。绩效目标是否达成、达成程度如何,必须要有准确判定、便于测量,以便后期的绩效评估。

(四)规避绩效的形式主义

1.加强对经理的绩效管理。首先要更新经理和员工的职位说明书,使他们对职责权限更加明确。要想使经理做好员工的绩效管理工作,还必须先把他们的绩效管理工作做好,他们对员工考核的正确与否也会是对他们考核的一项依据,使他们感受到压力从而正确规范地执行绩效考核。

2.制度设计更加人性化。绩效管理不应该过于复杂而应该简单便于实际操作,这会使得部门经理人更愿意接受和使用,并且要让员工清楚的知道绩效的作用和目的。

3.人力资源部要成为直线经理的绩效合作伙伴。在推行绩效管理制度的过程中,把直线经理当作合作伙伴,进行有效沟通,告知绩效管理的重要性,并与他们一起做绩效管理,帮助他们不断朝正确的方向前进,使他们的绩效管理技能不断获得提升,从而使绩效管理更为有效连续地实行。

(五)构建有效的培训体系

1.进行培训需求分析,明确培训目标。可以采用两种方法,一种是整体性分析方法,是指通过对组织及其成员进行全面、系统的调查,以确定理想状态与现有状态之间的差距。另一种是绩效差距分析法,主要集中在工作行为的结果而不是组织系统方面,是一种有效的、解决具体问题的方法。在详细了解情况后还必须和员工取得进一步的沟通,明确员工真正的需求是什么,想要哪些方面有所提高,在尊重他们个人意愿的前提下制定组织与个人发展兼顾的培训目标,让员工满意接受。

2.选择适宜培训方式,转变培训内容。企业应选择更能见到成效而不是流于形式化的培训方式,如:ABB(中国)投资有限公司人力资源部的员工,工作一定年限后就有机会到瑞士总部轮岗培训3个月至半年,这种培训方式受到员工欢迎,培训效果显著。企业培训内容也应由偏重传授知识、训练技能转变为培养提高职业工作的综合能力,主要是职能层和执行层。如:提高分析和解决问题的能力,提高组织内外互动的能力,提高交流、联系人际的交往能力,提高领导指挥和带动下属的能力,激发部门主动协调与合作的能力等等。

3.建立有效机制,防止人才流失。为确保双方的利益,组织在设计培训方案过程中可要求受训人员与组织签订培训合同,如果员工未能履行合同规定的义务,将根据服务期按比例补偿组织支付的培训费用。一些管理完善的公司都有相应违约处理机制来防止培养的人才流失。如:北京博士伦公司要求员工在接受培训前签订培训合同,同时做好人才储备,避免因个别人跳槽而造成业务中断。此外,仅仅只建立违约处理机制还是不够的,还需搭建心理契约,给予关键岗位的人才充分的尊重,给予他们实现自我价值的平台,可以综合采用待遇留人,事业留人,感情留人。

(作者单位:武汉科技大学)

武汉城市圈高层次创新型人才队伍建设探讨

周　勇　张美灵

　　摘　要：当前,经济社会发展的竞争主要取决于人才的竞争,谁拥有更强的知识创新能力和人才优势,谁就能在日益激烈的竞争中占据主动地位。区域性高层次创新型人才队伍的建设是进一步贯彻落实《国家中长期人才发展规划纲要(2010—2020 年)》,打造中部地区人才高地,促进区域经济社会又好又快发展的关键。本文结合武汉城市圈人才工作实际,客观分析该区域高层次创新型人才队伍建设现状和存在的主要问题,并针对这些问题提出若干具有针对性和操作性的对策和建议。

　　关键词：区域人力资源;创新型人才;人才管理;武汉城市圈

　　人才是最宝贵的资源,谁抢占了人才制高点,谁就掌握了竞争的主动权。随着"中部崛起"战略的提出,武汉城市圈作为中部地区的核心区域,真正迈入以开放性、竞争性、联动性为主要特征的经济时代。要全面创新发展模式,打造中部地区人才高地,促进经济社会又好又快发展,关键是人才,尤其是区域性高层次创新型人才队伍建设成为发展创新的关键。

一、武汉城市圈人力资源现状

　　高层次创新型人才是指具有较强创新创业能力,具有副高以上职称或硕士研究生以上学历的各类高层次管理人才、专业技术人才和高级技师;具有自主知识产权来城市圈进行合作研究或实施成果转化的科技研发人才及团队。近年来,武汉城市圈坚持以科学发展观为统领,深入实施人才强区战略,人才工作力度不断加大,人才工作机制不断健全,人才工作环境不断优化,人才队伍建设特别是区域高层次的创新型人才建设取得明显成效。

　　(一)人才素质明显提高

　　湖北省历来是教育大省,武汉城市圈中的 9 个城市更是教育发展的重中之重。由表 1—1 中可以看到 2003—2009 年的学生人数的发展中高等院校的学生人数激增,而中等专业院校与技工学校的学生人数除在 2004－2005 年、2005－2006 两年有很大程度的缩减外,也呈缓慢上升的趋势。

表 1－1　武汉市平均每万人口在校学生数情况(单位:人)

项目	2003	2004	2005	2006	2007	2008	2009
高等学校 University and College Students	515.27	627.90	865.38	912.60	939.15	972.05	1012.82
中等专业学校 Specialized Secondary School Students	186.37	59.40	101.65	122.40	129.13	134.97	132.53
技工学校 Technical School Students	28.71	32.61	43.71	55.60	71.34	74.77	91.92
普通中学 Secondary School Students	701.91	706.61	658.43	627.00	589.05	544.25	494.96
高中 Senior Secendary School Strudents	179.89	197.68	223.01	217.70	205.68	197.67	191.80
初中 Junior Secendary School Students	522.02	508.93	435.42	409.30	383.37	346.58	303.16
小学 Primary School Students	882.67	797.86	652.05	580.90	529.52	502.87	494.47

数据来源:2010 年武汉统计年鉴

(二)创新载体稳步推进

按照高新技术人才培养的要求,以市场为导向,形成了钢铁、汽车、高新技术、食品农产品加工等产业集群和十几条产业链。发挥城市圈的科教资源优势,突破性发展高新技术产业,据湖北省发展和改革委员会统计,2007 年城市圈的高新技术产业增加值占全省的 72.8％。信息、物流服务、金融等现代服务业的比重不断提高。截止 2008 年末,武汉市高新技术企业共计 2645 家,全年实现高新技术产业产值 1734.1 亿元,比上年增长 25.7％;高新技术产业增加值 601.7 亿元,增长 25.5％。2009 年 9 月 20 日,由国家发改委下文,正式批复认定武汉市为综合性国家高新技术产业基地。

(三)人才创新能力不断增强

2007 年,湖北省的 GDP 以 9230.68 亿元排在全国第 12 位。湖北省区域创新能力在综合值指标排第 13 名,有 3 项指标排第 10,和湖北省 GDP 排名相当。从 2008 年和 2009 年武汉城市圈专利申请和授予情况来看,专利申请量 2009 年比 2008 年增长了 23.68％,专利授予量增长了 41.30％,专利的授予量增长率明显高于专利申请量增长率,说明武汉城市圈具有的知识创新能力在不断增强。

表 1-2　2008-2009 年武汉城市圈专利申请与授予量比较

	专利申请量	专利授予量
2008 年	11805 件	4850 件
2009 年	14600 件	6853 件
增长量	23.68％	41.30％

数据来源:2009 年湖北省统计年鉴

（四）人才创新环境日益改善

武汉是国家重要的科教基地之一,两院院士会议提供的数据显示,武汉市有两院院士 53 人,院士数量在全国位居前 5 名之内。共有各类研发机构 387 个,其中中央部署科研院所 31 个,国家实验室和国家重点实验室 17 家、国家级工程技术研发中心 16 家、国家级企业研发中心 14 家、产业化基地 23 家、生产力促进中心 25 家,其中国家级生产力促进中心 3 家,承担了大量国家重点科研项目。

据 2009 年湖北省统计局数据显示,湖北科学研究和技术开发取得新的成果,全年共取得省部级以上科技成果 740 项。其中,基础理论成果 20 项,应用技术成果 693 项,软科学成果 27 项。全年共签订技术合同 5694 项,技术合同成交金额 77.9 亿元,增长 24％。全省科学研究与实验发展(R&D)经费支出 178 亿元,增长 19.4％,占全省生产总值的 1.4％。全年安排"863"计划项目 298 项(课题),经费 1.8 亿元,"973"计划项目 120 项,经费 11692.11 万元。国家高技术产业发展项目 25 个,项目总投资 22.5 亿元,安排国家资金 1.73 亿元,银行贷款 10.5 亿元。武汉城市圈在以上项目中很多数据指标占湖北省的 60％以上,甚至有些数据超过 80％,城市圈人才创新环境随着上述环境的改善与相关人才引进与人力资源开发制度措施,如户籍管理、人才评价、社会保障等方面的制度措施的出台日益改善。

二、武汉城市圈人力资源开发存在的主要问题及其原因分析

武汉城市圈虽然在人才队伍建设特别是高层次创新型人才建设上取得一定成效,但从总体上来看,高层次创新型人才总量不足、吸引载体偏少、环境不够优化等问题还比较突出。

（一）企业高层次创新型人才总体数量不足

根据武汉城市圈组织和人力资源部门提供的统计数据显示，武汉城市圈党政人才 9.82 万人，经营管理人才 24.15 万人，专业技术人才 111.31 万人，技能型人才 96.70 万人，农村实用人才 50.77 万人，总数为 292.75 万人。专业技术人才总量虽高，但多集中在教育、卫生领域，而生产经营型企业里却明显不足，见表 2－1。从武汉市 2009 年的"千家企业大走访"活动受访的 1211 家企业调查中了解到：武汉市对高校毕业生的需求为 24598 人，占总需求的 61.3%。其中对博士需求 554 名，硕士需求 1932 名，并呈逐年上升趋势。当前，武汉城市圈的发展面临着资源和环境的严峻压力，转变经济增长方式是"两型社会"建设的必然选择。而实现产业升级和新产业发展，需要一批政治素质硬、业务素质高、创新素质强的高素质人才，但现有的企业高新人才却难以满足这一要求。

表 2－1　武汉城市圈各种人才资源情况

	党政人才	企业经营管理人才	专业技术人才	技能型人才	农村实用型人才
人才总数（万人）	9.82	24.15	111.31	96.70	50.77
占总人才比重（%）	4.4	4.8	44.4	24.6	21.8
百分比排序	5 位	4 位	1 位	2 位	3 位

（二）高层次创新型人才吸引载体偏少

一方面，武汉城市圈中武汉一市独大，集中了大量的高校、科研院所、高新技术园区、高端人才等创新资源，而其他八市创新资源却不尽人意。由经济学上的"木桶效应"来看，木桶的装水量是由木桶的短板决定的。武汉市与其他八市的经济、技术创新资源和能力等差距越来越大，损害其他城市的创新积极性，致使虽同处于城市圈，但却发展松散，缺乏统一的政策法规制度，制约了城市间的交流与合作。城市圈从整体上来说产业层次不高，特别是高新技术产业比重偏低，规模较小，配套性不强，而且未形成产、供、销等环节的有效链接和相互配合的产业集群。因此，对人才特别是高层次人才缺少足够的吸纳和承载能力，缺乏吸引高层次创新型人才的载体，未能形成有效的人才聚集效应。另一方面，传统产业基本是在计划经济体制的保护下形成的，由于企业运行机制的呆滞、企业家精神缺乏造成企业创新动力严重不足,这使得在体制转轨中难以适应市场的快速变化,以至竞争力普遍下降。

(三)高层次创新型人才环境有待进一步优化

环境是人才聚集和区域自主创新的决定性因素,影响着区域人才集聚和自主创新能力的积累和提高。武汉城市圈的人才往沿海发达地区流动较多,尤其是高层次人才流失,据抽样调查,近年来武汉市人才流失率高达 10%,本科以上学历及高级职称占流失人才的 66.20%。虽然近几年出现了人才回流的现象,流入人口已逾百万,但其中平均受教育年限仅为 8.95 年,小学文化程度者占 80%。导致人才外流的原因在很大程度上受环境的影响。一是由于对高层次人才工作的认识不到位。"人才为本"、"人才资源是第一资源"、"人才投入是效益最大的投入"的观念在一些领导尤其是基层领导和有关管理人员中还没有真正树立起来。二是圈内人才流动与发展在户籍管理、资格认定、人才评价、社会保障、生活待遇等方面,还存在着许多不利于人才发展的机制障碍。此外,政策泛化,缺乏执行力,行动落后于蓝图,落实滞后于计划等都是导致人才流失的环境问题。

(四)人才结构不尽合理,人才的有效性不高

一方面,虽然在总量结构分布上五种人才队伍的总体结构具有相互间的现实合理性(见图 2—1)。但是从类型构成看却不尽合理。首先,专业技术人才的总量结构虽然最高,但主要集中在教育、卫生领域,而生产经营型企业里却明显不足;其次,技能型人才特别是高技能人才队伍的数量结构明显偏低。

分类人才区域分布

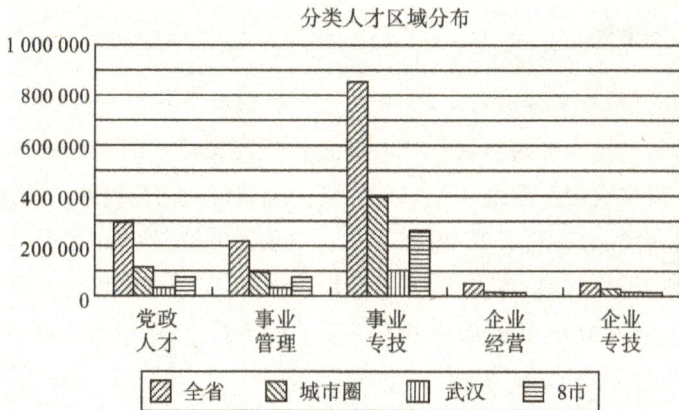

图 2—1　武汉城市圈分类人才区域分布

另一方面,武汉城市圈内,武汉作为现代产业的主要集聚地,拥有国家级创业园区,一城独大,优势明显,但没能继续由超特大城市向其他城市更好地扩散、辐射,圈内人才共享机制已经成为亟待研究解决的问题。2006 年武汉城市圈人才中流出的大多是高层次人才,流入的多为中低层次人才。从圈内的流动趋势看,由 8 向 1 流动的趋势大于由 1 向 8 的流动,周边 8 市人才流失状况仍然严重,在武汉的吸纳中形成人才凹地(见图 2—2)。此外,在一些城市,政府和单位、部门仍然视人才为地方所有、部门所有和企业所有,人才政策制定与落实往往受自身利益驱动影响,人才在区域、行业、部门之间的政策性壁垒还没有彻底破除。同时由于缺乏有效的激励约束机制,城市间对于人才共建共享的反应各异,缺乏主动性和积极性。

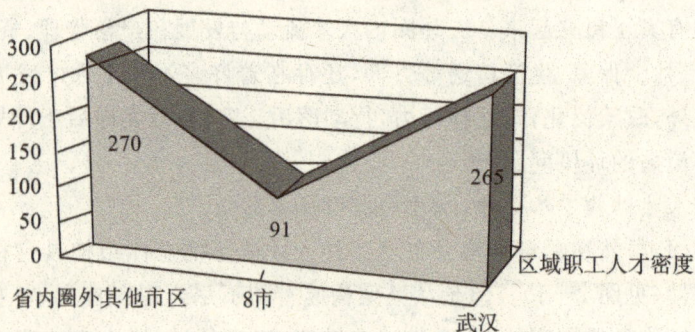

图 2—2　武汉城市圈区域职工人才密度

三、对策建议

(一)大力培养高层次人才,提升人才队伍创新能力

鼓励高校、科研机构与企业间的创新合作与交流。最大程度地聚集创新资源,培养高层次创新型人才。一是加强武汉城市圈内高校间的校际合作,共同开发和整合教育科研资源,加强高校自主创新基础能力的建设。对圈内高校教育科研资源进行整体规划,使各高校在学科、学术思想以及科研等方面都与人才培养紧密结合,依托国家和省部级重点学科、科研创新基地建设和国家重大科研项目的实施,建设高层次创新型人才培养基地。二是加强高校、科研院所与企业合作,整合高校、企业、研究机构的教育资源和科技创新资源,将武汉城市圈高校的技术科学优势、基础科学优势转化为支持相应产业发展的技

术优势,建立创新研发辐射与产业化中心。鼓励高校、科研院所与企业共建研究院、实验室、工程技术中心、企业技术研发中心、博士后工作站、博士后产业基地、产业技术研究开发联盟等研究机构等形式,形成与企业"研产分工、优势互补、利益共享、风险共担"的合作机制,构建高层次人才和紧缺人才培训新体系,建立跨地区、跨行业、跨所有制联合的技术创新联合体和创新战略联盟。

(二)稳步推进高层次创新型人才载体建设

加强高层次创新型人才的平台载体建设,要抓住中央加大对中部地区投入的契机,从政策、资金、场所等方面给予扶持,充分发挥武汉城市圈的科技、人才、技术及产业优势,加强高新技术产业开发区、经济技术开发区(光谷,东湖等)、大学科技园、留学生创业园、博士后科研流动站(工作站)、重点实验室、工程技术研究中心等规划与建设,努力为进园、站(中心)工作的各类人才创造良好的工作、生活环境,发挥这些载体以及支柱产业、骨干企业在高层次创新人才引进、培养方面的集聚和示范作用。不断提升高新技术开发区的辐射作用,着力打造"中国光谷"品牌,吸引、支持国内外国家级科研院所、工程技术研究中心、重点实验室等研发机构到此设立分支机构,努力将东湖高新区建成世界知名、国内一流的国家自主创新示范区。着力形成武汉城市圈高新技术产业发展格局。按照创新驱动、重点跨越、产业聚集、规模发展的要求,立足现有基础,努力把具有一定优势和发展潜力的高新技术产业做大做强。加快培育发展大型企业集团、名牌企业、民营科技企业等,为人才发展提供广阔的空间和用武之地。

(三)优化人才工作环境

根据马斯洛需求层次理论,层次越高的人才对自我实现的要求越多,从很多高技术行业的调研报告中也可以印证这一点:高层次员工并不是将高的收入期待放在首位的,相反他们认为工作条件能让他们有成就感是令他们留下来的重要因素。我们常说的"事业留人,待遇留人,情感留人"就应体现在这个方面。高层次创新型人才队伍的建设,其中一条是留住人才的工作环境。

一是政策环境。完善高层次创新型人才队伍建设的政策体系。完善户籍,社会保障,卫生医疗等相关制度,促进人力等生产要素的合理流动,充分利用国家和区域颁布的各项政策,积极营建制定适合本区人力资源开发的政策法规;完善机关、企业、事业单位人才流动中的社会保险衔接办法,妥善解决高层次创新人才在居留和出入境、落户、医疗、保险、住房、子女入学等工作、生活中的后顾之忧。二是舆论环境。加大对科技信息建设的投入,在整个社会营造尊重知识、尊重人才的舆论环境,建立起"科学技术是第一生产力"、"以人为本"、"人才资源是第一资源"等理念,让人才真正体会到社会的关心和重视,大力支持创新,鼓励竞争,敢为人先,争创一流,努力营造人尽其才、人才辈出的创新环境。要积极探索技术要素资本化,鼓励资本、技术等生产要素参与分配,充分体现科技人员的劳动价值,激励他们创造更多的科技成果。改善创业环境,进一步简化审批程序,提高行政效率,规范政府行为,为高层次创新型人才创业提供良好的政府服务,提供公平、公正、舒心的工作环境。三是激励环境。建立规范有效的人才奖励制度。坚持精神奖励和物质奖励相结合,建立以政府奖励、用人单位和社会力量奖励三奖结合的人才奖励体系,充分发挥经济利益和社会荣誉双重激励作用。还可以设立"人才创新能力开发专项资金",加大对创业人才的扶持力度,获得国家承认的国外硕士以上学位的留学人员带高新技术成果、项目来汉实施转化或创业,经人事部门审定,可获一定数额的创业资助资金。进一步发挥国家、市科技计划和重大科技专项的杠杆作用,大力培养、吸引、稳定各类学科带头人才。

（四）改善人才结构,建立高效的人才创新合作机制

武汉城市圈人才结构不尽合理。人才大多集中在大中城市、经济发达地区,高校、科研院所高层次人才多,一线的高层次人才特别是创新型人才相对较少。高层次人才比重偏低,高技能人才短缺,特别是高层次创新型人才的紧缺已成为武汉城市圈经济发展、产业结构调整和升级的一大阻碍因素。

要解决这些问题,一方面要按照武汉城市圈地区产业结构优化升级的战略部署,针对人才结构不合理的突出矛盾,依靠宏观调控与市场手段,鼓励知识要素、技术要素向武汉城市圈优势产业和重点行业汇聚,要把优秀人才集聚到武汉城市圈的部分区域、部分产业和部分单位,形成局部人才高地。采取措施,确保人才稀缺资源的优化配置。建立健全高层次创新创业人才合理流动机制完善人才"柔性流动"政策。借鉴发达地区经验,引导和鼓励各类高层次创新人才不变身份,不转户口、工资、档案来汉创新创业,从事科学研究、技术推广、产品开发和提供专业服务。

另一方面,要进一步完善武汉城市圈区域合作机制,明确区域合作发展的方向、重点和途径,坚持优势互补、互利互惠的原则,发挥区域人才交流合作的优势。以制度性合作来消除人才合作中的制度性障碍,根据实际需要和人才

适度储备原则,编制各种人才合作规划。各城市政府应打破行政壁垒、全力协作,制定统一的区域创新体系,合理调配和共享城市圈内人才资源,加强技术人才培养,建立合理有效的人才合作机制,合理调配人才在 9 个城市的流动,让人才在此有归属感,并心甘情愿地留下。

(作者单位:武汉科技大学)

试论武汉城市圈人才集聚的软环境建设

张 敏

摘 要:城市是人才资源高度集聚的地方,城市的发展关键在于集聚
人才。良好和谐的人才外部环境是影响人才集聚的关键因素。人才软环
境指的是影响人才发展的物质条件以外的无形的软件条件,主要包括社
会观念环境、政策环境、人文环境、服务环境和法制环境等。本文界定了
武汉城市圈人才集聚软环境的内涵,分析了武汉城市圈软环境建设对人
才集聚的影响,从解放思想、转换观念、进一步完善用人机制和法制建设、
打造一流的的服务环境、培育创新和谐的人文环境等方面提出推动武汉
城市圈人才集聚的具体对策。

关键词:武汉城市圈;人才集聚;软环境

自 2007 年 12 月 7 日武汉城市圈获批为"全国资源节约型和环境友好型
社会"改革试验区后,其经济迅速成长,综合实力明显提升,已成为促进中部地
区崛起的重要战略支撑平台。武汉城市圈是人才资源高度集聚的地方,城市
圈的发展关键在于集聚人才。"栽得梧桐树,自有凤来栖",良好和谐的人才外
部环境是影响人才集聚的关键因素。本文对聚焦于武汉城市圈人才聚集的软
环境研究,以期为武汉城市圈建设提供参考。

一、武汉城市圈人才集聚软环境的理论基础

(一)人才集聚

人才集聚是指在特定空间或者特定专业领域内人才的集中,并且紧密联
系,促进信息和知识的流动以及创新的产生,从而使该区域或产业经济形成持
续、强劲竞争优势的现象。人才集聚是人才流动过程中的一种特殊行为,它是
人才由于受某种因素影响,从各个不同的区域流向某一特定区域的过程。人
才集聚是实现人才资源优化配置的前提条件,是经济运行高效率的重要标志。
人才集聚就是把经济发展中所需要的优秀人才相对集中,发挥人才集合效应,

以实现人才价值,促进生产和经济高速增长。

(二)人才集聚的环境

勒温(K. Lewin)的动力场理论从个人与环境关系的角度解释了人的流动现象。认为,人是一个场,人的心理活动是在一种心理场或生活空间里发生的;生活空间(1ife space,简称 Lp)包括个人及其心理环境;一个人的行为(B)取决于个人(P)和他所处环境(E)的相互作用,也就是说行为取决于个体的生活空间(Lp)。其函数关系式如式 1 所示:

B= F(P,E) (1)

式中,B 为个人行为的方向和向量;

P 为个人能力和条件;

E 为所处环境。

该函数表示,一个人所能创造的绩效,既与他的能力素质有关,也与其所处的环境密切相关。人才无法脱离城市环境独立存在,而没有人才集聚的城市环境也无法保持持久的竞争力,二者相辅相成,共同作用形成城市经济发展中一对不可分割的复合体。

城市人才集聚环境是人才的高势能区和强磁场区,能够满足人才不同层次需求,为各类人才提供施展才华的广阔天地,使人才获得极高的成功率和创造效能,让人才在工作中具有良好的心理与人际氛围。同时,城市人才集聚也是动态、流动的,通过不同地区、具有不同文化背景的人才的交流与融合,能给人才环境带来多样性和进步性。随着人才量的积累,在一定条件下,会发生一种质变,产生“人才集聚效应”,体现为:一是形成“放大效应”,人才集聚对所在区域内经济增长的作用会放大,高于集聚前处于分散状态的水平或者高于低集聚度区域;二是引发“羊群行为”,人才在信息环境不确定的情况下,行为受其他人才的影响,会模仿他人决策或依赖舆论,向其它区域流动;三是产生“马太效应”,即人才越聚集,城市对人才的吸引力会越强,从而导致人才集聚度继续提升;四是产生“辐射效应”,人才集聚到一定程度,会形成人才高地,人才会由高地流向洼地,由中心向外围扩散,从而促进区域间人才资本的配置和流动。城市环境与人才集聚有着内在的天然联系,归属于某一城市分工形态的人才特质往往被这一城市的特征所不断强化、熏染,这种人才特质亦会反过来强化该城市特性,二者相互促进,形成一个良性循环。

（三）城市人才集聚软环境与硬环境的辩证关系

城市的人才集聚硬环境是指影响人才发展的有形的硬件条件，主要包括生态条件、基础设施、经济水准等；人才软环境指的是影响人才发展的物质条件以外的无形的软件条件，主要包括体制环境、法律环境、制度环境、政策环境、人文环境、人际环境等。古人云，"欲致鱼，先通谷；欲求鸟者，先树木。水积而鱼聚，木茂而鸟集。"城市人才集聚软环境与硬环境的关系，也是这样的。相互促进、相互影响，是辩证统一的。如果说城市硬环境是大学的办学基础，那么人才集聚软环境就是这座城市的灵魂；如果说大学硬环境是城市应该具备的条件，那么人才集聚软环境就是城市未来发展的根基和源泉；如果说城市硬环境是城市现在发展的基础，那么人才集聚软环境就是城市未来可持续发展的精神动力。

二、武汉城市圈人才集聚软环境建设的基本要素

（一）社会观念环境

社会观念环境是指区域内政府和民众对于市场、人才及人才发展的普遍看法以及基本理念，处于软环境建设的核心和内层。其中政府的观念对于民众意识有着强烈的指引作用。开放、诚信、自由、创新的社会观念环境是吸引人才的核心要素。

（二）政策环境

良好的政策环境就是优秀人才的吸引力，是激励作为的催化剂。如何创造引才、聚才、用才、留才的政策环境，是武汉城市圈竞争力提升的核心内容。

（三）人文环境

人文环境是人才软环境建设的重要内容，优良的人文环境不仅可以为一个地方的发展提供强大的精神动力和智力支持，而且直接反映出一个地方的文明程度和诚信度，成为这个地区参与区域竞争的无形品牌和竞争力。

（四）服务环境

优越的社会服务环境使人心情舒畅，安居乐业，是吸引人才、稳定人才的重要因素。

（五）法制环境

良好的法律环境是武汉城市圈发展必不可少的支撑环境。如何保障人才的权利，明确人才的义务，都离不开相关区域内法律的有效调节。

三、武汉城市圈人才集聚软环境建设途径

（一）进一步解放思想、转变观念是根本

党的十七大报告把解放思想作为发展中国特色社会主义的一大法宝，把改革开放作为发展中国特色社会主义的强大动力。目的是统一思想、振奋精神、开拓视野、理清思路，以更加广阔的视野、更加开拓的思路、更加执著的努力，进一步增强实践科学发展的自觉性、推进改革开放的坚定性、促进社会和谐的主动性，加快"两型社会"建设综合配套改革试验步伐，推动经济社会又好又快发展。作为人才集聚环境的思想观念解放需从以下方面展开：

一是坚决破除狭隘的地域观念，牢固树立世界眼光。武汉城市圈深处内陆腹地，总体上受传统观念和内陆意识束缚较强。而珠三角、长三角和环渤海经济圈却处在改革开放的前沿阵地，作为中国的"试验田"和"窗口"，对外界的反应敏感而迅速，久而久之，人们就有了比较开放、前瞻性的思维，善于并易于接受新鲜事物；内陆、中部地区相应缺乏这类环境与条件，"小富即安、不思进取"成为武汉城市圈显著的区域心理特征。这种狭隘的区域心理给武汉城市圈的发展套上了禁锢的枷锁，使得这里的人们缺乏沿海人那种求变、革新的精神风貌，使得该区域的文化定格于相对现代市场经济而言欠发展的层次且一旦成型就难以跃升，也使得非政府组织缺乏发展的肥沃土壤，最终导致非政府组织区域功能发挥的缺失或弱化。

武汉城市圈要借鉴广州、深圳在珠三角、泛珠三角、亚洲乃至世界级城市体系的梯次定位中谋划梯度发展的先进经验，"跳出武汉谋划武汉"，树立"立足中部、服务全国、面向世界"的中心城市发展观念，以国际视野进一步重新认识市情，重新审视和谋划城市发展目标、城市功能定位、空间布局和产业规划。在相当长一段时期，武汉市还要不断提高首位度，增强凝聚力、吸附力，才能发挥好带动、扩散作用。

二是坚决破除"等靠要"的消极观念，牢固树立敢闯敢试的开拓创新精神。邓小平同志曾经指出："没有一点闯的精神，没有一点'冒'的精神，没有一股气呀、劲呀，就走不出一条好路，走不出一条新路，就干不出新的事业。"武汉城市圈实施的"两型社会"建设综合配套改革试验，是一个没有现成套路可循的崭新课题。试什么、改什么、如何综合、怎样配套等，都须在实践中探索，在探索中突破，在突破中推进。这就要求从政府机关到各级单位必须有闯的胆量、冒

的魄力、试的勇气。

三是坚决破除"官本位"观念，牢固树立"企业本位"思想。企业是市场竞争的主体，创造社会财富的主体，是"两型社会"建设的重要主体，更是人才集聚的现实主体。

（二）完善用人政策制度环境是前提

武汉城市圈人才集聚的政策制度环境，首先需从改善政府部门职能入手。需要着重推进行政体制改革，创新政府管理体制，彻底转变政府职能。可以尝试进一步减少行政层级的设置，简化审批环节与程序，缩短审批周期，进一步下放权限或放松管制，真正实现从全能政府到有限政府、由管制型政府到服务型政府的转变。可以学习借鉴国内外软环境优化的先进经验，加强广泛的交流与合作，互相学习，取长补短，进行制度移植和创新。

武汉市在积极引进海内外高级人才方面的政策已起到了一定的效果，但是在引进外来人才的同时，更应注重本土人才的培养和保留，同时要注意保持政策的贯彻性和持续性，创新体制，增加投入，加大人才引进力度和范围，完善人才培养，优化人才资源配置，让人才有充分发挥能力的空间。城市圈人人才政策的指导思想要以人为本，在人才发展环境建设的问题上，要按照市场规律要求，完善收入分配机制、激励机制、有效的约束机制，促使产研成果能成功地转化，城市圈内各种人才能成功地自我实现。

同时，城市圈区域内的人才制度的统一协调也非常重要。可以在区域内建成统一的教育、人才引进、就业、劳动力转移等政策体系。武汉城市圈内人流、物流、信息流十分活跃，为减少区域内经济运行成本，必须建设统一的教育、人才引进、就业、劳动力转移等政策体系。一是实现教育资源共享，在区域内统一高等院校、各类职业技术学校的招生政策，根据区域内产业发展的需要，加快培养光电子、机械制造、冶金、化工、金融、物流等各类人才；二是加快区域性人才公共服务体系建设，构建人才合作与交流平台，推动人才引进、交流和人才资源开发；三是建立统一的就业市场。统一区域内劳动力转移政策，建立一体化的劳动力转移培训、认证、吸收体系。

（三）塑造创新、和谐和以人为本的城市新文化是关键

文化底蕴是人或人群所秉持的长期积累下来的独特地域性文化，文物古迹、民俗传统等历史文化的沉淀，是城市文化底蕴中不可或缺的一部分。在21世纪经济全球化的浪潮中，一个国家综合国力的增长、经济的振兴，将对国

家或地区文化竞争力的依赖性越来越强。文化对经济发展的推动、引导和支撑作用也越来越明显。整个社会文化背景的好坏、文化底蕴的状况对社会的发展会产生重要的推动或阻碍作用。

以武汉为中心的城市圈在全国叫响的文化品牌不多，转化的科技成果偏少，建设文化辐射力强的区域还需加倍努力；武汉城市圈格局独特，山水资源丰富，但城市圈个性魅力张扬不够，城市圈市民作为区域居民的自豪感还不强烈，提高城市圈宜居品质任务艰巨；武汉城市圈是知音故里，楚人"一诺千金"之地，但"开门招商、关门宰客"现象尚未绝迹，等等。

塑造城市圈新文化，可以从挖掘武汉城市圈的文化内涵入手。以武汉为代表的汉派文化的特色被概括为"江汉汇通、楚风汉韵、兼容并包"，而这十二个字正是武汉城市圈传统文化的共同特质。兼容并包的文化内涵和理念正显示了武汉城市圈海纳百川，不拘一格降人才的特质，正是人才集聚的最好环境基础。

塑造城市圈新文化的同时，还必须重视舆论宣传的人文关怀。就是在舆论宣传过程中着眼于生命关怀的同时，更着眼于人性、精神、情感和道德的关怀，把人的生存、人的作为、人的发展当作考察一切事物的价值取向。

（四）建设一流人才服务体系是重点

建设人才服务体系首先要从构建服务型政府入手，这是实现政府职能转变的基本途径。要在各级政府树立服务第一意识，坚决破除"以老大自居"的陋习。并与时俱进，不断拓展服务型政府的治理理念。服务型政府的治理理念大致有以下几点：优质服务、公共服务市场化、成本—效益分析、顾客导向、诚实守信、有限政府、合理分权与授权、以人为本、依法行政和民主与责任等。

同时要加快人才市场信息网络建设步伐。组建"武汉城市圈人才公共信息网"，下大力气逐步开展网上大型人才交流会，通过规模效应来发展网上人才市场。我们还要运用各种手段，最大限度地占有人才信息、招聘信息，在此基础上，研究不断扩大网上人才市场的覆盖面、网上人才信息的有效性，真正做到人才信息共享和利益共享。

建设人才服务体系还必须从强化人才中介监督管理提升服务水平。要统一对人才中介服务机构进行管理，形成以政府人事部门的人才市场为中心，以行业或专业人才市场为依托，以民间人才中介组织为补充的全方位人才市场体系的格局。

　　（五）完善和整合区域法律，提高法律协调能力是保障

　　完善城市法制建设是建设城市人文软环境的重要方式。在建设城市人文软环境的过程中，首先要完善法制思想体系建设。以不断提高城市居民整体法律意识和法律价值观为切入点，以宣传实践社会主义先进的法律文化为主要手段，激励城市居民维护自身的合法权益并自觉地依法行使权利和履行义务，为城市人文软环境的建设铺平道路。其次，要完善法制行为模式体系建设。不仅要遵守法律、依法行政，合理制约公共权力并改善公共权力的行使方式，还要依法尊重和保护公民权，增加城市居民参与政权运作过程的渠道，实现法律与城市居民之间的对话与沟通，全面改善城市法制环境，以促进城市圈软环境的建设。第三，要完善包括立法制度、司法制度、行政执法制度等在内的法律制度体系建设，并从实际出发，突出城市圈特色，增强各项法规的实效性、针对性和可操作性。

　　整合武汉城市圈的区域法律，提升区域的法律协调能力也是优化圈内软环境、提升人才集聚能力的一种行之有效的途径。武汉城市圈试验区作为后起之秀，可以大胆借鉴国内、国际区域法律协调的成功经验。国外区域法制协调实践均是以立法协调为主。国家间立法协调的典型是欧盟，可以直接称之为"法制一体化"。武汉城市圈的区域法律协调既可借鉴欧盟法律体系、美国的《田纳西河流域管理法》，也可参考国内的《香港基本法》与设计中的西部开发法。结合我国的国情及武汉城市圈的现状，如可以初步设想，建议由全国人大通过一个对武汉城市圈各地具有普遍约束力的法案"武汉城市圈区域统筹发展法"，作为统筹区域开发和发展的基本法，也可以成立区域立法机构，通过地方立法机构协调。但我们还必须清醒地认识到以下两点：一是区域协调必须有一部区域法律，仅仅依靠对话、磋商、沟通和协议等不能真正解决区域内各利益主体间的冲突；二是法制协调的实施必须有相应的机构去推动。

　　　　　　　　　　　　　　　　　　　　　　　（作者单位：武汉科技大学）

武汉城市圈人才资源现状及高等职业教育发展

吴友军

摘　要：武汉城市圈是湖北经济发展的核心区域，城市圈内人才资源对于其经济发展起到较大的推动作用。而当前城市圈内高技能人才的短缺迫切要求加强城市圈高等职业教育的建设。本文通过对武汉城市圈的人才资源现状进行分析，阐述了城市圈加强高等职业教育的必要性，并通过对城市圈内高等职业教育的现状和原因的分析，提出了完善城市圈高等职业教育的相关对策与建议。

关键词：武汉城市圈；人才资源；高等职业教育

武汉城市圈是 2003 年 11 月 8 日湖北省委、省政府提出的重大经济社会战略建设计划，是以武汉为中心的 9 个城市的总称，包括武汉和武汉方圆 100km 的黄石、鄂州、孝感、黄冈、咸宁、仙桃、潜江、天门 8 个中小城市，土地总面积 5.78 万 km^2。武汉城市圈是长江中游最大的城市圈，既是湖北经济发展的核心区域，也是中部崛起的重要战略支点。

截至 2007 年底，武汉城市圈地区 GDP 达 5557.24 亿元，占全省地区 GDP 的 60.7%；全社会固定资产投资额 2802 亿元，占全省的 61.8%；社会消费品零售总额 2556.7 亿元，占湖北省的 63.5%；海关进出口总额 124.4 亿美元，占湖北省的 84.1%；地方财政一般预算收入 306.9 亿元，占湖北省的 52%，是湖北产业和经济实力最集中的核心区，也是长江中游最重要的城市圈，在中部地区具有独特的地位和功能。武汉城市圈内的城市，除武汉第三产业所占比重高于第一产业、第二产业外，其余 8 个城市几乎都是以第二产业为重，而且大部分以机电、纺织、食品、建材为主。这充分说明，现阶段圈内城市经济多处于工业化初期。根据武汉城市圈内大多数城市几乎都是以第二产业为主的特点，加强对高等职业院校人才的培养，满足武汉城市圈内汽车、钢铁、装备制造、轻纺等企业对高等职业教育人才的需要，寻求武汉城市圈内企业与圈内高等职业教育对人才培养的接合点,将成为武汉城市圈内对高等职业教育的新需求。

因此,研究武汉城市圈内人才资源及高等职业教育的现状和需求,对于促进武汉城市圈内产业及产业集群的发展具有重要的现实意义。

一、武汉城市圈人才资源的现状

(一)武汉市人才资源状况

武汉市科教实力雄厚,是全国为数不多的高智力密集区之一,具有十分丰富的人才资源。根据统计,目前全市共有大专院校 59 所。根据最近召开的两院院士会议提供的数据,武汉市有两院院士 53 人,院士数量在全国位居前 5 名之内。共有各类研发机构 387 个,其中中央部署科研院所 31 个、国家实验室和国家重点实验室 17 家、国家级工程技术研发中心 16 家、国家级企业研发中心 14 家、产业化基地 23 家、生产力促进中心 25 家,其中国家级生产力促进中心 3 家,承担了大量国家重点科研项目。截至 2006 年底,各类专业技术人员总量约 78.4 万人,具有高级、中级、初级专业技术职称的人员分别是 12.31 万人、30.65 万人和 35.44 万人,所占比例分别为 15.70%、39.10% 和 45.20%。

(二)周边城市人才资源状况

周边城市人才资源状况,以黄石、咸宁、孝感三个城市为例。

黄石:据统计,2007 年底,黄石市拥有各类人才 20.20 万人(获得中专以上学历和初级以上职称人员),人才总量年均递增 16.30%,高于同期黄石 GDP 增长速度 3 个百分点。拥有各类专业技术人才 9.30 万人,其中高级职称 4617 人,中级职称 3.5124 万人,初级职称 4.266 万人,分别占 4.98%、37.80% 和 46.01%。全市共有专家型人才 386 人,其中国家级 139 人,省级 81 人。总体上看,黄石市人才总量、质量都居于全省前列。

咸宁:截至 2007 年底,咸宁市人才总量达到 8.50 万人,比"九五"期末增加了 2 万余人,提高了 29.40 个百分点,平均每年上升 5.90 个百分点。其中党政人才 1.50 万人,专业技术人才 5 万人,企业管理人才 1 万人,高技能人才 5000 人,乡土拔尖人才 6000 人,拥有高级、中级、初级职称的人才分别为 4082 人、1.70 万人、3 万人。

孝感:截至 2007 年底,孝感市人才总量 23.40 万人,其中党政人才 1.30

万人、专业技术人才7.10万人、经营管理人才5.80万人、技能人才2.90万人和农村实用人才6.30万人。其中,大专以上学历人才5.70万人,拥有高级职称的3789人,分别比"九五"末增长34%、15%。

(三)武汉城市圈人才资源特点

1.总量较大且聚集度较高但竞争力不强

随着经济的不断发展,城市圈内各市对人才建设工作日益重视,通过基础教育、职业教育、在职培训等途径,人才队伍总量逐步增加,人才队伍素质普遍得到提高。同时,各市也根据自身财力状况,采取不同的引进人才优惠政策,如给一定的安家费、落实住房、安排子女入学等,也吸引了一定数量的高素质人才。尽管如此,城市圈内仍缺乏高层次的创新人才、两型产业的急需人才。以高端人才为例,面临的主要问题:第一,城市圈多为传统产业、低端制造业,高新技术产业少,高层次的创新人才队伍没有成长的土壤;第二,前几年的国有企业改革,使城市圈内大量技术人才外流,也使创新人才队伍面临一个断档危机;第三,随着经济的发展,又出现新的行业,需要新的技术,本土人才没有涉及或培养周期长,外面的人才又难以引进。随着建设两型社会的提出,许多产业面临转型,所需要的两型产业人才也日显缺乏。

2.人才的区域分布呈现一强八弱,人才资源配置存在矛盾

在人才的区域分布上,武汉市人才多,而周边市人才少。以普通高等教育情况为例,无论是普通高等学校数,还是普通高等学校在校学生数,武汉市都具有明显的优势。

表1　武汉城市圈各市高等教育人才分布

	普通高等学校数(所)	比例(%)	普通高等学校在校学生数(万人)	比例(%)
武汉市	55	78.57	80.97	84.94
黄石市	2	2.86	2.97	3.12
鄂州市	1	1.43	1.19	1.25
孝感市	2	2.86	3.00	3.15
黄冈市	4	5.71	3.42	3.59
咸宁市	3	4.29	3.07	3.22

续表

	普通高等学校数（所）	比例（％）	普通高等学校在校学生数（万人）	比例（％）
仙桃市	1	1.43	0.34	0.36
潜江市	2	2.86	0.37	0.38
天门市	0	0	0	0
合计	70	100	95.33	100

资料来源：根据《湖北统计年鉴（2009）》数据整理

近年来武汉地区高校本科毕业生留汉人数和比例不断提高，2006年武汉地区高校毕业的本科生有44％留在武汉，比2004年提高近8个百分点。目前全市已建立企业博士后科研工作站和产业基地23家，学成归国来汉工作和创业的高层次留学人员已超过1万人，中国武汉留学人员创业园累积吸纳400余家留学人员创办的企业，参与创业的留学人员1000余人。自2003年以来，共引进社会与经济发展急需的各类专业人才4.91万人，其中具有本科学历或具备中级职称人员达到3.60万人，占引进人才总量72.69％。武汉城市圈地区人才资源配置矛盾，归根结底在于结构性矛盾。从人才产业结构看，人才资源向第三产业过度集中。在区域分布上，人才大多集中在大中城市，县以下基层单位与贫困山区人才缺乏的状况仍未得到有效改善；经济发达地区人才比较集中，经济欠发达地区特别是农村基层，人才相当缺乏；高校、科研院所高层次人才多，经济一线的高层次人才特别是创新创业型人才相对较少；部分高层次人才年龄结构偏高，知识结构难以适应科技经济发展的新趋势。在能级结构上，普通人才多，高新技术人才少；低学历人才多，高学历人才少；中初级人才多，高层次人才少。高层次人才比重偏低，高技能人才短缺，特别是高层次创新型人才尤为紧缺，这已成为武汉城市圈经济发展、产业结构调整和升级的一大阻碍因素。

3.人才的结构不合理且人才成阶梯性流失

在人才的结构方面，可以总结为"六多六少"，即：非经济类人才多、经济类人才少；中低层次人才多、高层次人才少；传统产业人才多、新兴产业人才少；机关事业单位人才多、非机关事业单位人才少；城市人才多、农村人才少；一般人才多、创新型人才少。

城市圈内人才流失现象较严重,2006 年武汉城市圈人才流入/流出比例,武汉市为 1.00/1.50,另外八市为 1.00/5.40,省内其他地区为 1.00/1.80。另外,流出的大多是高层次人才,流入的以中低层次人才居多。从圈内的流动方向看,由 8 向 1 流动的趋势大于由 1 向 8 的流动,周边八市人才流失状况依然不容乐观,在武汉市对人才的引力作用下形成人才凹地。

不仅如此,武汉城市圈人才呈阶梯性流失。一方面武汉市的人才往沿海发达地区流动比较多,高层次人才的流失尤其严重,据抽样调查,近年来武汉市人才流失率高达 10%,本科以上学历及高级职称占流失人才的 66.20%。虽然近几年出现了人才回流的现象,流入人口已逾百万,但其中平均受教育年限仅为 8.95 年,小学文化程度者占 80%。与此形成鲜明对比的是,1998 年以来,武汉地区高校毕业生以及社会在职人员流向广东、上海等经济发达地区的至少有 20 万人,且多是高职称、高技能、高学历的人才,这种现象称为"换血"式的人口流动。另一方面,周边八市的人才除了往沿海流动以外,还有很大一部分流向武汉,而且流失人才涉及的行业也比较宽,包括教育、医疗卫生、企业,甚至地方政府部门,在获得硕士研究生以及更高的学历或拥有一定的职称后,调离本地的情况非常普遍。高技能人才的短缺迫切要求圈内要进一步加强高等职业教育的发展。

二、武汉城市圈高等职业教育发展现状及原因分析

湖北省共有独立设置的高等职业院校 51 所,其中有 43 所分布在武汉城市圈,武汉城市圈高职院校数量及在校大学生人数均占湖北省高职院校的 84% 以上。目前,武汉城市圈中的高等职业教育发展存在着一些问题。具体体现在以下几个方面:

(一)缺乏城市圈内职业教育发展的总体规划,校企合作效率低下

规划对接是思路对接、观念对接的集中体现。制定一个科学的、指导性强的武汉城市圈高等职教发展总体规划,对于强力推动武汉城市圈两型社会建设具有至关重要的作用。目前,武汉城市圈中的高等职业教育,在一定程度上存在结构同化、分工不明、功能趋同、竞争过度等现象,这与没有一个切实可行的武汉城市圈职业教育发展总体规划有关。虽然在 2010 年 3 月成立了武汉城市圈职业教育联盟,但联盟所产生的作用与影响还远远没有能够发挥出来。

目前,武汉城市圈高等职业教育领域,校企合作存在校企不对等性、脆弱

性、风险性和缺乏体制、机制的保障,在实践中表现为:由于一方是有积极性而没有主动权的高职院校,一方是有主动权而没有积极性的企业,本应是平等互利的合作双方,难以达到对等和均衡的关系。由于合作关系的不对等,只要一方没有利益驱动,合作就没有了互利,合作关系难以持久。由于缺乏制度的约束和保障,任何一方都可以在不需要付出多大代价的情况下随意退出合作。从整体上看,校企合作的层面还比较低,合作的稳定性、长期性还比较差,合作的效能还没有充分发挥。

(二)高等职业院校自身不足影响高等职业教育的健康发展

武汉城市圈内部分高等职业院校先天不足,办学条件差、教师整体水平不高、管理层观念滞后,不能保证办学质量;一些高等职业院校忽视职业教育的区域性特点,不是结合地方经济特色、发展重点和优势产业,因地制宜地设置专业,培养相应的人才,而是盲目设置专业,或者求大求全求时髦,导致高等职业教育的区域特色与经济的区域特色不能保持协调一致;高等职业院校的专业设置是一项系统工程,是学校适应社会人才需求和引导社会人才消费的一个基本尺度,反映学校对社会经济发展、科技发展和职业岗位的适应程度。专业设置的好坏直接影响到高职院校的招生、学生的培养及毕业生的就业与创业。由此导致的资源浪费问题,直接影响高等职业教育的健康持续发展,影响武汉城市圈"两型"社会的建设。一些高等职业院校在课程设置、教学方式、师资队伍建设、教材建设上,不能充分体现高等职业教育的特点、适应高技能人才的培养需要;一些高等职业院校缺乏先进的办学理念,既不了解国际职业教育发展的前沿,又不了解区域经济和产业发展的趋势,缺乏服务意识,处于传统的封闭式办学及管理状态。如此种种,都影响和制约了高等职业教育的健康发展。

(三)高等职业院校的学制不够灵活,资金投入不足

城市圈内高等职业院校没有根据不同区域、行业、岗位对人才职业能力的需求灵活设置年限,而是搞两年制或三年制的"一刀切",影响了人才培养质量。

据统计,全国普通高校生均国家财政性教育经费呈逐年下降趋势,2001年为8800元,2002年为8326元,2003年为7582元,2004年为6209元,2005年为6274元。同时,高等教育的预算内财政拨款分配存在着严重的不均衡现象。2005年,普通高等教育预算内财政拨款为1046.37亿元,其中,普通本科

预算内财政拨款为 936.05 亿元,占 89.46%,高职高专预算内财政拨款为 110.32 亿元,仅占 10.54%。有关发展中国家对教育成本的研究结果却表明,高等职业教育的成本是普通高等教育成本的 2.64 倍,即发展高等职业教育需要有更大的投入。但我国高等职业教育的政府预算内拨款占其学校教育经费总额的比重不到 50%。虽然国家也意识到了教育经费投入不足严重制约了高等职业教育的健康发展,并于 2006 年颁布了《教育部、财政部关于实施国家示范性高等职业院校建设计划加快高等职业教育改革与发展的意见》,决定投入 20 亿元建设 100 所国家示范性高职院校,武汉城市圈进入国家第二批和第三批的示范性高等职业院校只有武汉职业技术学院、武汉船舶职业技术学院、湖北职业技术学院和武汉铁路职业技术学院 4 所,相对于武汉城市圈 43 所高等职业院校的比例,仅为 9.3%,也就是说城市圈内 90% 以上的高职院校是享受不到这一优惠政策的。可见,政府财政投入远远不能满足武汉城市圈高等职业教育快速健康的发展。此外,我国社会对高等职业教育的投入非常有限。一方面,目前我国国民的捐资助学意识还不强,另一方面由于缺乏鼓励企业投入办学的机制,企业举办高等职业教育的积极性没有得到充分发挥。这些原因都会导致武汉城市圈内高等职业教育的资金投入不足。

三、完善武汉城市圈高等职业教育的对策

(一)选择合适的高等职业教育培养模式

Lan Finlay(1998)认为英国高等职业教育的培养目标已经不再局限于基本技能的掌握,不再局限于具体岗位的专门知识与技能的要求,而是立足学生新的职业能力的培养。这种新的职业能力被视为多种能力和品质的综合体现,不仅包括专业技能和水平,包括人际交往与合作共事能力、组织创新能力、随机应变能力等,还强调核心技能的可迁移性,重视个人品质在职业活动中的作用,而且特别重视综合应用能力。M. Skilbeck(1994)强调高等教育和高等职业教育相互融会贯通,普通教育职业化,职业教育普通化。城市圈的发展与城市圈高等职业教育所选取的人才培养模式有紧密的关系。高等职业教育要更好地服务于经济建设,要与区域实现良性互动,必须构建新的教育与经济关系的互动模式,即相互依赖、相互驱动、共同发展的关系和产学结合、校企结合等模式。产学结合是高等职业教育发展的必由之路。校企结合是高职院校培养高素质技能型人才的决定因素之一。校企合作要健康发展,就必须打破双

方不对等的合作关系,降低合作风险,调动企业的积极性,增强合作的稳定性,而这些仅靠市场机制来调节是远远不够的,只能由政府建立起校企合作的体制、机制等制度加以保障,才会使校企合作成为培养高素质技能人才的根本途径和发展模式。一是建立政府主导的校企合作管理体系。建立各级校企合作指导委员会,分布在武汉城市圈各级政府、学校和企业。政府建立的委员会,应由劳动保障、发展改革、教育、科技、财政、人事、国资等部门以及工会、共青团、妇联等人民团体的参与。二是要制定完备的法律政策体系。武汉城市圈的"1+8"政府要出台相应的地方规章,明确高等职业院校与企业在职业教育方面的权利和义务、地位与作用,规定校企合作双方的法律责任和应尽义务,确立奖罚并重的原则,确定校企合作中政府的责任和职能。要制定完备的政策体系,确定校企合作培养高技能人才的机制和模式。三是要建立校企合作的评价体系和有效的激励机制。四是要建立校企合作的政府投入机制。校企合作政府管理体系的运行需要成本,必须建立公共财政对校企管理体系的投入机制;政府应设立导向性和调节性资金的投入机制,或设立政府奖励资金、补贴资金,充分发挥管理职能,综合运用导向资金,促进校企合作健康发展。

(二)建立高等职业教育的共享平台

区域共享型的实训基地在建设上可以采取"政府主导、行业扶持、学院主体"三方互动的基地共建模式,在管理上采取"统筹建设、集中管理、分散使用"的合作模式,在运作上采取"共同建设、资源共享、成本分摊"的共建共享的运行机制。随着武汉城市圈加快一体化进程,高等职业教育的共建共享已成必然的趋势。政府以及高等职业教育管理部门,要对武汉城市圈"1+8"范围内职教资源分布情况进行调查、登记、评估。通过建立高等职业教育资源共享平台,采取租赁等形式,支持高等职业教育的固定资产、现有资源发挥最大的效益,避免职业教育领域固定资产的盲目投资和重复建设。整合高等职业教育的师资力量,采用发放津贴、补贴、奖金等多元方式的组合师资力量,节约师资资源,发挥师资潜能。综合利用职业教育现有资源和资产,建设实验实训、教研科研、课程教材、产业开发、就业推荐等方面的共享机制,整合、节约职教无形资产和有形资产。2010年3月,武汉城市圈高等职业教育联盟在孝感正式成立,应加强联盟内部成员职业院校之间的联系与合作,编辑、出版、发行有关职业技术教育方面的资料,倡导并宣传联盟的整体形象;定期举办公益性培训、宣传、交流活动;发现并举荐人才,表彰、奖励在职教发展中取得优秀成绩的加盟院校、校长、教师以及学生;开展丰富多彩的学习和教学、技能方面的竞赛活动,推广品牌教学、学习和考试体系。代表武汉城市圈高等职业教育与圈外、国内外高等职业教育界的联系、交流与合作。

(三)组建城市圈高等职业教育集团

高等职业教育集团是由高等职业院校、行业协会和相关企事业单位自愿组成的产教联合体,不具有事业单位法人资格。凡具有独立法人资格的职业教育机构、行业协会和企事业单位均可加入集团,成为集团理事单位。理事单位之间的教育和经济业务往来,可以通过协作、参股、转让、托管、租赁等多种方式进行。职业教育集团应坚持以服务城市圈经济建设为宗旨,以人才培养为依托,以校企双赢为基本目标。通过组建高等职业教育集团,充分发挥高等职业院校、行业协会、企事业单位各自的优势,优化职业教育资源配置,提高办学水平,建立一种由重点职业院校牵头,行业协会、企事业单位参与,以专业发展为纽带,以校企合作为重点,以提高劳动者素质为目的,优势互补、互惠互利,低投入、高产出的职业教育发展新道路。重点高等职业院校要在专业现代化建设和教育教学改革以及内部管理等方面走在集团发展的前列,并且通过示范辐射带动成员学校在教育教学、教学管理、教学研究等方面不断上新水平。高等职业教育集团内部要组成教学研究中心组,定期开展教学研究和教学科研活动,统一组织考试考核和专业技术竞赛等,提高成员学校的办学质量和办学效益。同时不断吸引其它成员参加,壮大集团队伍,提升职业教育的整体办学水平。武汉城市圈内可以考虑以武汉职业技术学院、武汉船舶职业技术学院、湖北职业技术学院和武汉铁路职业技术学院为重点来构建圈内具有行业特点的高等职业教育集团,如铁路、船舶等行业的职业教育集团。同时建立城市圈另外 8 个城市所在地的职业教育集团,最后逐渐走向融合,形成城市圈的职业教育集团,促进高等职业教育的发展。

(作者单位:武汉科技大学)

基于生态系统视角的创新型大学
创业型人才培养环境营建探讨

童文胜　夏伦明　颜丹丽

摘　要：随着研究型大学向创新型大学的迈进，创新型大学的创业型人才培养对提升国家竞争力的特殊意义正日益凸显。创业型人才培养的主体——大学、产业和政府（即"产学官"）通过结构和功能的有机整合耦合，能有效实现对创业型人才培养的信息资源分享和效能优化。本文从创业型人才培养的生态学视角出发，结合"产学官"联盟合作模式，初步构建了一个创业型人才培养生态系统，以期为我国创业型人才的培养提供借鉴。

关键词：创新型大学；创业型人才；生态系统；产学官联盟

大学作为新思想、新科技的摇篮，被寄予更多创业型人才培养的社会期许和责任。当前，随着市场经济深入发展，市场的作用和学校之间的竞争对高等教育的影响日益增大，越来越多的学校在按市场经济规律和教育规律不断创新教育管理方法，更新发展理念，谋求自主自治，以适应其外部环境并优化其内部治理。于是"创新"一词进入了高等教育的范畴，而创新型大学以它更出色的科研业绩和独有的学术资本优势，正在世界各地蓬勃发展。我国如何在创新型大学发展进程中大力培养适应社会需求的新型人才是一个紧迫而富有挑战的问题。本文提出生态系统构建的视角，以期为大学创业型人才的培养提供一个较新的可资借鉴的思路。

一、创新型大学的产生及其人才培养的使命

创新型大学（innovative university），亦称"创业型大学"（entrepreneurial university）。这一概念最早是在 1995 年由美国学者 Henry Etzkowitz 在《大学与全球知识经济》一书中提出："经常得到政府政策鼓励的大学及其组成人员对从知识中收获资金的兴趣日益增强，这种兴趣和愿望又加速和模糊了学

术机构与公司的界限,公司这种组织对知识的兴趣总是与经济运用和经济回报相联的。"后来,美国教育家伯顿·克拉克将创新型大学描述为:"凭它自己的力量,积极地探索在如何干好它的事业中创新。它寻求在组织的特性上作出实质性的转变,以便为将来取得更有前途的态势。"综合看来,判断一所大学是不是创新型大学除了教学、研究外,还要服务于区域经济和社会的发展,它们的主要职能已演变为三个方面的有机组合,即培养创新人才、开展科学研究、把研究成果直接转化为生产力(为社会服务)。创新型大学是研究型大学发展的高级形式,它凭借自身强烈的创业精神,在与政府和企业的紧密联系过程中,直接参与研究成果商业化活动,推动经济与社会持续快速发展。

在知识经济时代,知识成为经济增长的主要因素,人才资本成为促进大学竞争优势的核心资源,人才成为一种独立的生产要素的趋势越来越明显。《中华人民共和国高等教育法》第五条明确指出:"高等教育的任务是培养具有创新精神和实践能力的高级专门人才,发展科学技术文化,促进社会主义现代化建设。"这就明确指出了高校培养创业型人才的重要性,而创新型大学作为一种适应知识经济时代的新型大学,培养高质量的创业型人才更是其刻不容缓的使命。创新型大学对于国家和地区经济的支持力度往往取决于自身创新能力的大小和创新成果的多少,而创业型人才是创造高新技术知识成果的源泉,并通过创业活动将高技术研究成果直接转化为社会生产力。因此创新型大学建设的关键是要实现创业型人才的培养。

二、创业型人才的内涵、特征及其培养的生态环境

(一)创业型人才的内涵、特征

对创业型人才的理解首先要正确认识"创业"的涵义。关于"创业"的定义,罗伯特·赫里斯、迈克尔·彼得斯认为,"创业就是通过奉献必要的时间和努力,承担相应的经济、心理和社会风险,并得到最终的货币报酬、个人满足和自主性的,创造出有价值的新东西的过程"。简单地说,创业就是创造新东西的过程,并承担风险和得到回报。在认识创业的概念后我们不难理解创业型人才的内涵。创业型人才是指具有创新精神和创业技能,能够将事业心和开拓能力融为一体的勇于社会实践的创新人才。这里需要与创业人才加以区分。创业人才是直接独立地开拓事业,将知识和技术转化为社会生产力的创业者,它指的是正在从事创业活动并在一定程度上有所进展的人。总体而言,

创业型人才是潜在的创业人才,而创业人才是已经实现了的创业型人才。

创业型人才的主要特征有:(1)完整的科学知识体系,能主动创造性的学习。创业型人才除了需要扎实地掌握本学科领域的基础知识和技能外,要掌握不同学科领域知识获取的方法,要及时跟踪、了解相关学科领域的最新进展情况,更新自身的知识体系,这就需要主动地进行创造性的学习,而创造性学习具有自主性和探索性的特点,能挖掘自我潜能,培养个体的适应能力和独创精神,在科学研究中具有十分重要的价值。(2)优良的创业品质。创业型人才必须是有理想抱负、有社会责任感和团队精神的人。同时,只有具备良好的献身精神和强烈的事业心、坚忍不拔的毅力等个性品质,才能构成创业型人才的强大精神动力。(3)强烈的创业意识和敏锐的创业洞察力。具有强烈的创业意识才能对创业产生无限的好奇心,才能积极主动发现问题和提出问题,并以健康的心态探索、开拓。同时,创业型人才必须具备敏锐的信息捕捉能力、市场感知能力,善于发现和把握社会需求和市场动态。(4)科学的创新实践。创业型人才必须具有严谨而求实的工作作风,严格遵循事物的客观规律,从实际出发,以科学的态度进行创业实践。

(二)创业型人才培养的生态环境

当前,创业型经济飞速发展,创业型经济所追求的灵活性、不稳定性、多样化、新颖性、革新性等内在特性对大学的人才培养提出了挑战。在后金融危机时代,创业型人才的培养将成为推动经济发展方式转变的重要力量。创业型人才以其强烈的创业精神和创业冲动,从积极性的、批判性的思维自觉中发现新的机会,通过一定的领导才能整合资源,创建事业或创办企业,把机会变成现实,对社会产生较大贡献。以创业型人才为主体创业型经济,将成为我国"创新驱动、内生增长"经济转型的重要特征,以及我国下一轮经济增长的强大驱动力。创业型人才的社会需求对创业型人才的培养提出了新的要求。将创业型人才的培养作为一个生命体与其所处的环境看作一个整体,确立创新性人才培养环境的生态系统,无疑是一个新的视角。

按照生态学观点,任何一个特定范围的系统均可以被视为一个生态系统,不同的系统元件就是分布在生物系统内的族群。英国生态学家坦斯烈(A. G. Tansley)认为,"有机体不能与它们的环境分开,而与它们的环境形成一个自然系统","我们所谓的生态系统,包括整个生物群落及其所在的环境物理化学因素。它们是一个自然系统的整体。而在成熟的生态系统中,这些因素接近于平衡状态,整个系统通过这些因素的相互作用而得以维持"。生态系统思想的产生标志着生态学向前迈出了一大步。任一生态因子总要与周围环境经常不断地处于相互交换之中。与此类似,创新型大学的创业人才培养也处在由自然、经济、社会、科技等因素构成的生态环境里,并与之有着物质、能量、信息等的交换,生态观的思想同样适用于创业型人才培养系统的分析。我们从生态的视角来分析创业型人才培养的生态特征及其与环境的关系,能使我们进一步认识到创业型人才培养系统对其生态环境的依存性,确立创业型人才培养系统的生态学原则和视角。

三、我国现行研究型大学创业型人才培养模式的缺陷

与国际成熟的创业教育实践相比,我国创业教育目前依然游离于"国家教育体系"之外,处于自发状态,没有制度化和规范化,加之创业教育经费投入不足,发展更为缓慢,其发展现状与困境表现如下:

(一)传统教学模式妨碍了高校学生知识及智能结构的协调发展

当前,高校因循应试教育模式,追求学术为上,在教学中采取单一的"填鸭式"灌输教育方式,片面强调知识的传授,而忽视学生智能的培养,创业所需要的智力因素和人格特征自然难以养成;大多数高校以选修课程形式开设创业教育,只有少数高校把大学生创业教育纳入到系统的学习和课程体系中,而在现有少数的创业教育试点中,其教学内容也往往理论性课程过多,实践性课程不足,没有给学生足够的实践机会和发展空间,没有将培养创业意识、创业能力、创业技能、培养创业型人才作为教育的基本目的。

(二)缺乏高素质的创新型师资队伍和科学的教师绩效评价体系

教师自身创业意识不强,自身的能力素质难以适应创业教育的要求,在为学生进行创业教育培训时,理论知识的讲授多于实战中的真知灼见,难以提高学生的学习热情和兴趣。大部分高校过于注重争取项目和科研经费而不注重构建科学的教师培养体系。另外,在教师绩效考核中,只注重于常规的教学和科研业绩考核,忽视对教师创业、合作意识和社会服务绩效等方面的考核。

(三)创业型教育体系不完善

我国的创业教育覆盖面狭窄,没有形成一个从小学到大学覆盖各个教育阶段乃至全社会的创业教育体系。即使在大学,创业教育也没有系统的创业教育教学体系作为支撑,既没有形成独立的创业课程和系统的创业课程,也没有形成与之配套的社会实践体系和科技成果转化运作体系,缺乏与政府、产业等社会环境的有机融合。

(四)创业型人才培养的文化氛围缺乏

目前我国创业型人才的培养没能与人的发展、理念的发展、文化的发展同重、同步、同力。多数高校尚未形成完善的、健全的、浓郁的创业文化氛围,学校内部的文化氛围、培养目标、激励导向、评价体系都未能向创业素质培养倾斜。社会对创业的态度也未形成支持、鼓励的氛围,整体上缺少创业文化在国际化、本土化和地方化三者之间的有机结合。

四、基于产学官联盟的创业型人才培养生态系统之构建

(一)产学官联盟及其人才培养生态系统的内涵界定

在我国,学术界对大学、科研机构和企业之间合作的通常提法是"产学研"一词。但是在"学"(大学)和"研"(科研机构)功能日益融合,政府机构在国家创新系统中扮演着重要作用的社会背景下,这一用词已经显示出局限性。自20世纪80年代末以来,产学官合作创新模式成为各国科技政策部门与学术界关注的焦点。其提出首见于日本从1981年开始实施的《下一代产业基础技术研究开发制度》中,其中心内容是保证"产、学、官"各方面力量相互协作和充分发挥各自的优势。日本的政府、企业、大学和研究机构相互结合的官产学体制,对于推动日本创新能力的形成,推动日本经济的增长起到了重要作用,欧美国家也纷纷仿效日本的模式组建产学官联盟研发机构。产学官联盟是指产业、高校、政府之间为实现其特定的目标(如资源共享、技术创新等)通过契约而结成长期的优势相长、风险共担、要素多相流动、组织松散结合的一种新型合作方式。它的理论基础是美国著名学者 Henry Et. zkowitz 提出的"三螺旋"模式(见图1)即"大学、产业、政府三方在创新过程中密切合作、相互作用,同时每一方都保持自己相对独立的身份"。这一理论解释了大学、商业和政府三者之间在知识经济时代的新关系。

产学官联盟创业型人才培养的生态系统是以创业型人才的行为为主导、教育环境(包括产学官)为依托、教育资源流动为命脉的一个复合生态系统,是一个不断与环境进行着物质、能量与信息交换的人工生态系统。因此,它具有类似自然生态系统的功能和特性,是一个集系统观、整体观、平衡观和控制观

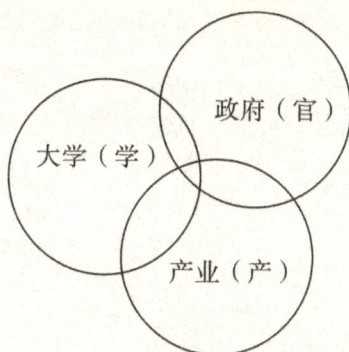

图 1　"三螺旋"结构模式

于一体的有机整体。在这个系统中,大学、产业和政府除了履行各自传统的职能外,还都承担了其他两方的某些功能。大学作为新知识、新技能的来源,是知识经济的生产力要素;产业作为产品的来源,是技术转化的场所;政府作为契约关系的来源,引导并规范大学与产业之间稳定的相互作用和交换。大学、产业、政府之间透过组织的结构安排、制度设计等,加强三者资源与信息的分享沟通,在推动知识生产、传播和转化为生产力的过程中,提高科技资源的运用效能,使创业型人才培养系统螺旋上升,这就是创新型大学形成与持续发展的动力源泉。

(二)产学官联盟创业型人才培养生态系统的角色功能及运作机制

在产学官联盟创业型人才培养生态系统中,政府机构是创业人才培养环境的营造者,产业(企业)是创业人才应用与实践的加速器,高校及科研院所是创业人才教育的直接实施者。这一系统将创业型人才培养的社会动力、社会环境的选择及制约等纳入到系统研究的范围,既可以较好地解决高校及科研院所内创业人才培养的经济形成问题,又可以解决创新型大学的可持续发展问题。基于此,笔者构建了如下创业型人才培养的生态系统构架(见图 2)。

在产学官联盟创业型人才培养生态系统构建过程中,必须充分说明和展示当今社会经济发展对于各方主体的需求,进一步明确各方主体存在的共同利益,从而使得各方的联动成为新形势下的自然产生的共同需求,将创业型人才的存量资本放大。从生态学的视角,结合产学官联盟中各个主体的功能角色划分,笔者构建了如下创业型人才培养生态系统的基本运作机制。

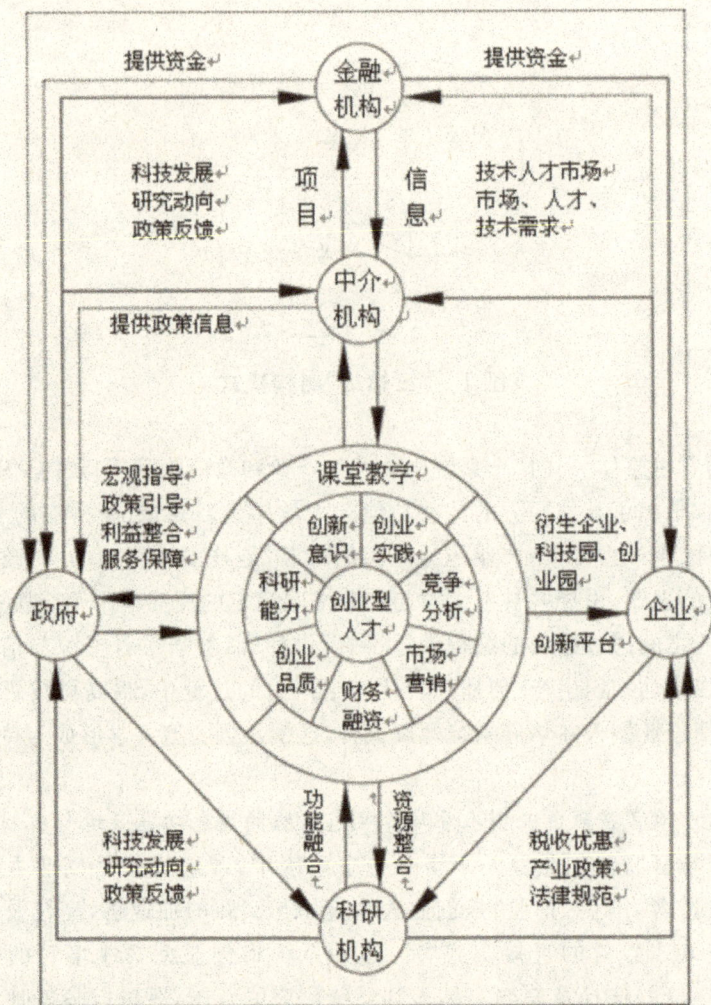

图 2　创新型大学创业型人才培养生态系统构架

1.政府——创业人才培养环境的营造者

创业型人才的培养离不开良好的教育政策环境的支持,政府部门作为公共产品的供给者,一方面给创业型大学的发展提供资金和基础设施等方面的物质支持,另一方面还通过制定政策引导创新型大学加快创业型人才教育模式的改革,推动产学合作、联合培养人才的进程,做好各项人才培养的服务保障工作。

2.产业（企业）——创业人才应用与实践的加速器

产业界直面社会和市场经济的大环境，是创业型人才最主要的需求方。创新型大学通过与企业之间的合作，在促进知识流动和技术转移的同时，不断向企业输送人才。与此同时，企业也借此合作之机，积极参与大学的创业教育，积极为创新型大学的建设提供资金援助，为创业型人才提供实践、实训平台，在创新战略目标实施中实现资源的优化配置，在技术合作项目中实现技术创新和成果转化。

3.大学（高校和科研机构）——创业人才教育的直接实施者

作为创业型人才培养的主战场，创新型大学在服务社会经济发展的同时，通过课程教学的传授给予学生系统的学科知识，培养学生的意识。这种教育包括课堂上的讲授教学和课外的实践教学。

此外，科研院所掌握科技发展、研究动向，是与高校实现强强联合的战略伙伴。中介机构在大学与企业之间起到桥梁纽带和催化剂的作用。金融机构是产学官联盟中资金融通方面的重要保障。而研究型大学应与其他产学官战略联盟参与主体的互动过程中，根据创业型人才的综合素质特征，不断改进教育方式。

五、构建创业型大学创新型人才培养生态环境营建的政策建议

基于以上的分析与探讨，笔者提出如下构建创新型大学创业型人才培养生态系统的政策建议：

1.建立创业型的教育教学体系。大学应致力于寻求学术、职业、创业三种教育的互补均衡发展，将创业教育加以正规化、制度化，有机融入整个本科专业教学中，实现课程结构模块化、课程内容综合化、课程组织活动化和创业教材的本土化设计，构建一个相对完整的创新型创业教育与专业教育相融合的课程体系。

2.将创新型大学建设纳入区域经济社会一体化发展战略。政府、企业和高校在共同促进地方经济发展方面，形成知识创新、公共管理和产业领域的统一，实现创业人力资源中教育、科技、经济的互动开发，从而形成国家组织、民间组织、学校组织、企业组织相互沟通的创业教育组织体系和工作网络，促进创新型大学办学向扩张型多元化发展。

3.加快建立有利于产学官联盟的政策体系和运行机制。建立和完善产学官联盟的政策体系,逐步形成有利于产学官联盟的创新激励机制,为产学官联盟提供制度保障;优化配置高校科技资源,提高面向市场需求的科技创新能力和水平,将科技管理置于经济与社会发展的大系统中,置于产学官联盟创业型人才培养的生态系统中。

(作者单位:华中科技大学)

委托—代理语境下的高校人才资源管理策略探讨

曹艳峰　鄢烈洲　李晓波

摘　要:高校包含四层委托—代理关系:个人与政府,政府与学校经营管理者,学校与以校长为代表的内部成员之间,学生与教师、学校之间。公办高校存在着代理链冗长,各级委托人、代理人权责不对称,市场化欠缺等问题,本文通过分析产生委托—代理问题的原因,提出高校中的人才策略。

关键词:委托—代理;人才策略;代理成本;代理风险

一、相关概念界定

委托—代理关系是指一个或多个行为主体(委托人)指定、雇佣另一些行为主体(代理人)为实现其利益而从事某些活动或服务,同时授予代理人一定的决策权力,并依据其提供服务的数量和质量支付相应的报酬。授权者即为委托人,被授权者则是代理人。实际上,只要存在一方依赖另一方的行为,就存在委托—代理关系。一般认为,占有信息优势的一方为代理人,被影响的一方为委托人。委托—代理理论是企业理论的一个分支理论,实质上是一种契约关系。在现实生活中,委托—代理关系无处不在,比如公民与政府、政府与高校、医生与病人、经理与股东、雇主与工人、老师与学生等。

委托—代理理论的目的是分析非对称信息(asymmetric information)下的激励机制设计问题,主要涉及信息不对称情况下的道德风险问题和逆向选择问题,影响较大的问题在是信息不对称的情况下委托人对代理人的激励约束机制设计。委托—代理理论也是教育届关注的热点问题,委托—代理理论与产权制度密不可分。由于高校是一个多要素或多要素所有者的交易契约,是一个多种所有者参与的社会组织,长期以来,高等学校资源利用效率低下,委托—代理关系比较复杂,委托成本和代理成本较高。如何实现这些资源的有效配置,换言之,如何形成一种能够达到帕累托最优状态的所有权安排? 这些都要求在运用委托—代理理论来诠释以及处理高等学校委托—代理关系、构建激励和约束机制的过程中,切实考虑高等学校自身的特殊性,形成有中国高等教育特色的委托—代理机制,其最终的目的还是促进高等学校和高等教育的稳步发展。

二、我国高校中的委托—代理问题

委托代理理论指出:任何一种涉及非对称信息的交易,且参加交易的一方的行为影响到另一方的利益的关系,都构成委托—代理关系。其中,属于信息优势的一方称为代理人(agent),信息劣势的一方称为委托人(principal)。公民把公共教育事业委托给国家,国家又将其委托给政府,政府将其委托给教育部门,从教育部到地方各级教育行政部门,再到各高校、院系、处所、科室。这是一个层层委托的漫长过程。这其中,有直接委托人,也有间接委托人,有的部门或个人具有双重身份,既是委托人,又是代理人。

总的来说,公立高校涉及的委托—代理关系包括四个层次:

第一层委托—代理关系是个人与政府。教育是全体人民的教育,公立高等教育的性质表明全体社会成员都有对公立高校的所有权和收益权。个人将受教育的权利诉诸于政府,政府就有责任也有义务为公众提供相应的教育服务。由此构成了个人与政府之间的委托—代理关系。其中,个人称为"初始委托人",政府是"代理人"。

第二层委托—代理关系是政府与学校经营管理者。政府掌握公共教育资源,但并不直接经营。政府把这种为公众提供公共教育的事业交给学校管理者,通过学校经营管理层直接提供给公民,因此政府与公立学校经营管理者之间就构成一种契约关系。其中,政府又成为"委托人",高校成为"代理人"。

第三层委托—代理关系发生在教育组织内部。学校与以校长为代表的内部成员构成其委托—代理关系,如校长与教职员工之间,学校管理层与院系管理层之间,院系管理层与各教研室之间,各科室管理层与科员之间等。

第四层委托—代理关系是学校教育服务消费者与学校教育服务提供者之间的委托—代理关系,如学生与教师之间,学生与学校之间,学生是"最终委托人",教师和学校是"最终代理人"。

在这四层委托—代理关系中,全体公民是初始委托人,学生是最终委托人,以校长(包括老师)为代表的学校内部成员是最终代理人,除此以外,其他都属于中间人,担当双重角色,既是上游委托人的代理人,又是下游代理人的委托人。

委托—代理理论的前提假设是产权明晰,委托人拥有产权,委托人可以通过有效的契约约束代理人,以减少代理人的道德风险和逆向选择问题。但高校中的委托—代理关系并不具备这些条件,事实上由于委托人和代理人双方拥有的信息完全不对称,高校中的委托—代理问题才由此产生。

(一)代理链冗长降低了大学运行效率

代理链长,导致教育资源在产权界定上和契约实施过程中困难重重,从而导致高校资源配置及人力资源的合理使用效率比较低。高校中的层层代理关系使高校监督的信息递减,代理成本层层加码,中间委托人的监督积极性取决于他付出的努力与所获得的报酬的关系,同时取决于上级委托人的监督。但中间委托人只有在取得有效收益的情况下才会产生监督代理人的积极性,这就大大降低了公办高校的运行效率。由于各层代理者缺乏激励约束机制,导致代理人履行好代理职责的动机较弱,这涉及如何改革现有的公办高校委托—代理制度,缩短委托—代理链条并在各链条之间建立起有效的连接制衡机制,如何规范代理人的行为以实现"激励相容",如何降低代理成本等问题。换言之,激励约束机制的建立和完善应该而且必须成为高等学校所有者、经营者和参与者共同思考的问题。

(二)委托人和代理人的责权利不对称

在高校的各种委托—代理关系中,各级委托人并不拥有实质上的产权,使得委托人既没有充分的权利对资源进行合理分配,从而得到自己应得的收益,也无需分担相应的风险和补偿相应的成本,由此造成各层委托人的监督缺乏动力。初始委托人(公众)与政府之间的契约是不成文的,作为利益主体的身份不直接、不明确,因此公众虽名义上是委托人,实际上也难以实现自身的权益,也很难实施相应的对策去衡量、监督政府对民众所提供的教育服务,从而造成代理者为公众提供的高等教育服务与委托者所需要的廉价且高效的高等教育服务相差甚远。中间委托人(政府,同时也是代理人)为了追求效用最大化,其与学校管理者之间的委托代理契约是否有效,完全取决于委托人对自身的监督,或者取决于制度约束和制度刺激。公办高校校长作为学校的法人代表,只拥有名义上的所有权,实际上只是名义上的委托人,对其代理人监督管理的积极性必然会降低。学生作为最终委托人,只是作为被管理者和被教育者,其委托人身份并不能得到认同,在较大程度上自身权益并不能得到充分而有效的保障。

因此,在这种多级委托代理的体制内部必然会出现委托人和代理人权利与责任的不对称,在高校内部出现问题时也会出现争功诿过的现象。"公办高校所涉及的委托代理关系中既存在代理人没有履行好代理责任的问题,又存在委托人不成其为委托人的问题"。

(三)市场化比较欠缺

我国公办高校现行的委托—代理关系实质上是行政性(或政治性)的委托—代理关系,市场化比较欠缺,容易导致"内部人控制"问题。从第一、二层委托—代理关系中可以看出,代理人(校长也是由上级委托人任命)的政治性较强,其代理职责、履行义务、行使公众所有权更大程度上是一项公共工程,而内部人员很容易产生"搭便车"行为而又无法追究单个人的责任,于是便产生了道德风险问题。此外,在市场化欠缺的情况下,代理人信息不可能完全公开,在这种信息不对称的情况下,内部人往往占有信息优势,在会计、审计制度以及教育教学评估等制度还不是十分健全的情况下,作为既是委托人又是代理人的多级教育行政机构和学校之间就有可能出现"共谋机制"而取代"监督机制"。同时,由于初始委托人的权力被严重弱化,而代理人同时拥有所有权和控制权,这些代理人之间相互沟通,在整个委托代理过程中出现明显的偏离委托人的利益,甚至共同对初始委托人的权益造成不利局面。而政府作为委托人,也并未采取或无法采取强有力的措施来予以制止和纠正。

(四)高校本身的特殊性使委托—代理问题更为复杂化

与私营企业组织追求利益最大化的目标不同,公办高校委托—代理目标不仅仅是经济效益,更多的是公平、公益、社会稳定等综合目标,这种特殊性使其委托—代理目标不明确。是追求政治利益、经济利益,还是社会效益? 这种困惑致使委托人、代理人业绩难有一个准确的尺度来衡量。而且公办高校的受益者常常不直接、不分明,特别是高校资产主要由人力资本、智力资本及知识资本等"软"资源构成,使得高校教育资源的可塑性极强,从而无法准确地了解资源的贡献,其应得的报酬也无法通过市场准确地反映,代理者可以选择的合理决策的范围也很大,这使得资产使用的结果偏离资产所有者预期利益的可能性就越大。高监督成本使得委托人很难确定代理人管理资产的用心程度、管理水平是否达到了一定的标准。此外,行使国家权力的实体(行政机构)往往为了追求其政治利益而偏离高校经营管理的目标,甚至有追求自己的效用(包括货币的和非货币的)最大化的倾向,因而在选择代理人时也具有从政治利益而非教育利益、从个人利益而非公共利益的角度考虑问题的倾向,这不可避免地使得国有产权下的公办高校的外部性极大,委托—代理问题由此产生:高监督成本、高校内管理者的 X—低效率和高校外政府对其监督管理的 X—低效率、信息不对称、不确定性、寻租、低约束、没有形成管理者资源市场(高校的管理者都是由政府任命的,只升不降或只平调不降)等等。

总之,公办高校委托—代理问题表现在代理链冗长影响了大学运行效率,各级委托人和代理人之间责权利不对称,同时,市场化欠缺的行政性(政治性)委托代理关系易导致"内部人控制"问题,大学组织本身的特殊性,使委托代理问题更为复杂化。因此,如何使委托人提高监督动力,找到表达意愿的有效途径,如何监督契约实施,限制代理人的行为,降低代理成本,保障及维护委托人的权益,实现委托代理双方甚至多方的激励相容,使高校资源配置、运行效率等达到帕累托最优,是个亟待解决的现实问题。

三、高校人才资源管理策略

(一)构建新型的激励约束机制

由于外部性、信息不对称和有限理性的存在,决定了高等学校内部的契约不完备。在这种情况下,如何对学校所有权进行合理分配以实现高等学校的健康持续发展,成为一个高等学校内部治理所面临的首要问题。对于代理人(如高校管理者或教师)而言,其收入的分配如果缺乏激励或者激励不足,必将降低代理人的积极性、主动性和能动性,或导致代理人权力寻租、怠工、机会主义、道德风险等行为的发生。为此,必须构建新型的激励约束机制,从而较好地保障委托—代理双方的利益。任何制度的创新都涉及到利益关系的再调整,而真正的激励是建立在个人需要的基础之上,新型激励是一种组合激励,包括物质层面,也包括精神层面。物质层面的主要是剩余分享,包括持股计划、岗位津贴、绩效薪酬、较高的稳定工资、群体目标奖励、要素分配等,精神层面包括提拔重用、给予荣誉、激发斗志、心灵抚慰、学术休假、协助出版等。此外,负激励也不被排除在外。需要强调的是,经济利益不是人的全部,但经济利益却是制度安排的起点。按劳分配只能解决简单劳动、生产者的问题,但却解决不了复杂劳动的问题,高校人力资源的分配也可适时引入产权激励的办法,提高代理人的积极性。

（二）规范委托—代理行为

针对委托人和代理人权责不对等的问题,应规范其委托—代理行为,实施民主平等的契约管理,严格按照职责权利对称的原则,明确委托代理的权利和义务,从而防范委托代理风险。为此,须明确职责分工,按照合同管理;实行权责对等,保护弱势的权益;增加管理的自主性,提高代理自由度;强化自律意识,倡导高尚诚信,防止逆向选择和道德风险;完善制度设计,多种约束并举,如建立独立的仲裁机构,完善申诉制度等。

（三）积极防范委托—代理风险

在风险的防范上,除了防止代理人投机、败德行为或委托人的渎职行为外,还有化解来自信息上的风险,因为信息不对称可能导致决策失误,因此须建立相应的信息渠道,改变委托—代理双方信息不对称的状况,制约和规范代理人的行为。此外,还要防止来自仲裁人的风险,即防止第三方与委托代理方暗中合作引起的道德风险问题。

（四）降低代理成本

高校不同于企业,其产生的委托—代理问题、代理成本和委托成本都较高。这是目前高校人力资源管理过程中面临的关键问题。要降低代理成本,首要的是减少代理层次,精简代理人员;优化信息网络,公开信息渠道;改善人力动员,科学人力规划;加大监督力度,防止败德行为。同时,在运用委托—代理理论来诠释和处理高等学校委托—代理关系、构建激励和约束机制过程中,要切实考虑高等学校自身的特殊性,形成有中国高等教育特色的委托—代理机制,提高高校的运行效率。

（作者单位:湖北工业大学）

对我国高等教育大众化阶段人才观的思考

熊 军

摘 要:我国高等教育已经进入了大众化发展阶段,坚持正确的人才观,对培养什么样的人才和如何培养人才具有十分重要的指导意义。本文在分析树立正确人才观意义的基础上,重点探讨了高等教育大众化发展阶段人才观的主要内涵。

关键词:高等教育;大众化阶段;人才观

2010年,我国高等教育毛入学率达到25%,已经跨入了国际公认的大众化发展阶段。在这个阶段,我国高等教育坚持什么样的人才观,对培养什么样的人才,如何提高高等教育质量,实现高等教育的可持续发展等具有十分重要的意义。

一、树立正确人才观的意义

(一)对政府的意义

树立正确的人才观,有利于增强政府办好高等教育的责任,履行管理和投资职责,提升教育资源配置水平和高等教育服务水平;有利于强化高等教育发展的宏观调控,统筹高等教育规模、结构、质量和效益,实现全面、协调、可持续发展;有利于加强对高等院校分类管理和指导,建立健全各类型、各层次高等教育的国家质量标准体系、质量评价指标体系、质量监督保证体系,发挥政策的导向作用;有利于明确各级政府责任,规范学校办学行为,促进管办评分离,形成政事分开、权责明确、统筹协调、规范有序的教育管理体制;有利于改善以行政化为主,实现运用立法、指导、规划、拨款、信息服务、政策指导等手段的综合管理;有利于政府改进社会人才评价及选用制度,建立以业绩为重点,由品德、知识、能力等要素构成的各类人才评价指标体系。

(二)对社会的意义

树立正确的人才观,有利于融合社会的人才观,协调社会和民众的人才理念与国家教育方针的统一,统筹教育的个体功能与社会功能,增强大众贯彻国家教育方针的意识,避免教育发展的短期效应和急功近利等思想的负面影响;有利于夯实教育的社会基石和教育发展的社会基础,动员全社会关注、参与、支持教育,弘扬中华民族崇尚教育的思想和尊重劳动、知识、人才和创造的美德,营造宽松与和谐的社会育人环境,奠定良好的社会基础;有利于公众,尤其是学生家长教育和引导学生把个人成长发展与社会实际需求融合起来,树立正确的职业观和择业观,到国家最需要的地方和最需要的企业去建功立业,创造美好的人生职业生涯;有利于增强企业的社会责任,履行支持教育的义务,正确理解社会用人急切性与人才培养滞后性之间的矛盾,自觉地做好企业人才的培训、储备和使用的人力资源规划,改善用人环境和条件,更新用人观念,积极接纳大学生就业,帮助大学生实现职业生涯规划。

（三）对高等院校的意义

从宏观层面上讲,大众化阶段高等教育的多样性决定了高等教育人才培养目标的多样化,必然形成多元化的人才观;从中观层面上讲,每所学校培养人才的类型是基本确定的,必须要求构建符合于学校自身发展定位的人才观;从微观层面上讲,每所学校的每个专业所培养人才的业务规格是具体而明确的,必须要求构建符合专业培养目标的人才观。为此,坚持多元化的人才观,有利于创新教育理念和人才培养模式,推进高等院校的系统改革,在不同层次、不同领域办出特色,争创一流;有利于搭建专业人才培养的高质量平台,坚持以国家发展需要、社会需求和学生学习选择为导向,不断地调整学科专业布局,优化结构,形成优势学科和品牌专业;有利于高等院校强化人才培养工作的中心地位,优化专业培养方案,不断完善课程设置和教学内容体系,处理好专业教育、人文教育和职业教育,理论教育和实践教育,知识、能力和素质教育的关系;有利于树立以人为本的育人理念,尊重学生个性、兴趣和选择,激发学生学习的主动性;教育学生修身为上,能力为重,全面发展,引导学生统筹个人志向与社会需求,实施好职业生涯规划,成为信念执著、品德优良、知识丰富、本领过硬的高素质人才,更加自信地实现就业。

二、我国高等教育人才观的变迁

在我国高等教育发展史上,就持什么样的人才观,培养什么类型的人才,以及如何培养的问题,进行了长期的探讨和实践,有力地推动了人才观的变迁演进、创新发展和与时俱进。在高等教育院校人才培养的实践过程中,关于人才观的主要观点包括:专才教育的人才观,通才教育的人才观,素质教育的人才观和多元化的人才观。

(一)专才教育的人才观

专才教育类似科学教育的理念,即专业教育模式,以苏联模式为代表。在强调教育的社会性与教育目标的工具性的教育思想影响下,根据职业分工和学科专业分类,对学生实施专门化的技术教育培养模式。专才教育模式以专业教育为依据,倡导基础课为专业课服务,注重学生专业素养、专门技能和解决实际问题能力的培养。专业教育成为我国高等教育规范的主流模式,无论过去还是现在的本科教育的专门技术人才培养,还是专科(高职)教育的应用型技术人才培养都是这种模式的体现。专才教育的生命力在于如何由专到专精,并结合学校定位和社会需求而达到专与通兼容。

(二)通才教育的人才观

通才教育类似人文教育的理念,即通识教育,主要以美国模式为代表。在强调教育的个性和教育目标功利性的教育思想影响下,根据人的全面发展,并通过个人发展而促进社会发展的需要,培养知识广博、多才兼备人才的教育模式,强调以知识和能力为主线、宽厚基础、着重文化陶冶感染,注重学生独立思考、理性批评以及丰富社会工作能力的培养。通才教育是精英教育所主导的主流模式。通才教育生命力在于如何由通到通深,并结合学校定位和社会需要达到通与专兼容。

(三)素质教育的人才观

素质教育类似科学人文教育的理念,可称全面性的教育。在全面发展教育思想的影响下,坚持以知识为基础,人文与科学知识融合、工理结合、文理渗透,强化创新意识、协作精神、实际能力的培养,促进学生的综合素质(包括道德、文化、业务和身心)全面协调发展。素质教育实际上是养成教育,促使学生根据未来社会的发展需求,学会认知、做事、生活和做人。素质教育适合于各类高等院校的人才培养,其生命力在于如何把握知识与业务、能力与素质、科学与人文教育相结合的实现模式。高等院校只有根据学科专业和办学资源,进行不断改革、创新和实践,才能收到实效。

(四)多元化的人才观

多元化的人才观认为:大众化发展阶段高等教育具有多样性,即高等教育系统是多类型、多层次、多学科专业的,高等学校内部教学、科研、社会服务、引领文化等多种职能,形成了不同类型高等学校培养人才类型的不同,不同层次的高等学校所培养人才的目标和质量的不同,不同学科和专业所培养人才的业务规格和服务面向的不同,各有千秋,丰富多彩,构成了多元化的人才观。为此,每个高等院校只能构建符合于自身定位的人才观。

三、我国高等教育大众化发展阶段人才观的内涵

我国高等教育大众化发展阶段下的人才观是一种全面发展的人才观。主要体现在以下几个方面:

(一)育人为本、德育为先的人才观

德才兼备、品学兼优,历来是衡量人才的重要标准。我国高等教育的任务是培养有理想、有道德、有文化、有纪律的"四有"新人。在大众化高等教育下,科学文化会随着大众化教育而不断得到普及,相应地在衡量人才的标准中,思想道德会变得更加重要。在今天,衡量人才的标准已经不仅仅是我们培养出来的大学生的学习成绩、认知水平和业务能力,首先应当包括通过学校教育大学生所获得的作为一个社会形态的完整的人应具备的品质,即健康的人格、正确的价值观、高尚的道德情操、坚定的理想信念、良好的团队精神、资源节约与环境保护意识等。因此,大众化高等教育下,应首先树立德才兼备、以德为重的人才观。高等教育的首要功能是育人,是"传道",是将一名思想和心理"年幼无知"者培养成为具有正确行为能力的人。因此,在大众化高等教育过程中,高等院校应贯彻德智体全面发展、以德为先的原则,真正把德育工作放在首位,培养他们的道德修养、工作态度、合作意识、敬业精神、环境适应能力和心理素质等。

(二)国际性和民族性相结合的人才观

21世纪以来,各国在教育领域的竞争也更加激烈。一方面国际先进的教育思想、办学理念、人才培养模式将会更加深刻地影响我国高等教育,使我们的人才观发生一些转变;另一方面,我们的教育必须面向国际教育市场,我们为了在国际教育市场争取到更大的份额,也必须转变人才观。我们能否在竞争中掌握主动权,最终将取决于我们能否培养一大批熟悉国际政务、法律、商务等领域规则的国际性人才。他们要有国际视野,要有现代观念和素养,要有创新精神和创造能力,要有竞争意识和能力,要有非常强的适应性。同时,在经济全球化、文化多元化、政治多极化的背景下,各种思想观念、政治制度、意识形态、文化价值观念等的大量渗透和影响将给高等教育提出严峻的挑战,我们要进一步加强爱国主义、集体主义和社会主义教育,用马克思主义、共产主义和中华民族优秀的先进思想、政治、文化去应接挑战,培养既有国际性又有民族性的人才。

(三)多样性与层次性相结合的人才观

中国自古就有"行行出状元"、"不拘一格降人才"的人才观。到了现代,由于生产的社会化和生产分工的高度专业化,产品在研发和生产各环节中,均需要与之相适应的各种不同类型和层次的人才,也只有各种不同类型和层次的人才的共同努力,才可使得产品的研发和生产周期缩短,质量更高,在市场上更具竞争力。而且,经济社会越发展,对人才规格的要求也越多样化,他们是正相关的。因此,要加快我国经济发展、增强经济发展的后劲和竞争力,需要各种类型和层次的人才。正确的人才观在目标上不仅要体现培养一批拔尖人才(精英或接班人),还要体现培养大批高素质的普通公民(劳动者);在人才模式上,不仅要有理论型、研究型、学术型人才,还要有工程型、应用型、职业型人才;在培养规格上,不仅要有博士、硕士,还要有学士(本科)、专科和其他特殊的专门人才。

四、如何构建正确的人才观

(一)遵循国家的教育方针

国家教育方针从根本上代表了党和国家对高等教育培养人才的要求。它不断地进行调整和完善,及时赋予时代内涵和要求。在不同的历史发展时期,国家教育方针对人才培养工作会提出新使命和新要求,能够鲜明而具体地回答培养什么样的人才以及怎样培养人才的问题。我国高等教育法从法律的角度,确立了高等教育培养人才的国家基本要求。我国高等教育要全面贯彻党的教育方针,坚持教育为社会主义现代化建设服务,为人民服务,与生产劳动相结合,培养德智体美全面发展的社会主义建设者和接班人。《国家中长期教育改革和发展规划纲要(2010－2020 年)》提出着力培养信念执著、品德优良、知识丰富、本领过硬的高素质专门人才和拔尖创新人才。高等院校必须以此为依据构建科学的人才观,以符合国家教育方针的根本要求。

(二)适应社会经济发展的要求

社会经济的飞速发展需求不同规格、不同层次的多样性人才。首先是我们要实现建设人力资源强国、创新型国家、催生孕育战略型新兴产业等国家战略目标,以及转变经济增长方式,调整产业结构,高等院校应做出快速反应,将其人才培养工作上升到国家战略意志的层面。第二是面对招生生源市场和人才就业市场,高等院校的社会地位与声誉、办学与教育水平、人才培养质量与类型,都要受到市场的制约,高等院校提供高水平、高质量、多类型的教育服务便成为办好人民满意的高等教育的基本要求;高等院校所培养的毕业生能否满足经济社会发展的实际需要,受到市场的直接度量,这不仅要求高等学校构建正确的人才观,调整人才培养目标和模式,而且促使大学生将个人意向和社会实际需要结合起来,激发自身的潜能和创新,真正成为社会有用之才。第三是高等教育国际化(跨国界、区域)要求为国际化企业培养具有国际化眼光、业务和素质的人才。教育国际化过程实质上是各国的教育思想、教育理念和人才观的冲突与融合、教育模式的交流与借鉴、教育资源配置整合与合作办学的过程,必然加快高等教育人才培养的改革与创新。

(三)符合高等院校自身的定位

大众化阶段高等教育形成了精英化教育、大众化教育和普及化(有些区域)共存的格局。高等院校应对号就位、合理定位、切实归位。不同类型的高等院校发展目标定位不同,所培养人才的类型和质量标准不同,人才观的构建和定位应符合高等院校自身发展目标的特定要求。我国高等教育的办学层次分为博士研究生、硕士研究生、本科(专科起点本科)、高职(专科)的学历教育,所承担培养任务的高等院校的类型可分为研究型、研究教学(或教学研究)型、教学型和职业型。由于高等院校所处区域与经济发展水平、办学历史与特色、办学资源与综合实力等方面都存在着较大的差异性,事实上所培养的人才是不同类型的,质量也是多样化的,必然要走分类发展之路,避免千校一面的同质化现象。因此,必须科学地构建人才观,培养不同类型与质量标准的人才。就人才培养类型的定位而论,研究型的学校以研究(学术)型,尤其是创新性为主;研究教学(或教学研究)型、部分教学型的学校以应用型为主,兼顾研究型;部分教学型学校、独立学院以高技能型为主,兼顾职业性;高职学院和专科学校以技能型和职业型为主。

(作者单位:武汉科技大学)

试论高等教育体制创新与创新型人才的培养

熊　静

摘　要：高等教育在从精英教育转向大众化教育的过程中，质量出现波动是必然的。近年来，随着招生规模的逐步稳定乃至上升，只有改革教育体制，转变教育观念，改进教育管理方式，进一步提高教学质量，才能培养造就创新型人才。

关键词：体制；观念；质量；人才

党的十七大报告提出，提高自主创新能力，建设创新型国家。《国家中长期教育发展规划纲要（2010－2020）》提出，高等教育承担着培养高级专门人才、发展科学技术文化、促进社会主义现代化建设的任务。

二十世纪末，由于高中毕业生的大量增加，国家实行了全面扩招的政策，我国高等教育，已从精英教育转向大众化教育。近年来，随着招生规模的逐步稳定乃致上升，国家对人才的培养提出了更高的要求。

作为高校教育工作者，我们应如何面对形势的变化，培养合格的创新型人才呢？笔者认为，只有改革教育体制、更新教育观念，才能为社会培养出"有理想、有道德、有文化、有纪律"的"数以亿计的高素质劳动者，数以千万计的专门人才和一大批拔尖创新人才"。

一、创新教育体制，扩大高校办学自主权

教育体制改革是个庞大、复杂的系统工程，它存在于大的社会环境系统之中，受社会环境中各个因素的影响和制约，教育系统内部也存在着复杂的关系。

教育体制改革应按照政事分开、事企分开和管办分离的要求，以促进教育事业发展为目的，以科学分类为基础，以深化机制体制改革为核心，以提高学生的创新能力为主体，总体设计、分类指导，扩大高校的办学自主权，真正实行校长治校、教授治学。

二、高校管理机制自我创新，是培养创新人才的基础

（一）提高大学生的质量

培养创新人才，归根到底是要提高大学生的质量。

诺贝尔奖获得者彭其亚斯认为："21世纪是质量第一的世纪，质量是21世纪高等教育的生命线。"

大学，归根到底是培养人才的社会机构。衡量大学的效率和质量，最重要的莫过于所培养的大学生质量。大学的科学研究成果虽然要为社会经济发展和文化进步作贡献，但是，首先仍然是要服务于人才的培养和造就。所以，为了创造一流的大学教育质量，培养合格的创新型人才，必须造就一流的大学教师队伍和管理队伍，这是提高教育质量、培养创新型人才的根本前提。

（二）教育工作者应自我创新

培养创新人才，教育工作者应自我创新。我们生活在一个知识爆炸的时代，知识生命周期在不断缩短，为了造就一流的教师队伍和管理队伍，就必须千方百计加强教师和管理人员的继续教育。把好"讲台关"，刚毕业的学生不能上讲台，这是提高教育质量的需要，也是高校的传统经验。他们应当给教授做两年助教，或经过岗前培训，熟悉教学环节，培养师德师风，在保证教学质量的同时，实现教师储备。学校应制定一整套促进教师和管理人员在职培训提高的政策，增加投入，鼓励教师和管理人员结合岗位工作需要，进行培训和提高。

（三）高校激励机制应自我创新

培养创新人才，高校激励机制应自我创新。大学的文化需要积淀。没有一支富有创造性的教师和管理人员队伍，要培养具有创新精神和实践能力的学生是难以想象的。因此，教师和管理人员的积极性、创造性和精神面貌，直接影响着学生的整体精神面貌。为此，制定一系列有利于调动教师和管理人员积极性和创造性的政策，是每所高校当前和今后相当长时间内面临的最重要、最紧迫的任务。不少高校已作了有益的尝试，用人制度改革实行人员聘用制、竞争上岗，目标管理，分配改革实行"效率优先，兼顾公平"的分配体制等。这些措施触动了人心，激活了潜力，鼓舞了士气，调动了教职工的积极性，为保证教学质量提供了动力。

三、更新教育观念，为创新人才的培养创造良好的条件

我国高等教育在走向大众化的过程中，由于高等教育规模的迅速扩大，学

生的知识结构、天赋能力与习得能力水平、个人的意志品质和兴趣爱好、学习目的与学习动机等智力和非智力因素的状况都将产生结构性的变化。这些必然会在一定程度上引起教育质量的波动。如何正确对待和减少这种波动的发生，是促使学生健康成长的关键。

（一）要树立科学的教育观

树立科学的教育观，就是要明确：学生在发展过程中，不是被动接受的容器，而是发展的主体，教育能否在学生身上起作用，起多大作用，最终取决于学生本人，而非教师。正如父母可以教育子女怎样吃饭而不能代替子女吃饭一样，教师只能促进学生的发展，而不能代替学生的发展。

（二）树立科学的人才观

大学是培养人的，培养什么样的人，在不同的历史时期有不同的人才衡量标准。精英化时代，高校培养的是各行各业的振兴人才，与此相对应的，社会的价值取向是追求"卓越"和"与众不同"。当高等教育的门槛降低，越来越多的青年人进入大学学习时，衡量人才的标准应相应调整，拥有一技之长的合格公民应是高校不懈追求的培养目标。与此相对应，"悲天悯人"和"甘于平凡"将成为社会的主流价值取向。《国家中长期人才发展规划纲要（2010—2020）》指出："人才是指具有一定的专业知识或专门技能，进行创造性劳动并对社会作出贡献的人。"因此，衡量人才的标准，要求也应从精英型向现代教育的大众型转变。

（三）树立以学生为本的教育理念

大学生是学校的主体，是大学得以存在、发展的前提。学校应本着"一切为学生健康成长，为了一切学生健康成长"的观念出发，为他们的成长、成才创造良好的条件。由于学生的知识基础、兴趣爱好、志向各不相同，可以结合实行学分制，在学生中实行课程选修制；允许学生自选专业、实行宽口径、重基础、重能力的培养；增加图书馆的开放时间；在学生宿舍开通英语学习听力台等等，这些措施都会激发学生的学习热情，提高教育质量。只有树立以学生为本的管理理念，才能想学生之所想，急学生之所急，改善教学环境和办学条件，提高高校管理的工作效率。

四、在学生中实行"以引导为主"的教育管理方式，激发大学生的创新精神

进入大众化以后，高校单一的教学组织管理模式和学生组织管理体制与个性化、多层次的学生成长需求之间的矛盾不断激化。在智力教育过程中，人们并不给学生一个硬性的指标，对学习跟不上的学生，往往能给予宽容，也不会因有学生达不到教学要求而对教师作过多的责备。然而，在高校德育教育工作方面，却往往忽视了学生发展的主体性，人们总是以教育者预设的目标为标准，以学生是否整齐划一达到目标为评价德育工作效能的尺度。事实上，由于德育工作的复杂性、多层次性以及学生的多样性，德育教育工作无法、也不可能统一达到原定的目标。因此，只有给学生更为宽松的环境，以引导为主，才能促进学生的健康成长。

1. 在新时代背景下，高校教育管理者应该积极转变观念。从教育过程的主客体关系来看，学生是教育过程的主体，而老师的重要作用体现在对教育资料的选择和加工上。

2. 高校教育管理者要积极地引导大学生进行自我培养。米德（Mead. G. H）关于人的发展的自我理论告诉我们："自我（self）是凭借主体我（I）和客体我（me）的相互作用而获得发展的"。me 是借用吸取他人的态度而形成的。与 me 相对，I 是评价并想超越 me，从而维护自身的另外一种自我。所以，我们在对学生进行教育管理的过程中，使学生的主体我 I 和客体我 me 出现矛盾，而学习实践活动，达到自我培养的目的。实际上，学生的发展和成才的过程，就是一个完整的学生自我培养过程。

3. 要以素质拓展为主线，以构建自我培养平台为核心。大学生的自我培养过程是一个综合素质拓展和提高的过程，所以，我们必须把大学生的素质拓展工作作为开展学生教育管理活动的主线，重要建设学生自我培养平台，为学生提供广阔的发展空间，满足不同学生不断发展的需求。

4. "引导代替管理"不等于不要管理。要逐渐淡化管理，实施人性化管理。管理要为引导服务，重点是怎样通过管理手段的实施，把学生引导到正确的方向上来，立志把自己培养成创新型人才。

五、转变教育方式，着力培养学生的实践创新能力

著名的"钱学森之问"对现有的人才培养模式提出了质疑。党的十七大报告提出：到 2020 年，我国要跻身于创新型国家行列，培养数以千万计的专门人才，大批的拔尖人才。为了实现这一目标，高校必须从课程体系、教学设计、培养途径、师资队伍、考试录取体系、经费保障等方面进行改革，着力培养创新人

才。大学的使命就是培养成功人才,能否培养出一流的具有创新能力的成功人才,这是检验大学是否一流的标准。

创新人才的培养,必须实现以下几个转变:

一是体制的转变,包括管理模式、办学理念、办学特色等。

二是实现从应试教育到素质教育的转变,要鼓励学生张扬个性。教学的目的,不仅仅是传播知识,更重要的是要塑造学生素质,训练学生思维,使学生变被动学习为主动学习,培养创新思维能力。

三是培养方式的转变,创新人才的培养必须磨砺创新意识。创新需要有坚强的意志和百折不挠、不达目的誓不罢休的奋斗精神,任何缺乏自觉性、坚韧性、勇敢性、自制力的人,都是无法取得创新成就的。爱迪生说:"伟大人物最明显的标志,就是他坚强的意志,不管环境换到何种地步,他的初衷与希望仍不会改变,而终于克服障碍,以达到期望的目的。"

创新人才必须具备以下素质:

忍受孤独——上帝只帮助那些能帮助自己的人。人要有出息,必须忍受常人无法忍受的孤独与寂寞,在孤独与寂寞中才能卓尔不群。

忍受屈辱——暂时的屈辱与苦难是磨砺一个人的意志的,只要心中有梦想,就可以坦然应对出现在面前的不幸,关键是我们要做好手头上的事情。

忍受失败——机会的发生都存在于对失败的清醒认识之中。最重要的是我们要立即去做,自强不息,艰苦奋斗。

规划纲要的实施和全教会的召开,标志着我国高等教育进入发展模式转变、注重体制改革和质量提升的新阶段,作为一名普通的高校教育工作者,必须坚持以党的十七大精神为指导,以学生为本,以尊重人格为特点,以人的全面发展为目标,张扬学生的个性,鼓励学生的自主和创造,培养创新精神,引导学生树立热爱生活、积极向上的人生观、价值观,争取每一名学生都能够健康发展并走向成功。

综上所述,在高等教育从精英教育向大众化教育转型的过程中,我们只有树立正确的、科学的教育观、人才观,改善高校硬件、软件环境,改变管理方法,保证教师队伍和管理队伍素质,尊重并正确引导学生的个性发展,才能提高教育质量,培养出受社会欢迎的合格的创新型人才。

（作者单位:湖北工业大学）

论中央企业领导干部建设的"四个着力点"

刘望道

摘　要:根据党的十七大加强党的建设"以完善惩治和预防腐败体系为重点加强反腐倡廉建设"和《建立健全惩治和预防腐败体系2008—2012年工作规划》的精神,本文结合武钢的工作实践,以"四个着力点"的思路论述中央企业反腐倡廉建设:以深化廉洁文化教育为着力点,增强教育的说服力和持久性;以提高制度的执行力为着力点,强化制度的约束力和权威性;以健全反腐倡廉机制为着力点,保证监督的制衡力和经常性;以深化以惩促防为着力点,提高惩治的威慑力和实效性。

关键词:中央企业;反腐倡廉建设;四个着力点;武钢

继《建立健全教育、制度、监督并重的惩治和预防腐败体系实施纲要》(以下简称《实施纲要》)发布后,党的十七大指出:加强党的建设"以完善惩治和预防腐败体系为重点加强反腐倡廉建设"。2008年6月,党中央发布《建立健全惩治和预防腐败体系2008—2012年工作规划》(以下简称《工作规划》),提出了今后五年工作目标和任务,其中的许多内容对国有企业具有直接的针对性。中央企业的反腐倡廉建设,要贯彻落实《实施纲要》和《工作规划》精神,积极迎对新阶段、新形势的新任务和新挑战,把改革的推动力、教育的说服力、制度的约束力、监督的制衡力、惩治的威慑力结合起来。这里,结合武钢的一些成功做法,按照教育、制度、监督、惩治"四个着力点"的思路进行分析。

一、以深化廉洁文化教育为着力点,增强教育的说服力和持久性

党的十六大以来,党中央提出了大力加强廉政文化建设的战略任务,把廉政文化建设作为反腐倡廉建设的一种新动力。文化在经济发展中的作用非常巨大。英国前首相丘吉尔曾经说过,"宁可失去一个印度,也不可失去莎士比亚。"《实施纲要》明确提出:"大力加强廉政文化建设,积极推动廉政文化进社区、家庭、学校、企业和农村……引导企业廉洁诚信、依法经营。"廉洁文化增添

了反腐倡廉教育的新内容,有利于从源头筑牢拒腐防变的思想道德防线。企业廉洁文化在广度上拓展了企业反腐倡廉教育的内容。它的群众性、广泛性、渗透性等特点,全方位地涵盖了企业各个群体,在广义上的范围大于廉政文化。企业廉洁文化用先进文化引领群众文化,且把它们融合到企业反腐倡廉教育的实践中,在深度上强化了企业反腐倡廉教育的文化品位。《工作规划》指出,制定《关于加强领导干部反腐倡廉教育的意见》,落实《关于加强党员经常性教育的意见》,提高教育的针对性和有效性。特别是在新制度的建立时,应该恰当注入廉洁文化的内容,使之在预防腐败源头中发挥健康文化的影响力和持久性作用。

思想教育是党的建设的光荣传统,"思想教育从严"是党的一贯做法,在党领导改革开放的第三次革命中应该坚持和发扬。例如,在教育的内容上,要把握层次性。对领导干部,要提倡"以书治政"。广东省委书记汪洋推荐的书是《世界是平的》,比尔·盖茨也力挺此书。有专家从价值角度,称它与于丹评说的《论语》均为"我所欲也"。对该书特别强调的机会均等,领导干部不仅要洁身自爱,而且要在单位倡导公平、公正的竞争氛围,在政绩上做到有所作为。要像美西战争时的信使罗文中尉那样,忠于职责,信守承诺,"把信送给加西亚"。对"三管六外"等敏感岗位人员,要大力宣传身边发生的正面典型。要善于挖掘反腐倡廉榜样的党性修养、浩然正气、廉洁品质等主观因素,使其影响和带动更多人。对反面典型,要特别注意运用警示教育的内容。要充分估算搞腐败的政治账、经济账、名誉账、家庭账、亲情账、自由账等多方面的成本及其所造成的损失,深入剖析当事人的行为不仅误党误国,而且害己毁家,做到以儆效尤。对广大职工,要着重廉洁文化的普及宣传。同时,教育的手段要灵活多样。要充分运用党课、报告会、谈心、文艺宣传、网络教育、电化教育等多种载体,做到传统载体的现代化、现代载体的大众化。所有这些,都要贴近党员和群众思想的关注点、兴奋点、敏感点等展开,使教育真正产生入耳、入脑、入心的好效果。

武钢开展廉洁文化建设起步较早,有声有色,在显示自身特点的同时已经有一定的文化含量。《武钢"十一五"廉洁文化建设规划》的制定、对领导干部及"三管六外"等敏感岗位人员和广大职工"分类施教"宣教方针的运用等,达到了良好的教育效果。一位基层党委书记感叹道:"安全文化追求的是职工的身体健康,廉洁文化保护的是干部的政治生命。"2007 年以来,武钢纪委监察室在全公司干部群众中广泛征集武钢廉洁文化核心价值观表述语。2008 年 10 月，经过层层筛选，精心提炼后，武钢确定了"十四字"的表述语："廉洁从业炼人品，诚信经营铸钢魂。"它内涵丰富、寓意深刻、通俗易懂、便于传播。

二、以提高制度的执行力为着力点，强化制度的约束力和权威性

《工作规划》提出，修订《中国共产党基层组织选举工作暂行条例》，制定《关于在党的地方和基层组织中实行党务公开的意见》，"狠抓工作落实"、"完善惩治和预防腐败体系，关键是扎扎实实地抓好落实"。制度的关键和核心是不折不扣地执行，否则，再好的制度也不起作用，还大大地影响到制度的权威。如，由于党内选举制度的不健全，导致一些地方和基层在干部选任上用委任制代替选举制。对党内劝退除名制度的执行，离"坚持标准、立足教育、区别对待、综合治理"方针的要求距离较大。这些，使党内外群众感觉到党建理论和党建实际的距离、制度规定和实际执行的误差，影响着制度的公信力。健全完善党内执法机制，提高执行力，要改变过去在制度建设中客观存在的执行中不遵守、不落实、打折扣、唯我所用等使一些好制度流于形式的现象，必须在制度的责任上落实到人，在制度的程序上严格把关，在制度的奖惩上加大力度，真正发挥制度的应有作用。

关于改革和完善基层选举制度，乡镇长的"两推一选"，作为基层政权的民主改革，曾经有一个小高潮。由于与宪法和地方组织法由同级"人代会选举产生"的规定不符合，在 2001 年 7 月中央发布 12 号文后有所停滞。这说明选举一定要依法依制办事。十七大党章关于基层委员会、总支部委员会、支部委员会的书记、副书记的产生，从"选出的"三个字到"选举产生后"五个字的改变，重申和强调了党的选举原则。《中国共产党基层组织选举工作暂行条例》的修订，要以党章规定的原则和精神为指导，可以对以下具体内容进行修改：例如党代会代表候选人、基层党组织委员候选人的提名与确定，在党员推荐和党组织推荐的同时，扩大到群众推荐、个人自荐。又如，在选举实施中，根据不同情况对候选人与选举人的见面会、演讲、询问等做出明确规定。在差额选举中，代表候选人、委员候选人的差额，可从 20％提高到 25％至 30％。在中央企业基层党组织的选举工作中，要普遍推行基层党支部书记选举。同时，要对所属单位党委的党委书记直接选举进行试点，取得经验后逐步推广。

关于健全和完善党务公开制度，中央企业党组织不必被动地等待中央的

制度出台,而应进行积极探索。早在 2006 年 9 月,武钢课题组在中央企业党建政研会立项并完成的《中央企业党的先进性长效机制建设探微》,提出的制定《中国共产党党务公开条例(试行)》的设想,与《工作规划》提出的制定《关于在党的地方和基层组织中实行党务公开的意见》的基本精神相符合。在制定和试行企业党务公开制度时,无论企业的现状如何,党务公开的基本精神是应该遵循和贯彻的。在公开的主要内容上,应该囊括党内民主选举、民主决策、民主监督、民主管理等方面;在公开的时间上,做到事前、事中、事后或结果公开;在公开的形式上,保证党员诉求和权力部门及时对应的"双向公开";在公开配套上,与公开最直接联系的党内情况通报、党内情况和社情民意反映、党内重大决策征求意见、社会公示和社会听证、专家咨询和论证制度等相辅相成;在公开的层次上,从上至下要做到在党代会、党委全委会、常委会、基层党组织和党员中公开。这样,党员的知情权和监督权才能保证和落实。

三、以健全反腐倡廉机制为着力点,保证监督的制衡力和经常性

党的十七大指出,"坚持深化改革和创新体制,加强廉政文化建设,形成拒腐防变教育长效机制、反腐倡廉制度体系、权力运行监控机制。"《工作规划》提出,健全防治不正之风的长效机制。它的重要性,甚至在原鄂钢公司董事长兼总经理陈明洁的忏悔录"体制、机制的缺陷导致我的罪过未能得到及时制止和纠正"中,从反面给了我们启示。

反腐倡廉机制与体制、制度密切相关。它包括反腐倡廉教育长效机制、权力运行的监控机制、反腐败工作运行机制和责任机制等。在建立反腐倡廉教育的长效机制时,要落实《关于加强党员经常性教育的意见》,构建反腐倡廉"大宣教"的工作格局。特别是在反腐倡廉"大宣教"机制的纪委组织协调方面进行努力,充分发挥反腐倡廉"大宣教"的作用。在建立健全权力运行的监控机制中,对权力行使过程的监督,重点对象是各级领导班子主要负责人的监督,关键是重点环节和重点领域的监督。

在自上而下的监督中,由于执政党在国家社会生活中的地位和作用,对执政党权力制约的首要途径只能是党内监督。要依据《中国共产党党内监督条例(试行)》的基本精神,有效发挥上级党组织对下级党组织的监督作用。同时,还要充分发挥国有资产监督管理机构、政府职能部门和外派监事会的作用,加强对国有资产的监管。自下而上的监督是民主监督的核心,群众中蕴藏着反腐败不尽的动力和源泉。仅从广大人民群众的信访举报看,它一直是发现案件的主渠道,在揭露腐败、提供案件线索乃至查清问题方面发挥了重要作用。据新华网 2007 年 2 月 13 日消息,2006 年全国纪检监察机关查处的案件,有 46.2% 来源于信访举报。要克服和打消广大党员、干部、群众对敏感问题不敢监督、不愿监督的顾虑和心态。在保障条件上,要在纪律、技术处理等方面采取可靠措施,使说真话的人不丢选票、不"穿小鞋",避免敢于监督的人遭打击报复的不正常现象发生。

在反腐败工作运行机制和责任机制中,在贯彻民主集中制的"十六字"原则时,要合理把握决策程序。由于在讨论重大问题的党委会上,对谁最先表态的问题,有关制度并无细节规定。"一把手"最先表态、或其他委员先表态,这两种情况可能会出现不同的结果。班子的"一把手"要摆正个人和集体的位置,当班长不当"家长",有主见但不主观,有自己的意见但不要事先表态。在推行党政领导干部问责制时,要进一步完善责任追究机制。它包括明确追究主体、明确责任界限认定、细化和量化责任追究标准、明确责任追究的程序等。在 2008 年"中国问责风暴"中,河北石家庄"三鹿奶粉事件"、山西襄汾"9·8"特大尾矿库溃坝、江西新余 11 名公务员违规出国考察等系列事件的处理表明,官场问责已对领导干部是否正确履行权力、行使职责产生强烈震撼。在建立和执行财产申报制时,应该防止过去收入申报规定由于制度设计的缺陷,在实施 10 多年的过程中执行不尽人意的情况。在机制上特别是对怎样核实申报者的申报内容是否真实这个关键问题发力,使之在监督领导干部的廉政行为上发挥出它们应有的威力。官员财产申报的首次提出和在网上公开,发生在边远的新疆阿勒泰地区,55 名初任副县级干部公开财产 175 万元。这个数目不大,也可能不太典型,被网友称为"史上最牛山寨的官员财产申报制"。它虽然在完全公开领导干部及家庭成员财产等方面不尽完善,但无疑带头开了财产申报制的先河。国有企业也要对建立财产申报制勇于探索,对这一敏感问题积极实践。

四、以深化以惩促防为着力点,提高惩治的威慑力和实效性

惩治腐败包括查办违纪违法案件、惩治领导干部严重违反廉洁自律规定的违纪行为、纠正各种严重损害群众利益的不正之风等方面。惩治腐败的关键是依纪依法查办违纪违法案件。坚持在法律和纪律面前人人平等,对腐败

分子绝不放过、绝不姑息。据新华社电,2003 年—2008 上半年,全国法院惩处贪污贿赂、渎职等职务犯罪,判处罪犯 12 万余人,同比上升 12.35%。判处的原县处级以上公务员 4,525 人,同比上升 77.52%。这说明反腐败任务仍很严峻。

　　惩治和预防是相辅相成、相互促进的两个方面。惩治腐败对于有效预防腐败具有重要的推动和促进作用。通过运用典型案例开展警示教育,对于广大党员干部尤其是领导干部,从中汲取教训、引以为戒,增强拒腐防变能力,具有鉴戒作用。通过剖析案例、建章立制,对填补体制机制制度上的漏洞和弊端,推进预防腐败工作具有推动作用。通过查找薄弱环节,强化监督,加大对领导干部的监督力度,解决权力弱监、虚监甚至失监的现象具有促进作用。

　　惩治腐败的目的是预防、减少和避免腐败现象。清朝学者赵藩题成都武侯祠诸葛亮殿的楹联上写道:"能攻心则反侧自消,从古知兵非好战;不审势即宽严皆误,后来治蜀要深思。"惩治腐败要坚持宽严相济,既不搞惩办主义,又不搞"好人主义"。要坚决纠正一些单位存在的执纪执法"偏重"、"偏宽"、"偏软"等"过"或"不及"的问题。在惩防并举、以惩促防时,不仅要查清违纪干部和党员的问题,惩治腐败;而且要贯彻惩前毖后、治病救人的方针,挽救失足者;还要履行纪检监察机关的保护职能,保障当事人的应有权利。

　　武钢坚持以严厉惩处促规范管理,以主动预防促源头治理的工作思路,做到了以惩促防同步化。武钢主要从"三口"入手,以惩促防:一是把住辅业改制的关口,二是盯紧物资采购的进口,三是疏通循环经济的出口。武钢第五次到第六次党代会的五年来,受理信访举报 2032 余件,查办案件 342 件,收缴违规违纪款上缴公司财务 982 万余元,给予党纪处分 122 人、政纪处分 256 人。近四年来,武钢受理信访举报 2200 余件,查办案件 331 件,挽回经济损失 1200余万元,给予党纪处分 110 人、政纪处分 216 人。同时,武钢为 36 名受到失实举报的干部澄清了是非,保护了干部改革创新、履职履责的积极性。

（作者单位:武汉冶金管理干部学院）

转型期企业人才管理策略探讨

肖时钧

摘　要:促进中国企业进一步发展的动力是管理。企业的技术创新和内生优化要求企业必须"向管理要效益转型"。本文从企业转型过程中面临的人才危机出发,分析人力资源管理变革的必要性,提出了转型期的企业人才管理策略。

关键词:转型期;人才管理;策略

一、企业转型与企业人才危机

21世纪是世界大发展的世纪,是竞争的时代。为了赢取竞争优势,长期以来国内企业习惯于打价格战,也令所有参与其中的企业尝尽了苦头。面对激烈的竞争环境,如何获取竞争优势,如何维持竞争优势,是令许多经营者头疼的问题。"人是企业最重要的资产"这是所有在探索中前进的中国企业经营者的共同认识,但遗憾的是谈得多做得少。究其原因不外乎是人力资源工作是一项需要长期坚持的持续发展的工作,与此相对的却是企业管理者急于求成的心态。对于大多数的国内企业而言,要想获得生存,获得发展,企业转型中的人才危机处理已经是不得不面对的一个重要问题。全球经济巨变,企业面临危机。企业转型和企业变革成为企业面对和解决危机的根本所在。

尽管经过了许多年改革开放的深度变革,但在全球多变的经济形势下,我国企业,从广义上讲,面临着深刻变革。多数都远不能适应和参与多变的市场竞争。体制机制、增长方式、产业调整、产品结构、重组扩张、企业再造、文化品牌等,是任何一个企业不同程度艰难面对的问题。企业转型和变革真正得以实施,并得以顺利完成而取得全面成功的,实在是少之又少。

统计数字和原因分析说法各不相同,但危机中多数的企业落败是事实。追根溯源,企业危机的根本是人才危机。企业转型时,在企业中往往会存在相当的员工在面临激烈的市场竞争时缺乏危机感、紧迫感以及危机处理能力,工作思路和工作方式都没有从原有的模式中解脱出来,同时,在工作的积极性和主动性等方面也存在不足。

人才,核心团队,团队核心是企业在多变经济形势下的核心生存能力。要搞好一个企业可以派一个领导,要搞垮一个企业也可以派一个领导。只有树立人才危机的真正紧迫感,企业乃至社会的人才发展战略,才会有不竭的源动力。

在企业转型过程中,企业管理必须由经验管理向科学管理全面过渡,公司在转型过程中坚持以人为本、人力资本价值理论的核心理论,坚持以制度为保障。

二、转型期企业需要人力资源管理变革

(一)企业转型需要从认知上真正将员工视为企业资源

随着科技的进步,信息技术的高速发展,企业经营环境的剧烈变化,企业竞争环境越来越苛刻,传统的管理方式(不管是企业的组织结构还是人力资源管理或者其他方面)已经越来越显示出其无能为力的一方面,现代企业为了获得长远的生存发展,企业转型已经成为许多企业必然而且当然的选择。从根本上而言,企业转型是换一种方式向管理要效益。

在过去的发展历程中,大多数的中国企业在看待员工的问题上,总是将员工视为企业发展的问题,而企业为了解决这类问题,一般而言又会采取三种方法:一种是设计不同的福利方法来解决保留员工这个问题;二是通过人事管理的方法来解决由于大量员工共同工作而产生的协调、激励等的需要;三是将企业的员工等同于企业成本控制的一个方面,人力资源管理的任务就在于降低控制成本。

尽管现在,不管是学术界还是企业的经营管理者,都承认"人才是企业最重要的资本",但是,具体到实际的员工管理工作的时候,多数企业的相关部门在处理相关事务时的态度仍在这三种方式间徘徊,即简单地将员工看成是问题、程序或者是需要控制的成本之一。

但是,伴随着社会的快速发展,作为社会组织中重要的组成部分的"人"的概念也发生了重大变化,其内涵也日渐丰富。作为员工来源"人"的自身素质的提高,员工需求的多样化,员工社会角色的改变,使得这样简单处理员工的

方法不能适应企业发展的需要。转型中的企业必须从认知上明确,企业之所以雇用员工是寄希望于员工能力的发挥,组织活动就在于能够使员工扬长避短。而企业转型"向管理要效益"换一种说法就是从企业员工身上拿到更优的解决问题的方案,不断提高组织的效率。企业总是不断地开发员工,需要其不断地为组织输出更大的效益,使得员工的能力尽可能多的转化为组织的效益,要寻求这种转化,就需要在员工的管理上寻求超越,首先需要的就是真正视员工为资源的管理。

德鲁克曾经对现代社会公民的工作需求有过精彩的描述:"现代工业社会中的公民逐渐寄希望在工作中满足创造的欲望,并发挥本性,希望工作能超越经济需求,满足个人的自尊和自豪。""视员工为资源"的理念和做法将使企业在满足员工未来需求的基础上,收获更多优秀员工的忠诚,同时"企业通过提供挑战和机会,让每位管理者将潜能发挥得淋漓尽致,企业借此履行了对社会的义务,把工作变成一种'生活方式'"。

(二)企业转型需要真正从发展的角度培养人才

员工作为企业转型的承受主体,对于企业发展和企业转型都发挥着至关重要的作用。

首先,在经济快速发展的现在,环境因素复杂多变,竞争无处不在,并且处于不断的变化发展之中,企业的生存与发展变得越来越艰难。员工作为推动企业发展的重要力量,只有不断地学习才能使企业获得发展;同时企业要想获得持续的发展动力,只有员工的学习速度、学习能力等方面超过社会的平均速度,从而获得"超额学习利润"。

其次,企业的发展是由核心人才推动的。与企业的动态发展过程相对应的是企业人才的动态发展。在企业发展过程中,人才的发展同样不可避免的重复着有盛就有衰的过程,尤其对面临转型的中国企业而言,保持相应稳定的、甚至是某种阶段上"过剩"的人才储备资源,不仅是企业战略发展,实现企业的持续长久发展的需要,更是企业转型的现实迫切需求。

另外,真正从发展的角度看待企业的人力资源,从一定程度上来说,要求企业较多的倾向于内部提升人才素质,促进员工的学习和长远的发展。选择从企业内部培养和储备人才,不仅可以节约寻找优秀人才这样稀缺资源而产生的成本,而且可以较大地避免不熟悉企业现实情况的新员工,在企业转型这样的新情况下,轻易出现不适应甚至逃避的现象。

生产新的产品、进入新的领域,都会带来员工工作内容的转变。员工对转型的理解与践行,成为转型成功的关键要素,员工的沟通、培训、组织的建设在转型中至关重要,人力资源管理在转型过程中扮演了重要角色。企业应该帮助员工实现个人愿景与公司未来的战略和愿景密切结合。

在转型之初,就把员工对转型的适应看作最重要的课题,并预先把员工的培训和发展列入转型路线图中。企业每天都在变化,如果不能帮助员工准备好接受这些转变,员工个人的职业生涯将遭遇重大难题。企业要为员工预先做好准备,为员工准备未来非常重要。不管产品和业务发生了多大的变化,对员工而言,仍然是有迹可寻、可以预先准备的。在培训中,强调基本业务素质和基本的技术能力,抓住最基本的原则来培养员工。

人力资源管理将由立足于为企业提供高效的行政支持、在保证质量的前提下尽可能降低工作成本的传统的行政事务管理专家角色向企业战略伙伴、企业变革的推动者和员工代言人的角色转变。人力资源管理将更多的关注于支撑企业的战略发展,成为各部门以及公司决策层的合作伙伴,有效提升员工的岗位胜任能力、促进员工的个人发展。

人力资源管理已经由被动变得主动,也比以往更富有前瞻性和预见性,他们已经深入全面地参与到组织结构的调整和人员能力的培养与建设中。

三、转型期企业人才管理策略

企业处于转型之中,人力资源管理与企业发展步调不一致。在思想观念上,无论是领导还是职工,人力"资源"的观念还不是很强。由于人力资源开发、人才培训的效果在短期内不一定能表现出来,而且很难量化,使得相当部分领导干部没有认识到企业转型期对人力资源管理的新的要求,将人力资源开发仅仅看作职工培训,不能从优化组合、合理调配、发掘潜力等深层问题着眼,致使职业培训缺乏战略规划、培训目标不够明确、针对性不够强、方式也比较单调。

(一)立德为先与人才选拔

古往今来,领导者对人才选拔都十分重视。孔子曰"视其所以,现其所由,察其所安",诸葛亮说"示其危,现其勇,示其利,现其虑",胡锦涛总书记在全国人才会议上强调:选拔人才必须坚持"以德为先,人才兼备"原则。企业作为市场经济中的利益组织,尽管任何问题都可以缔结或主要缔结为业绩问题,因为最终是通过业绩来体现和衡量。但在人才特别是重要岗位和核心人才的选拔和使用上仍然必须坚持：立德为先。必须把对企业和事业的忠诚放在首位，尤其是在现实制度框架下更显得尤为重要。如果没有立德为先和忠诚做基础，就不可能有良好的道德情愫。现实中，很多个人的不良倾向影响和波及到整个团队。能力越强位置越高而危害越大，有的甚至是由一人的失败而导致整个团队的毁灭。

司马光在《资治通鉴》中对德才标准和辩证关系做过精辟的论述，甚至说到与其得才胜德的"小人"，不若得才德兼弱的"愚人"，应该说是把立德人才为先放在了人才选拔的首位。

（二）传统文化与人才素养

中国社会在向现代迈进的过程中，也确实经历了"五四"新文化运动这一痛苦的反传统阶段，其伟大历史功绩不可磨灭。但是，如同历史上的一切思想家和思潮一样，其历史限制也是不可避免的。现在看来，在业绩方面，代价也是高昂的。

现实中，很多传统文化失去国民教育的基础，很多甚至绝大多数专业人才都具有坚实的自然科学基础，但对自己民族传统文化根源性的精华知之甚少，在个人人生态度、理性思维、综合素养、修身律己、团队写作、对外交往、危机应对等方面都表现出明显的缺憾。这不能说不是由一端走向了另一端。这也是人才教育应当注重的问题。

（三）法律留人与人才流动

世界各国都在致力于人才战略上的发展和创新。发达国家奉行全球化的人才观，对人才流动采取自由放任的宽松政策，很多发达国家知名企业更是利用其强化经济实力和无形资产，在创造人才回流的宽松环境上下功夫。实践证明，人才的合理流动有利于人才的健康发展，也有利技术创新和经济发展。

但人才流动也意味着人才流失，特别是发展中的中小企业。人才流动更多的是意味着人才流出。人才流失给企业特别是困境中的中小企业带来的损失已经成为不可回避和亟待解决的现实问题。

很多企业为此甚至不惜突破制度限制做出待遇留人、情感留人、事业留人和制度留人的诸多努力。企业在此基础上更应该注重法律留人。当然企业必须事先在诸多方面做出自愿达成法律的约定，为企业法律留人提供刚性保证。

（四）校企联合与人才培养

高效的人才培养是以学生的知识、能力、素质的协调发展为主线,总体上符合经济发展的趋势和企业实践的需求。但是高校学生人才在企业及各类不同岗位实践中的适应和成长过程,一般说来都比较漫长。而对企业形成情感、忠诚度和文化融入更不是一日之功。

企业的人才培养更多是在立足企业自身实践的基础上,走校企联合之路,在实践中培养,在培养中提升。根据企业战略发展的方向、总体目标和阶段,努力解决企业内部人才培养和人才储备的现实问题。

（作者单位:江南燃气公司）

湖北国有企业人才资源开发约束因素与途径探析

吕雪枫

摘　要：外部环境、内部环境、人才自身和体制机制是湖北省国有企业人才资源开发的约束因素，开发湖北省国有企业人才资源，要求政府在湖北国有企业人才资源开发中有所作为，改善湖北国有企业人才资源开发的内外部环境，建立湖北国有企业人才素质提升机制，树立湖北国有企业人才资源开发市场导向。

关键词：国有企业；人才开发；约束因素；途径

一、湖北国有企业人才资源开发约束因素分析

（一）外部环境约束

权变观的最重要观点，即：否认存在着普遍适用于所有环境的原则，无论什么情况，成功的企业都是由于组织行为符合环境。在市场经济条件下，任何企业都必然处于一定的外部环境之中，而各种外部环境又必然影响企业的持续稳定发展及战略性应对。无论与沿海或东部发达地区的地理位置优、经济基础好、人才环境宽松、条件优越、引才引智知名度高相比，还是与"三资"企业、民营企业用人机制大多灵活、冗员少、包袱轻、待遇高相比，湖北的区位环境、经济条件、人们的思想观念、吸引人才的优惠政策都比较滞后，加上企业外部经济秩序的影响等，对人才作用的发挥有一定束缚和排斥因素，国有企业留住人才与引进人才的吸附力明显不足。想留的人才留不住，想分流的富余人员出口又不畅，无序流动的情况比较普遍。软环境方面，一些部门对企业乱收费，对企业进行的不规范执法和检查，以及规定企业人员参加不规范的培训行为等又影响着国有企业的人才开发。

（二）内部环境约束

大部分国有企业离退休职工、"内退职工"占职工总数比例大，加上养老保

险政策不配套,企业负担普遍过重,效益低下。而且国有企业工资待遇低、条件差,不能满足毕业生的基本生存和发展需要。而内部人才挖潜又有很多制约因素,难以留住人才。

企业的中、高级人才,收入水平偏低,住房、医疗、上学等方面没有优势。特别是远离大城市的企业,在其附属单位(学校、医院)改革分离后,给企业稳定和引进人才带来了较大的冲击。受工资政策框框的限制,国有企业靠待遇留人很难做到。工资低、住房少、福利待遇差,严重影响企业人才的稳定,成为高素质人才外流的一个主要原因。

企业普遍反映,企业高工不如教授,"国有企业干部"社会地位不如国家干部(公务员)。认为在国有企业工作没有发展前途,在国有企业工作光荣的理念已"时过境迁",企业中层干部的思想不稳定。不少员工想脱产学习,出国深造,流动到机关事业单位,调其他企业或外地发展。

(三)人才自身约束

人的自身因素对现代管理影响极大,经营管理者主动认识和解决员工的个人心理问题已成为有效利用人才资源的重要策略,也是企业整体性开发人才资源的基础。心理健康是现代企业各类人才的最佳健康状态,加强心理管理是对人的管理的核心。现在国有企业员工对目前工作、生活现状的评价满意度不高。企业人才普遍感到缺乏创业机会,认为自己的才能不能得到很好地发挥。鉴此,国有企业整体性开发人才资源必须从心理因素开始,稳住人才的心,才能使企业稳定发展。

(四)体制机制约束

当前大多数国有企业人事管理体制和用人机制已不能适应企业发展的需要。国有企业普遍对人才作用发挥情况与目前人事管理制度的评价不满意。"双向选择"的权利未真正落实,充分竞争的市场机制未真正形成。目前人事管理制度不能适应当前生产经营管理的现状。能否合理地配置人才资源,如何让各种生产要素形成最佳组合,已成为制约企业发展的瓶颈。

企业经营者责权利界定不清,缺乏有效的激励约束机制,也是企业用人机制脱离客观实际的一大重要因素。国有企业因为资产控制权没有从政府手中转到企业手中,加上政府各部门间的产权关系模糊,导致贡献与报酬不对等,积极性难以调动起来。企业管理层在人才资源的开发与管理认识上也有差异。有的对人才资源合理利用与开发的认识不深,重视不够。由于一些企业负责人是行政任命的,不可避免地存在短期行为。创新意识缺乏,没有科学的决策保障体系,都严重地制约了国有企业的健康发展。

二、湖北国有企业人才资源开发途径探析

（一）政府在湖北国有企业人才资源开发中要有所作为

整体性人才资源开发是一种全社会性的、由相关组织机构协同参加的战略行为。在国有企业整体性人才资源开发中,需要政府运用科学的开发战略,建立健全一整套开发机制,对国有企业人才发展战略进行超前预测与规划,对各类人才进行系统地培养和评价,科学地选拔、配置、使用和管理各类人才,以及健全社会保障等系统的开发过程。确立整体性地开发企业人才资源是当代人事行政管理的核心职能、是系统的观念;树立专业技术人才是稀缺资源、是第一资本的观念;制定人事行政管理的政策、建章立法、体制创新等。

政府部门在国有企业整体性人才资源开发中,在强化政策开发、立法开发与系统开发意识的同时,应帮助企业开展人事诊断、政策制定、方案规划和加强监管;帮助企业开展人才需求情况与人才结构情况调查,并结合企业实际引进急需的高层次各类管理人才和专业技术人才;有针对性地开展各项中、短期技术培训与学历教育,提高企业人才的整体素质,并通过人才市场、劳动力市场科学合理地配置现有人才,分流企业富余人员;大力扶持和推进人才市场建设,建立适应市场经济发展的人才市场配置机制,逐步为企业人才创造柔性流动的环境;树立为经济建设服务必须首先为企业服务的思想,为企业文化建设创造条件;改造企业投资环境,健全社会保障体系,真正让市场这只"看不见的手"去引导企业按照市场规律有序、健康地发展。

（二）改善湖北国有企业人才资源开发的内外部环境

改善内外部环境应作为国有企业整体性人才资源开发的重点。首先,要注重提高各级领导与企业经营者对人才资源开发和利用的认识。牢固树立人才资源是经济发展"第一资源"的观念。树立由市场配置人才的观念,以业绩论优劣的人才价值观念,注重发挥人才潜能的效益观念。尽量营造一个尊重知识、尊重人才的良好社会氛围。其次,政府要加强人才资源开发的战略研究、宏观调控与政策支持,建立一支高素质的企业人才开发、研究和管理队伍,

以大幅度提高国有企业人才资源管理的质量,为国有企业人才资源的管理开发,干部队伍的选拔、考核与任用提供有力的保证。第三,改善企业吸附人才的宏观环境,创建"环境留人才"的机制。营造良好的人才回流创业环境,以产业发展规划为导向,实行引才、引智、引项目三者并举,采取特殊政策,吸纳国内高精尖人才、学科带头人和科技创新人才到企业建功立业。优化科技成果转化的机制和环境。大力发展企业研发中心,增强企业对人才的吸附力。治理影响国有企业发展的软环境。研究制定有利于企业人才资源开发的法律、法规和制度,为企业创造一个宽松的政策环境。

(三)建立湖北国有企业人才素质提升机制

对企业管理人员和专业技术人员实行分类管理,在建立企业内部项目开发、人才深造资助、奖励激励制度的同时,要科学地建立和完善弹性人才开发与培训制度,想方设法提高企业经济效益,切实提高国有企业人才的工资、福利待遇。制定企业人才基本薪酬标准和接收毕业生的最低工资标准,明确适合国有企业发展的人才价格,为国有企业实施整体性人才资源开发提供有力的决策参考;建立人才保障基金和保险补偿基金制度,建立和完善以按劳分配为主体,资本、技术等生产要素参与分配的收入分配制度;把收益分配与绩效充分挂钩,并引导和鼓励企业运用市场机制推行竞争上岗,凭贡献取报酬;允许企业的分配向作出突出贡献和关键岗位的人员倾斜,优才优酬,以充分体现优秀人才的价值和地位;制定人力资本与知识产权参与收入分配的具体分配政策,建立新的企业人才竞争激励机制;国有企业的竞争激励机制要克服管理中的路径依赖和由此引起的对潜在优秀经营管理人才吸引力下降等问题;推行国有企业经营者竞聘制与业绩考核评价体系,建立人才奖惩制度,完善职称评聘制度,创建"机制留人才"、"发展留人才"的良好平台。

(四)树立湖北国有企业人才资源开发市场导向

建立人才市场价格导向机制,大力推进人才市场供需主体到位。深化企事业人事制度改革,加快建立现代企业制度和符合事业单位特点的岗位管理制度,彻底打破人才流动中所有制及身份界限,落实人才与单位的相互选择权,推行聘用合同制管理,促使供求双方主体到位;建立和发展人才中介组织;积极发展人才中介组织,严格规范管理,强化市场监督,发挥市场中介组织的作用和人才市场信息对人才培养和配置的导向作用,通过为人才供求双方提供全面的信息和服务,带动人才供求行为走向规范化和科学化;加快推进我国人才市场建设,提高人才的市场化配置程度。拓展、完善人才市场功能;加快人才市场信息化建设、企业经营管理者人才市场、高新技术人才市场等专业性人才市场的建设;创建人才创业投资公司,开展人才资本营运,并加速科技成果转化,推进人才服务市场化、产业化、法制化、规范化进程;多形式地开展人才素质测评,人事规划诊断、职业生涯设计、人才预测、人才资讯调查等服务。

（作者单位:湖北省行政学院）

从武钢人才改革看企业领导能力

顾 杰 杨 丹

摘 要：随着科学技术日新月异的发展和知识经济时代的崛起，人已成为企业最宝贵的资源，人才资源竞争也成为现代企业竞争的焦点，新一轮的人力资源改革也在轰轰烈烈地进行。面对新形势、新情况、新人才观，企业领导应从提升自身能力方面来寻求人力资源改革的突破点。

关键词：人才；人才改革；领导能力

一、引言

随着科学技术日新月异的发展和知识经济时代的崛起，企业面临激烈的市场竞争不仅仅再是土地、资本、矿藏、能源等的竞争，人才资源的竞争已成为企业竞争的焦点。人才已成为经济增长新的突破点、产业结构升级的关键因素、生产力快速发展的强大动力。

从 2001 年起，中国政府就已将实施人才战略纳入国民经济和社会发展的五年规划。2010 年 6 月，党中央、国务院颁布了《国家中长期人才发展规划纲要(2010—2020 年)》(下文简称《规划》)，对更好实施人才强国战略，加快建设人才强国做出了全面部署，《规划》也成为企业人才改革的指导方针、根本依据、战略目标。2010 年 9 月，新中国成立以来第一本专门阐述人力资源状况和政策的白皮书——《中国的人力资源状况》正式发布。白皮书的发布为企业掌握人力资源详细情况、人才动态和人才政策等提供了准确的信息保障。2010 年 10 月 18 日中国共产党第十七届中央委员会第五次全体会议通过的《中共中央关于制定国民经济和社会发展第十二个五年规划的建议》中进一步强调建设人才强国战略。本文以武汉钢铁公司人才改革为例，对企业领导面对新的人才观的能力进行探讨。

二、武钢人才改革

武汉钢铁公司于 1958 年 9 月 13 日正式投产,现有在岗职工近 9 万人。2005 年以来共有十多项成果获得国家科技进步奖;2008 年,在世界权威的品牌价值研究机构——世界价值实验室举办的"2008 世界品牌价值实验室年度大奖"评选活动中荣登"中国最佳信誉品牌"大奖;2009 年销售收入达 1200 亿元以上;在 2010 年财富杂志"世界五百强"评选中排名 429 位;综合竞争力进入世界钢铁行业前十,规模和效益居中国钢铁企业前 3 名。这些荣誉、成就都与武钢的人才改革息息相关。近年来武钢人才改革工作主要围绕三方面来进行:

（一）干部人事制度改革

第一,领导人员管理体制改革。武钢的领导人员管理体制改革是以邓小平理论、"三个代表"重要思想为指导,全面贯彻落实科学发展观,按照"管人、管事、管资产相结合"和"精简、高效、统一"的原则,建立统一领导分层管理、权责明晰、程序规范、有效调控的领导人员管理体制。例如,对直属小公司、合资公司的 38 位经营负责人按照"得、能、勤、绩"进行考核,先后有 7 位同志退出负责人岗位,并对 8 个公司的负责人进行了工作岗位交流。第二,领导人员选拔任用制度改革。其一,积极主动地尝试新的领导人员选拔任用制度。例如在 2006 年选报武钢销售中心用户服务办公室主任,就尝试了一种新的选拔任用制度——公推公选。其主要通过广泛宣传、推荐报名、审核资格、组织遴选、公开面试、考察、公司党委审定等程序确定拟任人选,并实行一年试用期。其二,加大竞争下选择领导人员的力度。通过拓宽竞争性选拔的范围,改进竞争性选拔方式,提高竞争性选择标准,使每年新提拔的领导人员中不少于 50%是通过公开招聘竞争上岗的。第三,建立健全领导人员绩效考核评价体系,全面实行科学管理。该考核评价体系的对象主要是公司的领导、高层管理人员。考核评价体系的指标主要包括个人素质指标、可持续发展指标、工作绩效指标。考核评价的方式主要采用分类和分层的方式。分类即按岗位类别不同,对领导、管理人员进行考核评价;分层即按"一级管一级,一级对一级负责"的原则,逐级对领导、管理人员进行考核评价。

（二）人才引进制度改革

第一,近年来武钢加大了对国内知名高等院校高学历人才的引进。与北京科技大学、华中科技大学、东北大学、武汉科技大学等建立了合作关系,利用学校的招生就业系统引进了一大批优秀的本科、硕士、博士毕业生到武钢,极大充实了技术、专业研发、管理队伍,为公司储备了一大批发展潜力巨大的优秀人才;第二,积极引进海内外高层次人才。在《中国冶金报》《世界金属导报》上向全球发出招聘信息;第三,改革了毕业生到武钢工作的优惠政策。设立了3000万元大学生购房首付贷款基金;第四,积极申报中央企业人才创新基地。

(三)人才激励机制改革

武钢人才激励机制改革主要有以下几方面:第一,为员工设计、构建职业发展体系和提供优质的后续职业培训机会。主要有"三个通道"建设;选派领导人员到国内外先进企业考察培训,着力培养具有世界眼光、战略思维和卓越管理能力的经营管理人才;选派专业人才到国内外知名高等院校、科研院所研修深造。第二,加大科研成果、专利技术、突出贡献人员奖励力度。如行业专家、学科带头人、优秀科技人员每月分别实行3000元、2000元、1000元的技术津贴;设立1亿元的奖励基金,重奖为企业效益和社会效益做出重大贡献的人员,特别重奖像刘幼生、陈晓这类具有创新精神的员工。第三,开展各项评选表彰活动。如"先进操作法"命名、表彰活动;"自主创新成果"评选、表彰活动;"我是企业效益模范实现者"评选、表彰活动;"十佳节约王"评选、表彰活动等。第四,突出关键核心人才的激励,出台并实施《武钢技术专家(首席技师)年薪制管理办法》。

三、面对新的人才观企业领导应具备的能力

武钢的人才改革并不是一帆风顺的,其中出现的突发状况和困难险阻在武钢各级领导带领下,通过员工的努力,以大无畏的勇气把现代人力资源改革进行了下去并已取得显著成绩。武钢领导层在人才改革中表现的能力和所做的工作,不禁让我们思考面对新的人才观,企业领导应具备怎样的能力。

(一)面对新的人才观,领导应具备"学习"能力

二十一世纪,是科技更新迅速、信息大爆炸的时代,海量的知识充斥着各个领域,前一刻站在知识前沿,后一刻也许就成了落后的代表。面对新形势、新情况、新竞争,要想"长久"的做领导,就必须保持自己思想、知识的先进性,也就必须学习、学习、再学习。在学习的基础上提高领导的观察力、记忆力、思维力、想象力、理解力、语言表达、操作能力、创造力等。

1.明确"学习"势在必行

"人有知学,则有力矣"、"知识就是力量",学习是一种获取知识的重要方式,已经成为人们日常生活中不可或缺的重要内容,尤其在知识经济时代,学习更成为获取有价值信息、提升自身能力、增强自身竞争力的重要途径。对于面对复杂多变的系统环境要建设一支高素质队伍的领导而言,"学习"更是势在必行。

2.明确"学习"持之以恒

"学海无涯"、"学无止境",学习是一个长期的过程,不是现在有需要就学点,没有需要就丢掉一边,不是三天打渔两天晒网,必须做到持之以恒随时随地学习、固定时间学习、有计划和有目标地学习,树立"终身学习"、"活到老学到老"的理念。

3.明确"学习"贵在行动

学习如逆水行舟,不进则退。学习不能是挂在口中的"打算"、"计划"怎样学习和学习什么,而是要静下心来,把"打算""计划"付诸于行动,真真正正地学进去,把所缺、所需的知识补上,更进一步陶冶情操获得自我满足。

(二)面对新的人才观,领导应具备"更新"能力

社会是不断进步的,人类是不断发展的,不想落后,不想被时代所淘汰,就必须做出改变,顺应时代前进的步伐。面对新的人才观,不仅仅要求领导具有"七才",即爱才之心、识才之眼、容才之量、求才之渴、护才之魄、知才善任、唯才是举,同时也要做到如下几点:

1.更新思维方式

思维是人的大脑对客观事物的本质和内在联系的规律性做出概括与间接地能动反映。思维方式是人们大脑活动的内在程式,它对人们的言行起决定性作用,主要包括定向思维、逆向思维、形象思维、抽象思维、直线思维、线性思维等。中国人的思维方式受到"中庸之道"、"孔孟学说"千年影响,其认知以情景为中心,大多奉行"中和论",与西方人相比常以被动的态度看世界,因此面对新的人才观,企业领导一定要克服思维的局限性,摒弃陈旧、僵化、固定的思维方式,培养开放、系统的思维方式,做到与时俱进,为人才工作发展和创新提供有力的智力支持。

2.更新人才观念

人才是具有一定的专业知识或专门技能,进行创造性劳动并对社会做出

贡献的人,是人力资源中能力和素质较高的劳动者。邓小平说:"现代化要有人才,没有人才是一句空话",有了人才,怎样去认识人才呢? 在人才观上,领导常常存在这样的误区:"重管理人才,轻技术人才"、"重学历,轻能力"、"重理论,轻实践"、"千方百计一定要阻止人才流失"、"退休员工不是人才"、"学而优则仕"、"官本位"、"行政化"等。现代人力资源管理要求领导面对新的人才观要做到:

第一,树立"人才是发展生产力的第一要素"的观念

地球上的自然资源是有限的,而人才资源是无限的,当自然资源制约生产力发展时,就要寻找新突破点,人力资源开发不仅可以促进生产力的发展,为企业提供新的增长点,还有助于生产要素的利用和合理配置。胡锦涛在2003年全国人才工作会议上的讲话中指出:"要牢固树立人才资源是第一资源的观点,充分发挥人才资源开发在经济社会发展中的基础性、战略性、决定性作用。""人才资源是第一资源"的战略思想必须深入到每一个企业领导的脑海中,只有如此才能凝聚人才、激励人才和保障人才。

第二,树立"人才平等"的观念

现今高技术人才、精操作人才极其紧缺,特别是有3-5年经验的机械类、设备类工程师、QA工程师等技术岗位更是急需人才,有的企业领导由于自身认识局限性,对这些技术人才不够尊重,忽视其待遇、工作环境等,当技术人才跳槽到其它公司时才追悔莫及。企业领导要平等对待人才,不论是高学历的管理人才,还是低学历的技术人才、操作人才,都需要做到四个"尊重"——"尊重劳动、尊重知识、尊重人才、尊重创造"。需要特别补充注意的就是对退休人才的认识。要认识到:首先,退休人才仍然是人才;其次,退休人才的价值不低于在职人才;最后,利用退休人才发挥其余热。利用好了退休人才不仅可以缓解企业面临的人才紧缺的危机,还可以使员工产生归属感,创造更多的价值。

第三,树立"国际化人才"的观念

国际化人才是指具有国际化意识、视野、能力、知识结构,能够在国际事务和经贸活动中跨文化沟通交流的人才。随着中国加入WTO,企业面临的竞争越来越激烈,其竞争已不仅仅是产品的竞争,更多的是生产要素的竞争,特别是"人才"的竞争。国际化人才的需求越来越大,如何培养和使用国际化人才已成为考验领导能力的重要条件,更新"国际化人才"观念更是当务之急。首先,树立人才国际化的观念。只有人才国际化了,才能加强企业在国际竞争

中的优势,才能获得更多的国际人才。其次,树立人才培养的国际化观念。即与国际接轨,按照国际标准来培养人才。最后,树立国际化人才流动的观念。以发展的观点看待人才流失问题,以"请进来,走出去"的方针加强人才流动。

（三）面对新的人才观,领导应具备"创新"能力

创新是人类特有的活动。人类社会从低级到高级、从简单到复杂、从原始到现代的历程,就是一个不断创新,新事物取代旧事物的过程。江泽民指出:"创新是一个民族进步的灵魂,是一个国家兴旺发达的不竭动力。"福特公司创始人亨利·福特说过:"要么创新,要么灭亡。"正是有了创新才有发明家爱迪生,才有微软,才有"一国两制"。面对新的人才观,企业领导也必须具有创新能力。

1.创新人才选拔模式

人才的选拔是人力资源改革中的首要环节,常常采用的人才选拔方式有推荐、简历筛选、面试筛选、直接任命等。目前企业在选拔人才过程中常出现的问题有重视技术而忽视人才本身道德素养;选择面窄、限制条件多、高学历要求;仍是以任命或聘任为主,缺少科学性和创新性。常言道:"千里马常有,而伯乐不常有",这里的伯乐就是指人才选拔模式,一种优秀的、契合企业自身的人才选拔模式将直接影响到本企业的人才素质和发展。

2.创新人才培养机制

人才培养是人力资源改革中的重要环节。过去企业人才培养模式常存在的问题有人才培养教育观念落后、培养教育内容僵化、重技术轻能力培养、后续培养衔接不紧密等问题,改变旧的人才培养模式,树立"人人都可成才"的观念,创新人才培养机制,使不是人才的人成为人才,使落后的人才重换新姿,使新的人才保持永久性、先进性。

3.创新人才结构建设

人才结构建设是人力资源改革中面临的新课题。人才结构是指各个人才要素之间的组合联系,其要素包括人才数量、人才质量、要素配置、人才地位和作用。人才不是孤立存在的,他必须在一个合理的体系中才能够发挥出最大的能量。优秀的管理者不仅要看到人才个体能力和作用,更重要的是能够组织一个结构合理的人才结构体系,要将不同类型、不同层次、不同数量的人才进行优势组合和合理调配,形成有机整体达到人才的最佳效能。

4. 创新人才激励机制

人才激励是人力资源改革中的主要环节。现今企业人才激励机制往往有以下现状：第一，激励环境落后。良好的工作环境是激发人才创造力的基础，试想没有好的环境，人才要为基本生活琐事操心，哪里还有精力和时间去思考专业问题，更何谈创造。第二，激励机制单一。许多企业主要采用的都是物质激励这一单一手段，这是由于市场经济发展早期，企业发展迅速，所需人才量造成的。第三，激励机制僵化。许多激励机制都是一层不变的，对不同岗位、不同年龄的人都采取相同的激励制度。改变旧有的人才激励机制，加强专业人才激励机制建设，强化复合式人才激励机制，是创新人才激励机制必不可少的步骤。

5. 创新人才管理机制

人才管理机制是人力资源改革中不可或缺的环节。传统的人才管理核心是"人头"管理，大多是静态指标，没有完善的评价指标体系，而且员工身份属性，既是管理者又是研发员还是技术人员。企业领导常常面临这样的难题：如果把研究人员或技术人才提升为管理人员，企业可能会得到一个平庸的管理人员而失去一个优秀的研究、技术人才，如果不提升又可能伤害到人才的积极性。只有创新人才管理机制，才能充分激发人才活力，调动人才积极性和创造性，才能提升人才使用效率和效益。

总之，通过提升企业领导能力促进企业人力资源改革是企业领导新时期面对新的人才观需要重点关注的课题。只有企业领导具备了所必需的能力，才能实施正确的人力资源改革，在激烈的竞争环境中脱颖而出，立于不败之地。

（作者单位：武汉科技大学）

对中小型民营企业人才管理弊端的分析与思考

邹丁酉

摘　要:在市场经济条件下,不管是国家竞争还是企业竞争,归根到底是人才的竞争。民营企业要在激烈的国际国内竞争中生存和发展,就要充分认识在人才管理上存在的不足,重视人才,团结人才,用好人才,留住人才。

关键词:民营企业;人才管理;对策

中国的民营企业是在市场经济环境下逐步发展起来的,作为本土成长的经济力量,他们在中国经济发展中发挥着越来越重要的作用,在整个国民体系中扮演着越来越重要的角色。但是,大部分中小型民营企业人力资源管理的整体观念还非常薄弱,招人、用人、留人等方面的工作程序和运作机制均存在一些不足,为此,笔者就中小型民营企业发展过程中人才管理的问题与对策谈谈肤浅认识。

一、中小型民营企业人才管理的现状——家族式管理

(一)在人力资源管理机制上,缺乏科学合理的约束

经营者的权利无制约,缺乏有效的监督,企业不是靠健全的机制进行管理,而是凭经营者主观的经验和常识,靠简单的信任和亲情去约束人。以人情代替制度,使企业管理制度扭曲,许多人才往往是有责无权,大小事只能按老总的旨意行事,存在太多的独裁和专制。企业老板是"家长",许多事情不是靠规章制度、靠流程来执行,而是靠指挥、靠命令来维持企业的运转,这就是目前许多中小企业奉行的"家族式"管理。这种"人盯人"的制度对于刚起步的企业来说,是一种很好的模式,有利于有效地完成原始积累,但随着企业原始积累的逐步实现,企业规模逐步扩大,家族式管理企业的局限性愈来愈明显。这必然会使崇尚科学与民主的人才和老总及原体制发生冲突,由开始重用到冷淡、

到不用,最后只能是自动离去。

　　(二)在人力资源制度安排上,随意性代替规范化

　　家族企业的管理机制从根本上有别于国有企业,具有很大的自主性和灵活性,这有它适应市场供求关系积极性的一面,但表现在人力资源配置方面,基本人事制度不健全,对员工的招聘、录用、培训、晋升和辞退等没有一套科学、合理的制度规范和操作程序,往往凭企业主的以往经验和主观判断,随意性很大,感情多于理智,内外有别。对家族成员因人设职,亲朋好友不管能力高低都被安排在重要的岗位;家族以外的员工岗位设计不合理,职责过大,要求苛刻,一旦违规处罚过重,这样不仅挫伤了非家族成员的工作积极性,也很难把高素质人员招至麾下。特别是高级科技人员和管理人才,他们在私营企业得不到应有的地位和尊重,当然很难留住人才,吸收外部人才就更难,即使吸引进来也待不长久。

　　(三)在人力资源规划上,缺乏人力资源的战略规划

　　民营企业的领导核心往往是创业者,创业者的理念通常就是企业的理念。创业者的动机与素质基本上决定了企业的方向、目标和实施能力,创业者的领导风格往往决定了管理者的管理风格和员工的行为风格。对于民营企业来说,创业者个人或群体对企业有着巨大的影响力。因此,在制定发展战略时,往往忽视人力资源规划,也不考虑本企业的人力资源状况及本企业的人力资源体系能否有效的支持企业发展的战略,人力资源与企业发展战略不匹配。在人力资源成为企业发展的瓶颈时,才进行人才招聘、员工培训等。同时,我国许多民营企业存在功利主义,把人看作是成本而不是资源,对人才只使用不培训,缺乏开发人才、培训人才、合理使用人才、有效管理人才的观念。人力资源战略规划的缺乏,严重阻碍了企业发展战略的实现,陈旧的人才观念使企业的人才开发能力只停留在现有水平上,使得企业的员工丧失了工作积极性,以一种因为工资而工作的态度,不能挖掘人的潜能,不能调动员工的积极性和创造性,对企业发展极为不利。

　　(四)在人力资源配置上,重学历轻能力

　　我国家族企业大多是在城乡个体工商户、各类专业户的基础上发展起来的,企业主文化层次较低。这些企业主在自己创业的过程中,深深体会到知识对企业发展的重要性,纷纷招聘高层次的专业技术人员和管理人员到自己的企业,为企业的进一步发展奠定了人才基础,这是非常可贵的转变。但在人才

认知上,不少家族企业极易走向另一个极端——"唯学历论"。不分析工作岗位需要,不讲究职责分工,不计聘用成本,一味追求受聘者的高学历。这不仅极大浪费了国家的人力资源,增加了企业的成本支出,也直接影响了企业的经济效益。企业人才配备的关键不在于有多高学历、高职称人员,关键在于人力资源搭配合理,人才的知识结构、年龄结构、专业结构、性别结构优势互补,发挥整体协同优势,与企业的生产经营相适应,提高人力资源的整体配置效率。其实,企业人才配备的关键不在于有多高学历、高职称人员,关键在于人力资源搭配合理,人才的知识结构、年龄结构、专业结构、性别结构优势互补,发挥整体协同优势,与企业的生产经营相适应,提高人力资源的整体配置效率。家族企业员工整体素质较低,人才匮乏,确实需要引进大量高层次人才,特别是有经验、懂技术、会管理的复合型人才,但高学历并不等于高素质,如果一味追求高学历而忽视聘用人员的工作经验、团队精神、协作能力、创新意识等方面的素质,则是舍本逐末。

(五)在人才结构上,重视技术型人才轻视管理型人才

毋庸讳言,技术进步已经成为企业发展的重要基础,没有先进的技术支撑,产品在市场上必然缺乏竞争力,影响其经济效益。但很多家族企业人才结构单一,过分注重技术领域,而忽视管理人才的引进与培养。在家族企业中,尤其是高科技企业中,创业者往往是企业的专业技术人员,是本行业的行家里手,在技术创新、产品开发方面有着自己的优势。但作为企业主,易陷入经验主义,片面认为有了先进技术就能生产出高质量的产品,就能占领市场,从而获得利润,甚至为了追求技术先进而进行研究开发。家族企业大手笔地引进专业技术人员,而不注意管理部门人员的配备,缺乏人力资源管理的统一部署和协调配合,忽视了科学管理在企业经营中的重要作用,形成了发展不协调的局面,结果企业虽然有先进的技术能力,产品性能也很好,但由于管理跟不上,成本降不下来,销售上不去,售后服务搞不好,企业的整体经济效益并没有很大改观。实际上,家族企业规模扩大以后,更为缺乏的是高素质、复合型的高层经营管理人才,特别是企业策划、资本运营、职业经理等方面的管理人才,家族企业人、财、物的配置,产、供、销的衔接,技术、资源、信息的利用,都离不开管理人员的指挥和协调,在企业生产经营的每一个环节都有合适的人才,才能使企业所有的经济资源得到合理利用和最佳组合,发挥企业的最大潜力,获得最大的经济效益。

（六）在激励机制上，用物质刺激代替精神关怀

大多数民营企业的人力资源管理基本上还处于传统的人事管理阶段，过于强调组织中的管理制度与管理程序的制定，忽视了建立和健全有效的企业激励机制。现代企业的人力资源管理更多地把人看成是一种活的资源来加以开发、利用，把激发人的热情、增强人的能力作为人力资源开发的重要目标。激励是一项科学含量很高的复杂工作，家族企业要结合本企业的实际，建立科学合理的激励机制，运用有效的激励方法，能够极大地激发员工的潜能，调动员工的工作热情，为企业创造出更多的财富。但在家族企业中，企业与员工之间基本上是一种雇佣与被雇佣、命令与服从的关系，企业主对激励的理解十分简单，认为激励就是"奖励加惩罚"，把员工看成是为自己挣钱的"机器"，不仅缺乏长期、有效的激励机制，激励手段也过于简单，主要就是物质激励形式，干得好就加薪，做不好则扣钱，单一地以增加报酬激励员工的工作激情，忽视非物质的激励方式（如理想激励、目标激励、榜样激励、培训激励和自我实现激励等），忽视良好的企业组织环境的培育，使得企业缺乏凝聚力，员工缺乏归属感、安全感。从理论上分析，当员工的货币收入达到一定数额后，再增加单位货币收入的边际激励效果将呈递减趋势，金钱的激励功能弱化，激励强度下降，物质激励并不总能起到预期的作用。按照行为科学理论，企业员工不仅是"经济人"，更是"社会人"，他们是复杂社会系统的成员，不仅追求物质利益，更有社会心理方面的需求。

（七）在人才开发利用上，重人才引进轻人才培养

家族企业人才的引进与培养是一项长期而细致的工作，企业必须制定完善的人力资源开发与培养战略，并在企业中形成合理的人才梯队，才能使企业的发展常胜不衰。有些企业重招轻留现象比较明显。一些企业在人才市场上招聘时往往以优厚的工资待遇，良好的工作条件来吸引人才，许多人才为了实现自己的抱负，带着一腔热情纷纷加盟，但当他们到了企业后，企业不能或不兑现原有的承诺，导致优秀员工跳槽现象比较普遍。这一现象，加大了人力资本损耗，使人力资本的使用成本上升。有的家族企业有严重的急功近利思想，短期行为较为普遍。他们一般不愿在人员培训上下功夫，一方面是他们认为人是成本，培养人才时间长、见效慢，舍不得对人员培训进行投资；另一方面是对人才培养缺乏自信，既担心投入的人力、物力没有回报，更担心培训的人才不能为他们服务，"为他人作嫁衣裳"不划算。所以，在人力资源开发管理上，

不愿意自己投资培养,不愿承担人才投资成本与人力资源投资风险,总想坐享其成,挖其他企业人才墙脚;或者等到人员空缺影响正常运作时才急急忙忙向外界招聘,由于时间仓促,很难保证录用人员的质量。培训机制的不健全使民营企业不能获得真正的人才,没有培训就没有人才。

(八)在落实人事法规政策上,观念淡漠

我国民营企业中,由于部分企业经理只知道技术、产品与市场的重要性,而对人力资源管理的重要性认识较少,所以选用人力资源管理人士随意性很强。目前大多数民营企业没有设置专门的人力资源管理机构,大多只能由总经理办公室兼任。已设置人力资源部的企业大多是将"人事部"改名为"人力资源部",而这些企业家对人力资源部的定义甚至都没有搞清楚是什么,部门的功能仍停留在传统的人事管理范围内,按"静态"的以"事"为中心的传统人事管理模式进行操作,并没有承担人力资源管理的真正工作。在人员配备方面,对人力资源管理没有配备相应的人员,或者有人员但不是专业的,人力资源管理者的素质偏低,以自己亲信来管理。这些人力资源管理者基本上身兼多职,既不懂劳动人事政策,又没有劳动人事管理专业知识和经验,在管理上根本不考虑人事法规政策,完全依照老总的旨意行事,老总让怎么干就怎么干,企业的建章立制、医疗保险、社会保险等管理也不健全。该与员工签订《劳动合同》的不签,该给员工交纳社会保险的不缴,由于劳动力市场的买方特点,员工只得接受不合理条件的限制,这就使员工缺乏归属感、稳定感,增加了员工的流失率。更有部分民营企业为了点滴的局部小利,经常大规模的换人,造成人员流失,员工的基础队伍不稳,事业发展受到影响。有的民企甚至害怕员工在企业工作时间过长,企业将要给予其较多的福利待遇,而有意借故解雇资深员工,伤害了一些员工的感情,造成企业员工集体离职的恶性事件发生,导致企业瘫痪、破产。

二、完善民营企业人才管理的对策与措施

人才的使用是企业人才开发的目的,人才的管理是企业人才开发的必要条件。在知识经济时代,人才已经成为知识经济的核心资源,谁拥有并且利用好最优秀的人才,谁就能成为企业的核心竞争力,在市场竞争中立于不败之地。一个民营企业只有抓好人才的使用和管理才能使企业人才开发工作做的卓越有效,才能给企业带来经济的发展,使其欣欣向荣,经久不衰。民营企业

要从企业发展的战略高度,充分认识到人才在企业核心竞争力培育中的地位和作用,采取一些有效的措施来吸引、留住优秀人才。

(一)拓宽人才引进渠道

人才是供给企业营养的血液,需要适时补充新鲜血液,过滤坏死的血球,保持血液的活力。作为一个企业不能等到用人时才去找人,而应事先有人力资源规划。在企业的战略目标、经营计划、生产计划、财务计划的基础之上形成本企业的人员替补计划、招聘计划、退养计划、发展计划等。谁是企业未来的领导人? 谁是企业未来的"领头羊"? 这是每一个民企老总必须经常思考的问题。在新的市场竞争条件下,只有结合企业战略目标和竞争策略,制定人才发展规划,深入挖掘内部人才潜力,拓宽外部人才引进渠道,才能为企业的可持续发展提供人才保证。在深入挖掘企业内部现有人才的同时,加快人力资源市场配置的改革步伐,充分利用人才招聘会、刊登广告、企业网站、中介机构、猎头公司等多种形式,敞开门户,广纳贤才,建立一支数量充足、门类齐全、专业突出的企业人才队伍。具体措施如下:

1.重金聘才

对一些重要岗位和特殊专业技术人才,尤其是一些国外工程项目急需的人才,要敢于突破传统观念,打破常规,重金聘用,有效吸引优秀人才为公司经营管理服务。

2.竞争用才

企业内部积极倡导能者上、平者让、庸者下的竞争用才氛围,树立"注重实绩、竞争择优"的用人理念,通过公开招聘、竞争上岗、绩效考评、动态管理,使优秀人才在竞争中施展才华,脱颖而出。

3.属地择才

加快企业人才本土化战略进程,充分利用驻在国的人力资源,大胆吸收、培养和使用当地雇员,发挥他们的语言、文化、社会关系、技术优势,为企业发展服务。敢于吸收具有国际经营能力和技术开发能力的优秀的当地人才在企业各驻外机构甚至是企业总部担任各类重要管理职务。

(二)采用激励措施吸引、保留优秀人才

激励是人力资源的重要内容,企业实行激励机制的最根本的目的是正确地诱导员工的工作动机,使他们在实现组织目标的同时实现自身的需要,增加其满意度,从而使他们的积极性和创造性继续保持和发扬下去。因此,民营企业决策者要采取物质激励手段和精神激励手段并重的方式来鼓励员工创新，为人才发挥专长创造一个良好的工作环境。企业在物质激励方面，要进行激励手段的创新，除了可以通过工资、奖金、红利、利润分享、员工持股、股票期权等多种方式外，还可以通过待遇、感情、事业、环境、制度等方面进行激励。我们应该知道，科技人员和管理人才的离去，带走的不仅是技术、市场及其它资源，而且更可怕的是遗留下来的不安全感和不稳定感，使得员工心态不稳，进而引发"跳槽"，整个员工队伍流失加大，甚至导致高层管理人员的流失过快，严重影响了士气及整个组织的核心力量。

1. 从待遇上激励

在知识经济时代的今天，人们生活水平已经显著提高，金钱与激励之间的关系呈弱化趋势，但薪酬及福利还是人们的主要收入之一。因此，民营企业制定并实施竞争性的薪酬及福利是一项很重要的政策，一般可以采取"底薪＋奖金"的模式："底薪"可以与企业原有的薪酬制度统一，基本上差距不大，而"奖金"可以根据工作性质和处于企业组织不同层次、不同岗位的人才，采取不同的评价标准和方式来评价人才的绩效和确定"奖金"的数额，以保证公平和效率。比如，对于从事技术工作的人才，可以根据他参与的项目为企业所带来的效益，以项目提成的方式给予奖励；而对于一般的技术员工或工人可以采取一次性奖金以鼓励他在具体生产或研发过程中的小发明或小创新；对于从事管理工作的人才，可以采取"目标管理"的方式。制定一定的管理目标，并根据目标完成程度以及效果来确定奖金数额。对于目标的制定和考核标准可以由企业来制订，也可以由企业与人才双方协商制订；对于从事市场方面工作的人才，可以采取以市场业绩为依据来确定报酬，同时可以辅以"目标管理"方式来鼓励人才在开拓新市场，创造潜在消费市场以及推广企业知名度等不能直接计量的工作。另外，企业应积极参与社会福利制度的改革和建设，按照国家有关法律的规定，根据自身条件，努力建立较为完善的福利保障制度，如养老保险、失业保险、医疗保险等，并尽可能地为人才解除后顾之忧，例如帮助解决配偶就业、调动、子女教育等问题，以增强人才对企业的归属感。

2. 从感情上激励

有一位企业的领导说了这么一句话："企业一时的亏损并不可怕，最可怕的是职工感情的亏损。一旦职工对企业失去信心和热情，这个企业扭亏肯定是没有希望的。"这句话体现了我们的企业领导与职工的感情交流、感情培养对企业的生存和发展是至关重要的。通过感情交流和心理因素吸纳、感应人才，就是所谓情感引人，情感留人。我们的企业要在政治上爱护人才，工作上支持人才，生活上关心人才，人格上尊重人才，心理上满足人才；要善于用情感的纽带把各类人才的心连接在一起，让他们充分感受到组织的温馨，这样他们就愿意来，也不会轻易离去了。

3. 从事业上激励

事业激励是指企业的目标，发展前景让人才感觉有吸引力、值得留下来，并为之奋斗和努力。其实，事业的发展需要人才去推动，人才的稳定需要事业来吸引，越是高层次的人才越看重事业、成就和发展前景。事业红火，既能吸引人才，又能留住人才。因此，营造良好的人才成长环境，最大限度开发和激活雇员的才能，并积极为他们提供锻炼、实践的机会，不断给人才提供好的项目。只有好的事业和知识与科技含量高的岗位，才可能为人才充分发挥才干提供舞台，使雇员的个人收益、自我实现需求在与企业共同发展中得到满足，使优秀人才进得来，留得住。

4. 从环境上激励

环境激励是指通过改善政治环境、工作环境、生活环境和人际环境等来吸纳和稳定人才。环境宽松，人际关系融洽，氛围温馨，生活安定，心情愉悦，人的潜能就能得到充分发挥。面对激烈的人才竞争，收入是重要的但不是唯一的，为了把优秀人才引进来，把优秀人才留住，除了通过各种方式使人才增加收入外，还要改善企业的工作环境。良好的企业环境是一个能够让企业的员工获得与其贡献相适应的回报的环境，所以，只有当企业给予员工的回报让他感到有所值时，才能达到吸引、留住人才的目的。

5. 从制度上激励

制度激励是指通过改革和完善人事制度、分配制度等来吸引、安抚和稳定人才。中国有句老古话，叫无规矩不成方圆。一个企业要想长治久安，要想让工作井然有序，留住人才和吸引人才，企业要改进内部管理结构，把人力资源开发提高到关系企业命运的位置，重视对人才资本的投入，形成吸引人才、凝聚人才、搞活人才的良性机制，通过劳动股、技术股、经营股等途径构造新型股权结构和收益分配制度，为吸引人才、留住人才构造新型的企业制度。民营企业的前途出路，并不在于是否实行家族式管理模式这个问题上，而在于是否有完善的企业制度，只有建立起完善的企业制度，做到明晰产权、各司其职、事有监督、一视同仁,才能尽量规避弊端,实现企业收益最大化的目标。家族企业"近亲繁殖"、"宗派文化"和"圈子文化"现象,将会限制多渠道吸引人才。特别是家族企业在规模扩大以后,必须建立科学、公正的用人机制,用"规制"代替"人治",任人唯贤,按照制度规范招纳贤才,充分发挥人力资本潜力,适应多层次、宽跨度的综合性企业管理对人力资本的需求。

总之,民营企业要做强做大,要建立科学的管理制度。一是建立全面、完善、可行的管理制度才能提高管理水平,体现企业宗旨和价值观。当前民营企业管理要进行合理的组织设计、科学分工、职责分明,要健全企业法人治理结构,形成权、责、利一致的组织体系;二是建立科学的人才选拔机制。要给内外人员提供平等的竞争机会,在选人上坚持公开、公正、公平的原则,从而吸引到真正的人才;三是要依法建立劳动用工制度。依法签订劳动合同,严格按合同办事,改善员工的工作环境,依法缴纳员工的社会保险。真正的做到"以人为本",把人看作是企业最具活力,最具能动性和创造性的资源。"以人为本"的核心在于识人、用人、留人。核心的核心在于留人。在新经济时代,民营企业要认识到人力是能够创造更多价值的资源而不是成本,要把注意力放在如何开发人才、合理使用人才、有效管理人才的工作上,要挖掘人的潜能,使人力发挥更大的作用,创造更大的收益。同时要把尊重员工的利益,变"控制"为"尊重"、"关心",要重视员工物质和精神双方面的需要,尤其是对员工精神层面的缺失进行弥补。为员工切实创造一个宽松的工作环境,为员工成为企业一员而感到骄傲和自豪,从而留住和吸引更多优秀人才的加盟。只有这样,企业才能在激烈的市场竞争中应付自如,为民营企业做强做大奠定坚实的基础。

（作者单位:中共黄石市委党校）

论提高企业管理人员法律素质的必要性及途径

林红珍　蒋剑岚

摘　要:法律素质是指公民掌握法律知识、运用法律的综合能力。提高企业管理人员的法律素质,是实现依法治企的重要条件,是现代法律文明的基础,是企业整体形象的重要组成部分。建设法制企业的一个重要目标和基本的要求,就是提高全体职工首先是各级管理人员的法律意识和法律素质。

关键词:管理人员;法律素质;重要性

依法治企是社会主义市场经济的客观要求,是企业做好各项工作的基础和保障,也是企业管理人员的重要职责。建立现代企业制度,实现依法治企,企业管理人员必须具备综合和过硬的法律知识和法律素质。知法、懂法、守法是每个企业管理者所必备的。因此,提高企业管理人员的法律素质是一项紧迫又极为重要的任务。

一、企业管理人员法律素质的内涵

法律素质是指法律人应当具备的职业素质(专业素质),其要素包括:法律思维能力、法律表达能力和对法律事实的探索能力。在这三个方面的能力中,法律思维能力是法律素质的核心。企业管理人员要不断提高自身的法律素质,就主要包涵以下几个方面:

(一)知法是守法的前提

较高的法律素质要以掌握必要的法律知识为前提。企业管理人员中大部分人不是法律专业出身,因此要做学法、普法的先锋。一是学习法学基本理论和知识,这是个人基本素质的重要内容。要掌握邓小平民主法制思想、江泽民依法治国的重要理论。学习宪法和法学基础理论,掌握宪法原则,增强宪法观念,提高法治理论水平,学习民法、企业经营等相关基本法律,了解法律体系、司法制度。二是掌握产品管理和企业运作管理方面的法律知识,这是企业管理人员职业素质的重要体现。管理人员作为企业管理人员，是产品的提供者和企业运作的管理者，必须掌握企业关于产品管理和运作管理方面的法律法规。努力学好与社会主义市场经济有关的法律知识，提高运用法律手段驾驭市场经济的能力。学习掌握行政法经济法、社会法诉讼与非诉讼程序法等相关法律的基本内容，指导自己的工作实践。三是掌握与分管工作相关的专业法律法规和政策，这是专业管理能力的重要方面。管理人员要熟悉相关领域的法律、法规和规章。对与履行自身职责有关的专业法，如税务管理、人力资源保障、产品管理等法律法规，要作为基本的业务能力来掌握，精通相关规定，不断提高依法决策、依法行政、依法管理的水平。

（二）严格遵守法律

企业管理人员要做守法的楷模，把法律规范作为日常工作生活的准则，做到"言必合法，行必守法"。同时，要提高依法决策、依法行政依法管理的能力和水平，做严格执法、公正执法的表率。树立"管理工作的底线是守法"的理念，积极支持执法部门严格执法，不得以任何形式干预行政执法，使"研究问题先学法、制定决策遵循法、解决问题依照法"成为广大管理人员的自觉行动。制定企业的规章制度时，不能只考虑公司和本部门的利益而同宪法和法律相抵触。在工作中培养按法定程序办事的习惯，作出管理决定要符合法定程序，管理行为要遵守法定程序，严格遵守、执行法律法规的规定，依照法定的职责、权限、程序办事，既不失职，又不越权，既不能不作为，又不能滥作为。在企业的管理过程中，时刻注意依法保障公司和利害关系人的权益，防止发生侵犯员工和消费者利益的行为。

（三）培养敏锐的法律意识

法律意识是人们关于法和法律现象的思想、观点和心理的总称。法律意识中最核心的是弘扬法治精神，使依法治企的意识成为管理人员的理念追求，管理人员无论是管理企业的经济事务，还是企业的文化内涵建设，或者其他工作，都应做到心中有法。树立法律至上观念、尊重人权观念、管理权限观念、管理民主观念、经营服务观念、经营程序观念、经营诚信观念、监督责任观念，自觉尊重和服从法律法规的权威，消除形形色色的"人治"心态，把法律意识深化为内心律条，内化为工作准则，转化为行为模式，把法律精神运用到贯彻公司法律法规、政策措施和具体工作中。在议事、决策时，首先要想到法律，具有依法办事的意识，牢固树立法治信仰，真正崇尚法律、尊重法律，自觉用法律规范自己的行为，努力做到遇到问题学法、重大决策依法、开展工作合法、处理问题靠法，使依法办事成为推进各项工作的基本思路和基本习惯。

二、提升企业管理人员法律素质的必要性

法制宣传教育是提高公民法律素质、推进依法治国的一项基础性工作，当然更是提高企业经营管理人员法律素质、促进依法治企的重要手段。深入开展法制宣传教育，传播法律知识，弘扬法治精神，不断强化企业经营管理人员学法用法工作，应当是普法强调的重点。从总体上讲，加快调整经济结构和转变增长方式，加强环境保护和资源节约，大力推进改革开放和自主创新，实现又好又快发展，客观上要求企业经营管理人员必须成为具有懂法律、善经营、会管理的高素质企业经营管理者。法律素质是现代企业家、经营管理人员应当具备的基本素质。随着人们对产品质量和安全的更高要求和对外开放的继续深入，必然出现许多新情况、新问题，要求企业经营管理人员必须适应市场化、国际化发展的需要，不断加强自身法律知识学习，努力提高自身法律素质，增强驾驭市场经济和提高依法办事的能力。因此，强化企业经营管理人员法制教育，加强学法用法工作，既能促进市场主体依法经营自觉规范经济行为，促进社会诚信体系的建立和优化改革发展环境以及有效规避市场风险，提高经济运行质量，又能更好确立企业是产品质量与安全的第一责任人。

（一）提高企业管理人员法律素质是对依法治企提出的客观要求

社会主义市场经济，在一定意义上讲是法制经济。社会主义市场经济必须有与之相适应的法律加以规范、引导、制约和保障。同样，企业的各项管理工作，也必须完全纳入社会主义法制的轨道。因为法治化是社会主义市场经济的内在要求，法律是党的主张和国家意志的体现，法律高于所有人的意志。任何人、任何企业的任何行为，都必须无条件地遵从法律，同时也必须受到法律的约束和保护。

依法治企的实质内容就是依法决策、依法管理、依法生产和依法经营。只有依法治企，企业才能保持稳定，健康发展，兴旺发达。企业管理者作为企业的决策人、管理者，只有树立正确的法制观念，认真学习和掌握法律知识，不断提高法律素质，适当运用法律手段，做到知法、守法、用法的统一，才能具备管理经济的能力，才能实现依法治企的目标。

（二）提高企业管理人员的法律素质是有效防范和规避经济风险的需要

掌握和运用法律的能力，直接决定企业管理者领导和管理经济的能力。尤其是民商和经济法律法规中，渗透了人们经济生活的一般规律，对法律法规的普及，有利于企业负责人强化企业的经营管理，提高防范和化解风险的能力。当前，在一些企业中，管理者的法律素质离时代的要求还有不小的距离，一些管理人员的法律观念还比较淡薄，法律素质比较低下，主要管理者"一言堂"、"以言代法"、"以权代法"的现象经常发生，导致决策失误，造成企业重大损失。这种状况如得不到及时和根本改变，是难以建立现代企业制度和实现依法治企的。因此，必须把强化管理者法律意识，提高法律素质作为一项战略任务来抓，通过多种途径来提高法制观念，把企业的管理纳入法制的轨道，加强和改善企业的领导，减少经营决策失误和运作失误，维护企业的合法权益。

（三）提高企业管理人员的法律素质是企业管理人员自身发展的客观需要

现代社会是一个法制的社会，我国的企业管理只有实现有法可依、依法办事的法制化运作，才能保证企业的持续、稳定发展。从整体形势来看，企业管理发展中存在很多隐患，制约因素较多，其中重要的方面就是法制环境不健全，产品质量和安全的管理工作成为生产企业一项重要的工作内容。围绕着产品安全与质量等一系列过去本应由多个部门员工共同完成的工作，现在都落在企业管理人员身上，另外除要配合国家产品管理的制定和落实外，还要做好对利益相关者权益保护工作，杜绝一切可能影响消费者安全和健康行为的产生，所有这些工作，都要求企业管理人员在工作中要熟悉掌握国家有关法律法规知识，从而避免造成一些不必要的矛盾和纠纷。企业管理人员应随时关注相关法律知识，通过对法律法规、规章的学习，使企业的管理、服务、经营等各方面、各环节做到依法管理。市场经济是法制经济，不断完善企业管理法规和法律，是规范企业管理使之健康快速发展的保证。

（四）提高企业管理人员的法律素质是维护社会公共利益的必然要求

任何法律都是社会关系的体现，都是为了维持正常的社会秩序。加强企业管理人员法律素质建设是国家经济建设实现新发展的必然要求。当前，国家经济建设正处于高速发展时期，减少和避免各种矛盾的发生，维护企业稳定、大局稳定，企业管理人员的法制意识及依法管理能力显的至关重要。各级管理人员必须学会运用法律的、经济的手段管理和经营企业，尤其是要学会运用法律手段,来保障消费者的合法权益和维护企业经营的正常秩序,巩固和发展企业经营的成果。食品安全问题已经成为当下中国事关国计民生的重大问题。从三鹿奶粉三聚氰胺事件到双汇瘦肉精事件,从染色馒头事件到墨汁粉条事件,从地沟油事件到添加剂事件……当前伪劣商品形势严峻。这些都严重危害了社会公共利益,不利于社会的和谐发展。我们要从源头上来制止这类事情的发生,产品的生产企业是最为重要的,管理人员作为企业的核心,其法律素质显得尤为重要。因此,重视依法治企,抓好企业管理人员学法用法工作,必须列入企业管理工作的重要议事日程,不断提高企业管理人员的法律素质。

(五)提高企业管理人员的法律素质是建立依法治企的群众基础的需要

企业全体职工法律素质的提高,是依法治企的群众基础。新世纪改革开放和现代化建设的新形势,对企业学法用法提出了更高的要求。在全球化的脚步越来越逼近的今天,为了实现企业快速发展目标,需要进一步推进企业学法用法。企业管理者带头学法用法,掌握法律知识,不仅可以直接提高依法管理的能力和水平,也将带动企业广大职工学法、守法和用法的积极性,促进企业普法工作的开展,提高全员的法律素质。

三、提升企业管理人员法律素质的途径

企业管理人员是推进依法治企的关键,应当在企业法制宣传教育中发挥模范带头作用。各有关部门应结合企业管理工作需要,采取多种形式,开展企业经营管理人员法制教育和法制培训。在法律进企业活动中,因企制宜,丰富内涵,拓宽外延,将法制教育纳入企业管理人员培训计划,建立经营管理人员学法用法考试考核制度,把依法决策、依法经营、依法管理作为考核企业经营管理人员的重要依据。

(一)增强自我学习意识

各级管理人员需要进一步提高学习法制理论知识的积极性和自觉性,强化法治意识,增强法律素质。企业管理人员要从依法治企的高度把学习法律知识,提高法律素质作为提高自身履行职责能力的重要内容和迫切需要,增强学习的紧迫感和自觉性。督促各级各类企业经营管理人员挤出时间,持之以恒地坚持个人自学法律。要联系实际,应用企业经营管理过程中的法律实务,研究运用法律手段经营管理企业和依法处理日常事务。将学习作为促进自身

成长的内在动力,努力掌握和提高运用法律手段管理和经营企业的本领。坚持学用结合,注重实效,把带着问题学法与通过学法解决问题结合起来,真正做到学用并举,学以致用。

(二)加强法制宣传教育

这是提高企业领导干部法律意识的有效途径,也是营造良好法治环境的重要因素。加强与新闻媒体联系,加强对企业经营管理人员学法用法工作的宣传报道。鼓励有条件的企业通过制作法制专题节目、开辟法制专栏及企业内部的报刊、宣传橱窗、墙板报等形式,加大学法用法和依法治企工作的宣传力度。建立和完善企业经营管理人员学法用法的激励机制,充分调动企业经营管理人员学法用法的积极性和主动性。要注重加强经验交流,充分利用各种渠道积极推广各类企业在学法用法工作中的典型经验和做法。这种法制宣传教育的过程本身,就是培养提高企业管理人员自身法律素质的有效途径。

(三)建立和完善相关制度

为了有效地推进管理人员提高法律素质,需要进一步建立健全学习制度、责任制度、考核制度、督察制度、评比制度等制度。围绕企业生产经营管理的各个环节,积极组织开展依法治企活动,加强企业规章制度建设,完善和规范企业运行机制,落实产品监管各项管理规范,促进企业法治化管理水平的不断提高。在健全完善企业经营管理人员法律素质教育考试考核制度方面按照"谁组织实施,谁负责考试考核"的原则,结合企业经营管理目标考核,对企业经营管理人员学习和掌握必要的法律知识、自觉遵纪守法、依法经营管理、依法保护经营安全和合法权益情况进行考核,逐步建立和完善企业经营管理人员学法用法考试考核机制。对学法用法成效显著的,应及时宣传并给予表彰,对不重视法律学习,有法不依的,要及时纠正,通报批评。同时把企业管理人员学习法律知识和考试考核结果以及学法用法情况,作为年度考核的重要内容和管理人员任免、晋升、奖惩的依据之一。

(四)进一步拓展管理人员法治实践与锻炼的舞台

发挥法治实践本身的教育效应,有利于法律意识的强化。要组织管理人员旁听法院庭审、召开公司员工学法用法经验交流会、管理人员带头宣讲法律、通报管理人员依法和违法的正反面典型案例、就案说法、主动参与企业的诉讼活动等多种形式的活动,接受法律实践教育。实践证明,上述这些形式能够将法制理论和法治实践、法律培训与参加诉讼、学习法律法条与讨论案例结合起来能更好地提高管理人员依法办事能力,加快实现企业法治化管理的进程。同时,积极开展管理人员的轮岗交流,特别是结合工作岗位调整,将有发展潜力的管理人员,适时交流到相关法律部门在实际工作中补充知识,提升素质。

企业管理人员的法律素质的提高是依法治企的核心,它是一个长久而艰巨的过程,通过在生活中点点滴滴的事情都能得到锻炼,不仅仅是为了公司的发展壮大积累资本,也是个人适应现代社会自身综合素质的提高的需要。

(作者单位:武汉科技大学)

浅谈我国企业人才管理方式的改善

姜　薇

摘　要:"人才"是企业面临的最大挑战,而企业的竞争就是人才的竞争。本文首先阐述了人才管理的重要性,然后分析人才管理的现状:人才流失严重、缺乏清晰的人才管理战略、忽视长期着眼等,最后从观念、技术、发展、文化、用人、制度六个方面分别提出了改善企业人才管理方式中的建议和措施,以期能够吸引、开发和留住人才,激发人才的工作积极性和创造性,并最终能够提高企业管理水平。

关键词:人才管理;人力资源;改善

二十一世纪是知识经济时代,越来越多的发展机会就意味着越来越激烈的企业竞争。企业的竞争就是人才的竞争,适于时代发展的高素质人力资源是企业实力的象征,是企业最富有挑战力和竞争力的资本,从某种意义上来说,人的发展决定了企业未来的发展,人才竞争的日趋激烈促使人力管理这一概念的提出,根据北森研究院和中国人民大学劳动人事学院联合发布的《2010人才管理发展状况调查》,人才管理的定义是通过有效的技术和管理手段去招募、识别、发展、管理和留任关键人才,从而帮助企业和个人最佳地发挥其长期优势,为组织提供持续的人才供应。可见,人才管理的一项重要任务就是通过激励机制,吸引、开发和留住人才,激发人才的工作积极性和创造性,关注的对象是"人",立足于企业长期发展。

一、人才管理的重要性

(一)人才是企业发展中最重要的因素

当代企业管理是以人为中心的管理,人是知识、信息、技术等资源的载体。卡耐基曾说:假如我的企业被烧掉了,但把人留住,我 20 年后还是钢铁大王。人才管理不当将导致核心人才集体跳槽、员工集体大罢工等危机,如方正集团助理总裁周险峰携 30 位技术骨干加盟海信,TCL 手机事业部高层集体跳槽到长虹等。核心人才集体跳槽是企业最严重的人力资源危机之一,是企业文化冲突与危机激化不可调和的结果,这对企业不仅是人才的损失,还面临着企业战略、管理模式、核心技术与产品秘密的泄漏,面临着竞争对手实力此消彼长从而威胁到企业的发展力,或多了一个竞争对手。这就必然要求作为市场主体的企业必须高度重视人才的管理。

(二)中国企业和国外企业相比在人才管理方面的劣势

一方面,"人才管理"在国外已经有了将近十年的发展,而"人才管理"在中国尚处于萌芽状态,缺乏相关的技能和时间经验,虽然中国已经有大量的公司在进行着人才管理的实践,其中联想、万科、李宁等公司已经建立了相对成熟且标准化的人才管理流程,但更多企业在人才管理方面仍处在困惑期,目前并没有一套完善的解决方案来协助解决这些问题。另一方面,中国企业,特别是私营企业,在实施人才管理方面存在很大的局限性,私企中员工的利益往往被业主忽视,工人特别是农民工时常加班,住宿、医疗、工作条件都很差,没有健全的保险和养老金制度,经常会引起劳资纠纷,要使中国企业能够在激烈的市场竞争中处于不败之地,只有通过人才管理的完善,通过激励机制吸引、开发和留住人才,激发人才的工作积极性和创造性。

二、企业人才管理现状

(一)人才流失严重

人才流失意味着企业人力资本投资的丧失,甚至是企业核心技术与机密的外泄,进而导致产品市场的缩减,这无疑给企业发展带来极大的负面影响。人才流失直接引发企业的人才危机,若不引起重视,会发生连锁反应,导致企业发生信誉危机、信息危机、财务危机和经营危机,直接削弱企业的竞争力。

(二)缺乏清晰的人才管理战略

人才管理与企业战略密不可分。经济学人智库(EIU)发表的一份报告指出,一半以上的公司高层预期:人才缺乏将很快影响到公司绩效表现。60%的企业不满其公司人才的发展状况,认为现有的发展速度无法满足企业的重点业务需要。但事实上,只有 5%的公司建立清晰的人才管理战略,并有与之相匹配的实施与应用体系。制定企业发展战略不考虑企业自身人力资源体系是否能够有效地支持企业发展的战略,更不用说人才管理战略。

（三）人才管理即是核心人才的管理

中国企业更愿意将精力和成本关注在核心人才身上,认为核心人才是稀缺人才,是企业价值的主要创造者和利润的主要来源,而一般的员工常常被忽略,这反映了企业对人才管理的内涵未能够充分理解。人才管理要求关注对象是全体员工,在人才的环节,关注某一个关键点是远远不够,如现在对民工的忽视就导致了持续不消的"民工荒","民工荒"致使劳动密集型企业缺乏根本的劳动力,企业机械无法动工,企业内形成荒废的景象。

（四）强调管理,缺乏激励

大多数企业过于强调组织中的管理制度和程序,忽视建立健全企业的激励机制。缺乏科学合理的激励机制,员工自我价值难以实现,工作压力大,缺乏职业安全感,更有企业薪酬结构设置不合理,工作标准不合理等原因造成企业员工跳槽。缺乏有效的激励机制,将导致企业增加人力重置成本,影响工作的连续性和工作质量,也影响在职员工的稳定性和忠诚度。在市场营销的概念中有一个"六倍"的说法,也就是,吸引一个新客户的成本是维持一个老客户成本的六倍,这个观点在人员的管理中同样适用。

（五）目光短浅,着眼短期

根据北森的人才报告,企业对于员工职业发展体系、员工继任计划以及企业的人才战略,绩效管理等人才管理工作的重要环节和关注程度远远不够,相对于招聘安置而言,这些薄弱环节往往过程长而见效慢,有些难以量化,因此,在企业追求短期经济效益的同时这些重要人才管理工作往往就被忽略。

三、改善企业人才管理的对策

（一）解放思想,转变观念

目前,中国企业大多处在人力资源管理阶段和战略人力资源管理阶段,关注的重点是"物"而不是"人",人才管理的关注点是"人"。在人才管理中,管理功能是紧密联系的,而非分裂的模块,企业要从这种对"管理"的关注转向对"人"的关注,树立"以人为本"的观念,之前很长一段时间,人们把教育培训、薪酬福利等当成纯成本纯消费,提高人力竞争力的关键是建立"以人为本"的观点,人才不仅仅是企业的根基,更是企业的核心资本,必须加大人才管理的工作力度和投入。将人才规划服务于企业长期的运营目标,是企业持续发展和人才持续发展的重要保证,认识到人才管理并不仅仅是人力资源管理部门的事,而是各级管理人员的职责。

（二）加大投入,应用技术

根据北森人才管理框架,人才管理平台涉及到素质模型、人才测评、人岗匹配等多项技术。因此,要真正实现人才管理,企业加大技术的投入是必不可少的,只有通过有效的技术和管理手段管理人才,才能够为企业提供持续的战斗力。

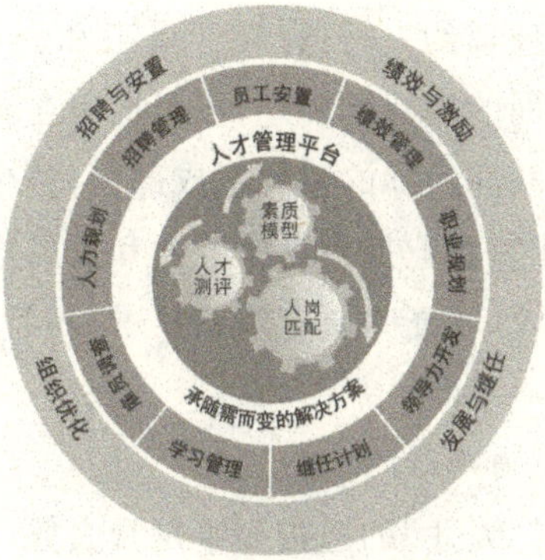

图1　北森人才框架

（来源:北森——2010 年人才管理发展状况调查）

人才管理并非单纯独立的模块,它是一个系统,需要一套完整业务流程来保障人才管理的实施,包括:招聘选拔流程、绩效管理流程、激励流程、发展与继任流程等。

（三）立足发展,重视培训

通过注重对员工培训的方法,让企业的员工成为可持续发展的资本,吸引留住人才,保持企业队伍的稳定性。赵曙明提出:"培训是提高企业员工人力资本存量,实施人力资本开发战略的有效途径。"一方面,当企业能够满足他们培训的需求,提升他们的无形价值,那么这对人才就构成了强大的吸引力,这种吸引力往往是能够留住人才的重要筹码;另一方面,通过培训可以大大提高企业用人才时的成本收益,尤其是在当今知识经济时代中,关键战略资源已转变为信息、知识和创造力,对人员进行培训就成为生产力、市场竞争和经济成就的决定性因素。

(四)宣扬文化,凝聚感情

有情感的投入能使人才无法抗拒企业的巨大吸引力。企业文化是一种很有效的凝聚感情的办法。成功的企业都有自己的企业文化,使企业员工形成共同的价值观。企业文化以人为本,尊重人的感情,从而在企业中造成了一种团结友爱、相互信任的和睦气氛,强化了团体意识,使企业职工之间形成强大的凝聚力和向心力。企业清楚地了解人才的需求与发展愿望,并尽量予以满足,而员工也为企业的发展全力奉献,因为他们相信企业能满足他们的需求与愿望,这样即形成了"心理契约"——存在于员工和企业之间的隐形契约。共同的价值观念形成了共同的目标和理想,职工把企业看成是一个命运共同体,把本职工作看成是实现共同目标的重要组成部分,整个企业步调一致,形成统一的整体。这样,不仅能为企业提供竞争能力和抗风险能力,更重要的是留住了人才。因此要留住人才,不光是要有效的技术,还需要用好企业文化这面旗帜。

(五)合理用人,重视内部

在用人问题上,对于"人才"的选拔多半是看文凭、凭资历、论资排辈,不重视能力和贡献,导致学历热、靠资历等现象的出现,使很多人才流失,因此在招聘人员前,应当对岗位要求少点硬性要求,对符合岗位要求的人进行有效的人才测评,识别人才。虽然企业从外部招聘有助于为企业注入"新鲜血液",但其成本也相对较高,不利于调动企业内部人员的积极性及维持人员的稳定性。因此当企业相对成熟之后,人力资源管理就会由外求为主发展到以内升为主。内升虽有"近亲繁殖"的顾虑,但可以激励员工努力进取,同时被提升人员对企业比较熟悉,管理成本相对较低。这样,制定内部管理与培训计划是必不可少的,有利于企业员工的稳定性。

(六)健全制度,激发追求

制度是保障各项工作能够得到有效实施的重要保障。企业人才管理是一项系统工程,不是孤立的一项管理工作,因此,企业在执行战略规划的有关制度时,不应将人才管理的制度单独交给人力资源部门来完成,而是要将人才管理工作的内容和企业的经营决策、战略规划一起执行,以提高企业对人力资源的管理水平。人事制度要重视劳动用工制度、绩效管理制度、培训开发制度、奖惩制度、薪酬管理制度、福利制度,为员工实施岗位调整和安置员工的选拔、培养制度等作出明确的科学的规定。以上这些制度关乎企业人才管理实施的成败。此外,人事制度一定要公开化、程序化。公开化,使得所有员工都明确努力工作的好处和不努力工作的坏处,以激发出员工对未来的追求。程序化,是为了保证人事决策民主、科学,防止出现任人唯亲、任人唯利的现象。如果人事管理制度不明确,决策程序任意化,就会影响企业员工的积极性,给企业的正常管理造成不良的后果,更不用说留任人才了。因此,企业需要制定科学的制度,创造良好的工作条件,以此来配合人才管理工作的顺利开展。

(作者单位:武汉科技大学)

后 记

科学发展以人为本，人才发展以用为本。《国家中长期人才发展规划纲要（2010－2020年）》对人才队伍建设布局作出了总体部署。如何推进各类人才队伍建设，为全面建设小康社会、实现我国发展战略目标提供坚强有力的人才保证，是各级领导干部需要重点关注的课题。为此，湖北省现代领导科学研究会与湖北工业大学联合召开"现代领导与人才发展战略"研讨会暨研究会2010年年会。参加会议的有湖北省社会各界专家、学者一百余人。与会者围绕"现代领导与人才发展战略"主题，就人才资源是第一资源、人才培养需要优化环境、人才需要多样化发展、对人才必须有更科学的评价体系、人才培养需要制度创新等议题，进行了广泛而热烈的探讨，并达成共识。

会后，研究会组织专家对入选论文进行了评选，选出36篇论文编辑成为本论文集。由于篇幅有限，我们对有些文章进行了删节，并删除了论文中的所有注释及参考文献，但文责由作者自负，对此请作者和被引用者予以谅解。

本书由湖北省现代领导科学研究会会长、武汉科技大学副校长顾杰教授和湖北省现代领导科学研究会副会长、湖北工业大学党委书记朱正亮任主编，姜家林、张明学、周勇任副主编，吴友军、郭朝晖、张敏、马金平、邹琼、林红珍等任编委。

本书能如期出版，首先要感谢湖北省委宣传部、湖北省社会科学界联合会，尤其是湖北工业大学给予的大力支持；特别感谢湖北工业大学的程碧海主任、陈鹏先生所做的大量沟通与协调工作。最后，对支持这项工作的单位、领导和朋友们致以衷心的感谢！

由于工作水平有限，加上时间仓促，编辑中如有疏漏，敬请作者、读者批评指正。

编　者

2011年6月6日